신심 생활 입문

신심 생활 입문

1959년 2월 10일 교회 인가
1959년 2월 10일 초판 1쇄 펴냄
2011년 4월 5일 개정 초판 1쇄 펴냄
2021년 11월 21일 개정 2판 1쇄 펴냄
2025년 3월 28일 개정 2판 5쇄 펴냄

지은이 · 프란치스코 살레시오 성인
옮긴이 · 서울 가르멜 여자 수도원
펴낸이 · 정순택
펴낸곳 · 가톨릭출판사
편집 겸 인쇄인 · 김대영
편집 · 김지영, 강서윤, 김지현, 박다솜
디자인 · 이경숙, 강해인, 정호진
마케팅 · 임찬양, 안효진, 황희진, 노가영

본사 · 서울특별시 중구 중림로 27
등록 · 1958. 1. 16. 제2-314호
전자우편 · edit@catholicbook.kr
전화 · 1544-1886(대표 번호)
지로번호 · 3000997

ISBN 978-89-321-1800-0 04230
ISBN 978-89-321-1798-0 (세트)

값 20,000원

성경 ⓒ 한국천주교중앙협의회 2005

이 책의 한국어 출판권은 (재)천주교서울대교구 가톨릭출판사에 있습니다.
저작권법에 의해 한국 내에서 보호를 받는 저작물이므로 무단 전재와 무단 복제를 금합니다.

가톨릭의 모든 도서와 성물, 디지털 콘텐츠를 '**가톨릭북플러스**'에서 만나 보실 수 있습니다.
https://www.catholicbookplus.kr | (02)6365-1888(구입 문의)

catholic classic

세상 한가운데서
행복한 그리스도인으로 사는 법

신심 생활 입문

프란치스코 살레시오 성인 지음 | 서울 가르멜 여자 수도원 옮김

가톨릭출판사

추천의 말

가톨릭 클래식 시리즈 발행을 반기며

　동서양을 불문하고 오랜 세월 동안 시대를 초월하여 널리 애독되는 걸작들이 있습니다. 이른바 '고전'이라는 책들인데, 이런 책들은 잠깐 반짝하며 사람들의 관심거리가 되었다가 사라지는 베스트셀러와는 전혀 격이 다릅니다. 인류 사상사의 보고이자, 그 안에 삶의 길이 있으니 말입니다. 옛것을 알아야 새것도 제대로 알 수 있기에, 고전을 읽으면 생각의 폭이 무한히 넓어진다는 사실은 새삼 언급할 필요도 없을 것입니다.

　그리스도교 전통에도 당연히 '고전'이 있습니다. 가톨릭출판사에서 최근 현대인의 감성에 맞는 문체로 개정하여 펴낸 《준주성범》, 《신심 생활 입문》, 《성녀 소화 데레사 자서전》 등과 같은 책들이 바로 소중한 그리스도교 고전들이지요.

이런 '고전'들은 마치 이른 새벽 깊은 산속 옹달샘의 맑은 물과도 같이, 정신적, 물리적 공해에 찌들어 살아가는 우리 영혼의 목마름을 해소해 줄 생명수와도 같습니다. 그래서 시간이 지나고 사람들이 스러져 가도 이런 고전은 처음 모습 그대로 남아 후세와 그 후세의 사람들에게 변하지 않는 그윽한 지식의 향기를 선물해 줍니다.

따라서 경쟁이 치열해지고 사람들과의 관계가 각박해질수록 이런 고전들로부터 우리 마음을 다스리고 또 풍요롭게 해 줄 영적 양식을 구해야 할 터인데, 그럴수록 처세술이나 실용서 같은 책들이 각광받는 현실이 안타깝습니다. 우리의 미래인 청소년들 또한 미디어의 영향으로 시각적 반응은 빨라지는 데 비해 사고력은 현저하게 떨어져 가는 현실 또한 안타까움을 더해 줍니다.

이러한 안타까운 현실에서 가톨릭 클래식 시리즈가 새로운 모습으로 단장하여 사람들에게 선을 보이는 것은 무척 고무적이고 축하해야 할 일이라 하겠습니다. 이 시리즈는 황폐하고 메마른 사막과도 같은 우리 마음에 내리는 단비, 어두운 이 시대에 빛의 역할을 해 하느님께 더 가까이 다가갈 수 있는 징검다리가 되어 줄 것입니다.

흔히 고전 읽기를 딱딱하고 힘겨운 일로 여기는데, 사실 고전 읽기는 아주 재미있는 일이라 말하고 싶습니다. 재미란 어떤 일을 하면서 나름대로 기쁨을 찾는 일인데, 큰소리로 깔깔 웃지 않아도 한동안 얼굴에 미소를 머금게 하는 깊디깊은 지혜가 바로 고전 읽기에 있기 때문입니다. 이런 고전은 몇 백 년을 이어져 온 영원한 깨달음의 길을 보여 주는 책들이니까요. 이 고전의 길을 따라 신앙생활을 하는 동안 하느님과 떼려야 뗄 수 없는 관계로 맺어진 자신을 발견하게 될 것입니다.

하느님께로 나아가는 가장 이상적인 길들을 보여 줄 가톨릭 클래식 시리즈에는 굳이 읽어야만 하는 어떤 순서가 있는 것은 아닙니다. 하지만 저는 《신심 생활 입문》을 가장 먼저 읽으라고 권해 드리고 싶습니다. 얀센주의의 영향력이 강하여 엄격한 고행을 최고의 신심 생활로 여기던 때, 프란치스코 살레시오 성인은 완덕은 고행으로 이루어지는 것이 아니라 하느님의 거룩하신 뜻을 따르고 그분께 일치함으로써 이루어진다는, 당시로는 전혀 다른 가르침을 폈습니다. 이 가르침은 당대나 후대에 큰 영향을 주었으며, 오늘을 사는 우리에게까지도 생생하고 설득력이 있어서 공감을 불러일으킬 뿐만 아니라 큰 감동으로 다가옵니다.

다음으로는, 수도 생활을 원하여 수도원에 입회하려거나

이미 수도 생활을 하고 계시는 수도자분들, 사제를 지망하여 가톨릭대학에서 신학을 공부하는 우리 신학생들이나 사제들, 나아가 세상에서 평신도 사도직을 수행하시면서 보다 깊은 영성 생활로 나아가려는 우리 형제자매님들께 《준주성범》을 권해 드립니다.

또한 우리 모두 사랑하는 《성녀 소화 데레사 자서전》은 남녀노소를 불문하고 모두에게 다 감동을 주는 책이지만, 특히 자라나는 청소년에게 꼭 권해 드리고 싶습니다. 이 자서전은 우리를 위한 하느님의 사랑이 얼마나 크고 아름다운지, 우리가 그분으로부터 얼마만큼 큰 사랑을 받고 있으며, '선교'라는 그리스도교의 지상 사명을 우리가 어떻게 일상에서 아주 작은 일들을 통해서 수행해 낼 수 있는지 깨닫게 해 줄 것입니다.

혹시 바쁜 일상 속에 파묻혀 신앙인의 생활에서 멀어지고 있지는 않으신가요?

오랜 시간 이어져 온 영성적 깨달음과 마음의 평화를 선사할 가톨릭 클래식 시리즈로 하느님께 나아가는 가장 가까운 길을 안내받아 매일매일 깨달음을 얻어 가는 경험을 누리시기를 바랍니다.

진정 이 책들은 우리 마음의 눈, 영혼의 눈을 통해서 옛 성현들이 지녔던 믿음과 희망과 사랑을 체험하고 우리 내면세계를 들여다보게 해 줄 것입니다. 그렇게 자신을 반성하고, 그간 살아온 과거를 되돌아봄으로써 그 속에서 아주 무겁고도 진지한, 우리에게 깊은 깨달음을 주는 그런 즐거움을 느끼게 될 것입니다. 이러한 즐거움이야말로 참된 즐거움입니다. 여러분 모두 가톨릭 클래식 시리즈를 통해 이런 참즐거움을 만끽하시길 바랍니다.

염수정(안드레아) 추기경

프란치스코 살레시오 성인

프란치스코 살레시오Franciscus Salesius 성인은 1567년 8월 21일, 이탈리아와 국경을 접한 프랑스 동남부 지방 사부아의 한 귀족인 살레시오 후작의 맏아들로 태어났다. 그는 어릴 때부터 총명했으며 신심도 매우 깊었다. 그는 고향에서 학업을 마친 뒤 파리로 유학을 떠나 예수회에서 운영하는 클레르몽 대학에서 6년간 수사학과 철학, 신학을 공부했는데, 그동안 그의 신앙은 일대 위기를 맞게 되었다. 이 순진한 청년이 당시 유럽에서 유행하던 칼뱅의 예정설에 매료된 것이다. 그는 자신이 영원히 지옥에 빠지도록 예정된 것이 아닌가 하는 의혹에 사로잡혀 번민했다. 암흑 속에서 절망하던 그는 형언할 수 없을 정도로 극심한 고뇌를 겪었다. 그러던 어느 날 그는 성모상 앞에 무릎을 꿇고 일생을 마칠 때까지 정결을 지키며 자신의 온 생애를 하느님의 영광을 위해 봉헌하겠다고 서약했다. 그 순간 마음속에서 일고 있던 폭풍우가 진정되면서 그의 마음은 감미로운 평화로 채워지게 되었다.

그 뒤 그는 이탈리아 파도바 대학에 진학하여 그곳에서 법률을 배우는 한편, 신학 연구를 계속했다. 그가 법률을 공부한 것은 부친의 희망에 따른 것이었다. 실제로 그는 1592년에 법학 박사 학위를 취득한 뒤 고향에 돌아와 샤블레 시 원로원 소속의 법률가가 되었고, 이어서 원로원 의원에 임명하겠다는 제안까지 받았다. 이는 부친의 주선에 의한 것이었으나, 이 소식을 들은 그는 크게 놀라 곧바로 사퇴했다. 이듬해인 1593년에는 반대하던 부친을 설득하여 그의 숙원이던 성직자의 길로 들어서는 행복을 얻었다.

이때부터 그는 사부아 지방의 사도로서 불굴의 선교 활동을 시작했다. 사부아는 원래 제네바 교구에 속해 있었다. 그런데 제네바가 칼뱅파 프로테스탄트의 근거지가 되는 바람에, 가톨릭 주교는 제네바를 떠나서 사부아 지방 안시에 주교좌를 두었다. 안시는 같은 이름의 안시 호숫가에 자리 잡은 아름답고 작은 도시이다.

프란치스코는 이따금 닥쳐오는 신변의 위험을 두려워하지

않고 프로테스탄트로 전향한 지방들을 순회하며 주민들을 다시 가톨릭 교회로 복귀시키고자 노력했고, 학식과 덕, 온유와 인내로 온갖 고난을 극복하여 마침내 대성공을 거두었다. 당시 칼뱅의 후계자로서 프로테스탄트 교파의 지주 역할을 했던 테오도르 드 베즈Thedore de Beze(1519~1605년)를 만나고자 그가 단신으로 제네바 시를 방문한 것도 바로 이때였다.

1602년, 자신의 직무를 수행하고자 파리에 가 있던 그는 제네바 교구장이 사망하자 제네바 주교로 임명되었다. 35세에 주교가 된 그는 가장 먼저, 그에게 맡겨진 교구민들의 신앙 교육을 장려하고, 오래된 여러 폐습을 바로잡았으며, 사제 양성과 지도, 수도원 정신의 부흥에 주력했다. 또한 교구를 다스리는 동안에도 산골짜기에 흩어져 있는 벽촌들을 순회하며 강론을 하고 사람들에게 고해성사를 주었으며, 그들을 지도하는 데 온 힘을 쏟았기 때문에 편히 쉴 날이 거의 없었다.

그가 요안나 프란치스카 드 샹탈Jane Frances de Chantal(1572~1641년)과 함께 성모방문수녀회를 창립한 것은 1607년의 일이었다. 기존의 관상 수도회는 극심한 고행이 회칙으로 정해져 있어 매우 건강한 여성만이 입회할 수 있었지만 이 수도회에서는 비교적 몸이 약한 지원자에게도 입회를 허락하였다. 이는 고행이 성덕에 도달하는 데 반드시 필요한 방법은 아니며, 완덕을 쌓는 데 필요한 것은 정신적 희생, 곧 자기 의지를 포기하고 모든 것으로부터 벗어나 하느님의 거룩하신 뜻을 따르고 일치하는 것이라는 프란치스코 살레시오의 견해에 따른 것이다.

요안나 프란치스카 드 샹탈은 디종 시 부르군디 의회 의장의 딸로서 20세에 샹탈 남작과 결혼하여 열심히 집안을 돌보며 기울어 가는 가세를 바로잡았다. 그러나 애석하게도 그녀가 28세 되던 해인 1600년에 남편이 사냥 중 불의의 사고로 죽음을 당했다. 그녀는 네 자녀를 부양해야 하는 과부 신세가 되었다. 32세 때인 1604년, 디종 시에 있는 친정집에 머물던 그녀는 사순 시기의 강론을 위해 그곳에 온 프란치스코 살레시오와 처음으로 대면하게 되었다.

이때부터 두 사람 사이에는 세상에서 보기 드문 우정이 맺어졌다. 옛날에 성 예로니모가 성녀 바울라를, 성 베네딕토가 여동생인 성녀 스콜라스티카를, 또 아시시의 성 프란치스코가 성녀 클라라를 인도했듯이, 프란치스코 살레시오는 정성을 다해 자신의 지도에 의탁한 샹탈의 영적 향상을 도왔으며, 전부터 계획하고 있었던 성모방문수녀회의 동반 창립자로 그녀를 선택했다. 이때 그녀의 14세 된 막내아들은 집 문턱에 누워 떠나가는 어머니를 가로막았다. 집을 나서려는 그녀도 한순간 주저했다. 그때 그 자리에 있던 막내아들의 가정 교사가 "아드님의 눈물 때문에 결심을 접으셨습니까?" 하고 묻자, 그녀는 "아닙니다. 그러나 저도 어머니입니다."라고 조용히 대답했다. 그리고 가로막는 아들의 육정을 뿌리치고 집을 떠났다(그녀는 프란치스코 살레시오보다 늦은 1641년, 물렝 시에 있는 성모 방문수녀회 수도원에서 운명했다).

훌륭한 영적 지도자였던 프란치스코 살레시오에게는 샹탈 외에도 많은 사람이 그의 조언을 듣고자 끊임없이 모여들었다. 앞에서 언급한 대로 프란치스코 살레시오는 매우 바쁜 성무 중에도 놀랄 정도로 많은 서간들을 통해 그들의 질문에 답을 주곤 했다. 그것이 오늘날 프란치스코 살레시오 성인의 전집 중 열 권의 서간집으로 보존되어 있다. 그는 자기를 찾아온 사람이 귀족이건 천민이건, 남녀노소를 막론하고 어느 누구도 소홀히 대한 적이 없었다. 이 책에 나오는 필로테아도 그들 중 하나였다.

필로테아의 본이름은 마담 드 샤르모아지Madame de Charmoisy이며, 그녀의 남편은 프란치스코 살레시오 주교의 사촌이었다. 그녀는 결혼 전에 프랑스 왕실의 궁녀였는데, 결혼 뒤 사부아에 있던 남편의 한적한 영지에서 살게 되었다. 화려한 궁중 생활에서 단조로운 전원생활로 옮겨 온 그녀는 급격한 환경 변화 탓인지 다복한 가운데서도 마음의 안정을 찾지 못하고 늘 번민 속에 지냈다. 그녀는 남편을 사랑했고 남편 역시 그녀를 사랑했으며, 물질적인 풍요를 누리고 있었으나 무엇인지 알 수 없는 부족함을 느끼고 있었다. 결국 사람들이 말하는 세상의 행복이 그녀에게는 반쪽 행복에 불과했다. 그러던 중 그녀는 1607년 1월 24일 안시에서 프란치스코 살레시오의 강론을 듣고 깊은 감동을 받았다. 그래서 그때까지 자신이 보낸 허송세월과 미온적인 신앙을 뉘우치고 프란치스코의 지도를 받기 시작했다. 프란치스코 살레시오가 그녀에게 보낸 편지들이 《신심 생활 입문》의 주요 자료가 되었다(그녀는 1645년에 운명했다).

프란치스코는 1618년 11월부터 이듬해 9월까지 파리에 머물렀는데, 시민들은 이 유명한 대설교자를 맞이하여 크게 열광했으며, 매일 그의 설교대 앞으로 모여들었다. 그들은 그에게 보좌 주교로 그곳에 머물러 달라고 간청했으나, 프란치스코는 그들의 청을 받아들일 수 없었다. 파리에 머무르는 동안 그에게 매우 큰 기쁨이 된 것은 자선 사업의 사도이며 프랑스 성직계의 개혁자로 유명한 빈첸시오 드 폴과 친교를 맺은 일이었다. 빈첸시오 드 폴Vincent de paul(1581~1660년)은 파리에 있는 성모방문수녀회의 영적 지도를 프란치스코에게 부탁했다.

프란치스코 살레시오 주교는 1622년 프랑스의 아비뇽에

갔다가 돌아오는 길에 리옹에 있는 성모방문수녀회 수도원의 작은 방에서 묵던 중, 12월 27일 갑자기 뇌출혈로 쓰러져 이튿날 하늘의 아버지 품으로 돌아갔다. 그의 나이는 56세였다. 그의 유해는 경관이 수려한 안시의 성모방문수녀회 수도원 성당 안에 안치되었다.

1665년 교황 알렉산데르 7세는 그를 성인 반열에 올렸고, 1877년 교황 비오 9세는 그에게 교회 학자 칭호를 내렸다.

프란치스코 살레시오 성인의 전집은 여러 가지가 있으나 안시 성모방문수녀회에서 출판한 것이 가장 믿을 만하다. 그의 저서 중 가장 많이 애독되는 것이 《신심 생활 입문》이다. 이것은 그가 성모방문회 수녀들을 위해서 쓴 《신애론神愛論》과 일반 신자들을 지도하려고 쓴 여러 서간집에서 발췌한 것이다. 《신애론》은 성인이며 신비 신학자로서의 그의 면모가 가장 두드러지게 드러나는 책이지만, 일반 신자들에게 더 깊은 영향을 준 것은 《신심 생활 입문》이다.

앞부분에서 말한 것처럼, 이 책은 주로 프란치스코 살레시오가 샤르모아지 부인에게 보낸 편지들을 모아 편찬한 것이다. 그녀는 성인이 자신에게 보낸 서간 전부를 자신의 고해 사제인 예수회 푸리에 신부에게 보였고, 이로 말미암아 세상에 알려지게 된 것이다.

첫째 판은 1609년 리옹에서 출판되었는데, 그중 한 부가 안시의 성모방문수녀회에 지금까지 보존되어 있다. 프란치스코 살레시오가 초판 두 권을 샹탈에게 보낸 때는 1609년 2월이었다.

그 뒤 샹탈과 라후레셀 부인 등에게 보낸 서간들이 첨부되어 1619년에 둘째 판이 출판되었다. 오늘날 널리 보급된 것은 모두 둘째 판에서 비롯된 것이다. 이 책은 완본과 생략본이 있는데 생략본은 청소년을 위한 것으로서 결혼 생활에 관한 교훈이 생략되었다. 본서는 생략하지 않는 것이 좋겠다는 의견에 따라 완본에서 옮겼다. 그러나 오늘날 우리 현실과는 전혀 맞지 않는 내용 일부는 다소 손질하거나 생략하기도 했다.

이 책은 세상에 공개되자마자 많은 사람들의 주목을 받았다. 단기간에 18개 국어로 번역되어 가톨릭 교회가 있는 세계 방방곡곡에 전파되었다. 특히 부인들은 얼굴을 비추어 보는 거울처럼 이 책을 자신들의 정신을 비추어 보는 거울로 여겼다. 따라서 이 책을 읽지 않는 사람이 거의 없을 정도였다. 그리고 시대의 변천에 상관없이 지금까지 변함없는 사랑을 받는 신심 서적으로 계속 출판되고 있다.

《준주성범遵主聖範, De Imitatione Christi》은 프란치스코 살레시오 성인의 시대보다 2세기 전에 출판되었다. 물론 누구든《준주성범》의 교훈을 자기의 생활 양식에 맞추어 이용할 수는 있었으나, 그것은 고독과 침묵 중에 순명, 정결, 청빈의 서약을 지키면서 오직 완덕의 길을 걷는 수도원의 수사나 수녀들에게 필요한 책이었다. 성모방문수녀회 창립자인 프란치스코 살레시오는 수도 생활에 대해 대단한 이해심을 가지고 있었다. 그러나 교양 있고 경건한 인문주의자였던 그는 실질적인 관찰을 통해 수도 신심과 세상의 신심이 결코 상반되는 것이 아니라 서로 보완해 주는 것임을 간파했다. 그의 가르침에 따르면, 세상은 곧 큰 수도원이다. 그리고 이 수도원에서 사는 것도 역시 하느님의 성소聖召이다. 그는 '세상'이라는 수도원이 번성하게 되면 정식으로 수도 성소를 받는 사람들도 증가하게 될 것이라고 생각했다. 유년 시절부터 파리와 파도바 대학의 학창 시절에 이르기까지 예수회 수도자들의 지도를 받은 프란치스코 살레시오 성인은 로욜라의 이냐시오 성인의 현명한 정신을 이어받은 참된 후계자였다.

프란치스코 살레시오 성인의 문장은 평이하면서도 화려하고, 그의 사상은 온건하면서도 중용을 지킨다. 그러나 그 이면에 있는 것은 하느님의 거룩하신 뜻과의 완전한 일치를 요구하는 과감한 자기 이탈 정신이다. 《신심 생활 입문》은 지상을 떠나지 않은 채 하늘나라 완덕의 절정에 이르게 하는 '야곱의 사다리'와 같은 것이다. 이 사다리는 특히 우리가 쉽게 올라갈 수 있도록 각 층계의 높이가 그다지 높지 않다. 프란치스코 살레시오 성인은 미소를 지으며 우리가 가야 할 길을 안내할 뿐 아니라 인간의 마음을 세밀하게 파악하여 양심 속 깊이 숨어 있는 병의 발병 요인을 분석함으로써 우리에게 근본적인 치료법을 제시하고 있다.

머리말

하느님께 사랑받는 사람

사랑하는 독자 여러분, 부디 이 글을 끝까지 읽어 주기를 바랍니다. 이는 내게 기쁨이 되고 여러분에게는 만족을 드릴 것입니다.

글리세라라는 꽃 파는 처녀는 솜씨가 좋아서 같은 종류의 꽃으로 여러 가지 모양의 꽃다발을 만들곤 했습니다. 포지아스라는 화가는 그녀의 재주를 부러워하여 그림으로 흉내 내려고 했으나, 글리세라가 꽃꽂이하듯 아름답게 그릴 수 없어 실망했다고 합니다. 하느님의 성령께서는 당신 종의 혀와 펜을 통해 우리에게 신심을 가르치십니다. 성령의 가르침은 늘 한결같지만, 그분의 가르침을 받는 사람에게는 다양하고도 큰 변화가 생깁니다. 나는 이 입문서에 선현先賢들이 이미 언급한 것과 다른 내용은 쓸 수 없으며, 또한 그러한 것을 바라거나 시도하지도 않겠습니다. 그러나 내가 여러분에게 드리는 꽃다발에는 배합의 변화가 있으므로 선현들의 꽃다발과는 당연히 다를 것입니다.

지금까지 신심에 대한 글을 쓴 사람들은 거의 모두가 세상의 번뇌를 피하고자 하는 이들을 위해 썼습니다. 그러기에 완전한 은둔 생활로 인도하는 신심을 가르쳤습니다. 그러나 나는 이 세상 안에서 살아가는 이들, 집안일을 하거나 사회생활을 하는 이들에게 신심을 가르치고 싶습니다. 흔히 이런 이들은 자신의 처지에서는 불가능하다는 구실을 대며 신심 생활을 시도하려는 생각조차 하지 않습니다. 그들은 짐승들이 종려나무 잎을 먹지 않는 것처럼, 세상에서 분주하게 사는 동안은 그리스도교의 신심이라는 종려나무 잎을 맛볼 수 없다고 생각합니다.

그러나 나는 그들에게 다음과 같이 말합니다. 바닷속에 살고 있으면서도 진주 조개 속의 진주가 한 방울의 짠물도 삼키지 않는 것처럼, 바다 한가운데 있으면서도 첼리도니아 제도의 섬에 있는 샘에서는 단물이 솟아나오는 것처럼, 불 속을 날아다녀도 불나방의 날개가 타지 않는 것처럼 인내심 많고 용감한 사람은 세속에 살면서도 세상 풍조에 물들지 않고, 세기의 파란만장하고 쓰라린 삶의 한가운데에서도 신심의 샘을 찾아내며, 지상의 온갖 욕망 속에서도 경건한 생활에 대한 거룩한 희망의 날개를 태우지 않고 날 수 있습니다. 물론 이것은 매우 어려우며, 내가 그렇게 될 수 있도록 사람들을 이끌기에는 부족한 줄 알지만, 이 책이 신심 생활을 시작하는 사람들에게 도움이 되기를 바랄 뿐입니다.

사실 이 입문서는 내가 원해서 발행한 것이 아닙니다. 얼마 전에 고귀한 가문 출신인 어떤 사람이 하느님의 은총을 받고 신심 생활을 시작하고자 나에게 도움을 청했습니다. 나는 예전부터 그녀에게 많은 도움을 받아 왔고, 그녀의 이러한 계획을 매우 바람직하다고 여겼으므로 그녀에게 신심 생활을 바르게 이해시켜 주려고 노력했습니다. 그래서 그녀의 바람과 상황에 알맞은 여러 가지 영적 수련을 알려 주었으며, 필요에 따라 그녀가 참고할 수 있도록 교훈을 적은 글들을 보내 주었습니다. 그런데 그녀가 이 편지들을 훌륭하고 신심 깊은 수도자에게 건네자, 그분은 여러 사람들에게 유익하도록 이것을 출간하라고 나에게 간곡히 권했습니다. 그분의 권고로 큰 용기를 얻고, 그분의 판단이 옳다고 여겼기 때문에 나는 그분의 뜻에 따랐습니다.

나는 내가 쓴 글이 많은 사람들에게 좀 더 유용하고 유익한 글이 되기를 바라며 다시 여러 번 읽어 정리하고, 알맞은 조언과 교훈을 첨가했습니다. 그러나 매우 바쁠 때 이 작업에 착수했기 때문에 만족스럽지는 못합니다. 다만 독자들이 이해하기 쉬운 말로 설명했고(되도록 그렇게 하려고 노력했습니다.), 유념해야 할 여러 사항을 진솔하게 제시했습니다. 그러나 다른 할 일도 많아 문장을 다듬는 데에는 거의 신경을 쓰지 못했습니다.

나는 이 글에서 필로테아라는 이름을 사용했습니다. 애초에는 한 사람을 위해서 쓴 글이었으나 결국 여러 사람들을 위해 출간하기로 한 만큼, 누구든지 깊은 신심 생활을 지향하는 이들을 적합한 이름으로 호칭하려고 그렇게 한 것입니다. 필로테아는 '하느님께 사랑을 받는 사람' 또는 '하느님을 사랑하는 사람'이라는 뜻의 단어입니다.

나는 신심 생활을 통하여 하느님의 사랑을 얻고자 하는 사람들을 염두에 두고 이 입문서를 다섯 부분으로 나누어 기술했습니다. 제1부에서는 설명을 곁들인 영적 강의로써 필로테아의 단순한 희망이 견고한 결심으로 바뀌도록 시도했습니다. 총고해 뒤에 결심을 서약하고 성체를 영함으로써 자신을 구세주께 바치고 구세주를 자기 안에 모시는 사람은 행복해지고, 구세주의 거룩한 사랑 안에 들어가게 됩니다. 제2부에서는 이렇게 첫걸음을 내디딘 사람들이 점차 우리 주님과 일치를 이룰 수 있도록 하고자 두 가지 효과적인 방법을 제시했습니다. 이는 자애로우신 하느님께서 우리에게 오시는 성체성사와 주님께서 우리를 당신께로 이끄시는 거룩한 기도를 잘 이용하는 방법에 관한 것입니다. 제3부에서는 영적으로 진보하는 데 필요한 몇 가지 덕을 닦는 법을 제시했으며, 혼자서 또는 다른 방법으로는 쉽게 터득할 수 없는 특별한 가르침들을 언급했습니다. 제4부에서는 악마의 암계暗計를 예로 들고, 이를 벗어나거나 피하는 방법을 제시했습니다. 그리고 마지막 제5부에서는 기쁨 가운데 신심 생활로 한층 더 나아가고자 영혼이 잠시 쉬며 그 힘을 보충할 수 있도록 고요한 곳에 머무르는 방법을 제시했습니다.

지금은 비판의 시대이고, 특별한 신심 행위는 수도자나 독실한 신심을 지닌 사람들에게만 국한된 것이라는 선입관을 가지고 있는 사람이 많다는 것을 알고 있습니다. 그들은 나처럼 교구 관리에 바쁜 주교에게는 신심 생활에 전념할 여유가 없을 뿐만 아니라 중요한 임무를 맡은 만큼 그런 것이 오히려 일에 방해가 된다고 생각합니다.

그러나 사랑하는 독자 여러분, 나는 위대하신 디오니시오 성인을 본받아 "마치 '사랍(세라핌)' 들이 천사들 중에 가장 뛰어나듯이, 주교의 직무 중 가장 크고 중요한 직무는 영혼들을 완덕으로 이끄는 것이라고 생각합니다. 그러므로 시간의 여유가 있으면 이러한 일에 사용하는 것이 가장 유익합니다." 라고 말하고 싶습니다. 초대 교회의 주교들이나 교부들의 서신을 보면, 그분들은 우리 못지않게 이 임무에 충실했을 뿐만 아니라 도움을 청하는 사람들을 성실히 지도하는 데 소홀하지 않았음을 알 수 있습니다. 그분들은 사도들을 본받은 것입니다. 사도들은 전 인류를 위한 보편적인 수확 외에도 특별하고 개인적인 애정을 가지고 개별적인 수확을 하는 데에도 노력을 기울였습니다. 티모테오, 티토, 필레몬, 오네시모, 테클라가 위대한 바오로 사도의 사랑스러운 제자였고, 마르코와 베드로닐라가 베드로 사도의 영적인 자녀였음을 모르는 사람은 없을 것입니다. 베드로닐라 성녀가 베드로 사도의 친딸이 아닌 영적인 딸이었음을 박학한 바로니우스와 갈로니우스가 증명했습니다. 요한 서간의 저자도 둘째 서간을 선택받은 부인에게 보냈습니다.

솔직히 말해서 한 영혼을 특별히 지도하는 일은 매우 힘듭니다. 그러나 이 일은 나 자신에게 위안이 되는 수고입니다. 마치 농사를 짓는 사람과 과수원을 가꾸는 사람이 일이 많고 분주할 때 더 큰 기쁨을 느끼는 것과 같습니다. 이는 '행운의 아라비아'(예멘)에서 계수나무 묶음을 나르는 사람이 피로를 느끼지 않는 것과 같은 경우입니다. 사냥꾼이 다른 새끼 호랑이들을 잡는 동안 시간을 끌려고 새끼 호랑이를 한 마리만 남겨 두면 어미 호랑이는 남은 한 마리를 업고 무거운 줄도 모르고 잽싸게 굴속으로 달아나는 것처럼 모성애는 자신의 짐을 가볍게 합니다. 어머니가 사랑하는 자기 아이를 한참을 안고 다니면서도 피로를 크게 느끼지 않는 것처럼 나도 거룩한 완덕에 뜻을 둔 영혼을 만나면 몇 배 더한 열성으로 그들을 돌보아 줄 것입니다. 그러나 여기에는 반드시 아버지의 마음도 필요합니다. 사도들과 그 시대의 선교사들은 자신의 제자들을 단지 '내 아이'라고 하지 않고, 더욱더 다정하게 '내 귀여운 아이'라고 불렀습니다.

사랑하는 독자 여러분, 나는 깊은 신심을 지니지 못한 사람이지만 경건한 신심 생활에 대해 글을 쓰고 있습니다. 나 역시 독실한 신심을 지닌 사람이 되고자 하는 원의만은 절실하기 때문입니다. 바로 이 원의 때문에 나는 여러분에게 신심을 가르치려고 합니다. 어떤 위대한 학자는 무언가를 더 배우고자 한다면 남의 말을 경청하고 연구도 해야 하지만 가장 좋은 방법은 가르치는 것이라고 했습니다. 아우구스티노 성인도 경건한 플로렌티나에게 보낸 편지에서, 가르치는 일은 배우는 데 가장 기초가 되는 것이라고 말했습니다.

알렉산더 대왕은 유명한 화가 아페레스에게 그가 가장 사랑하던 아름다운 여인 콤파스페의 초상을 그리도록 명령했습니다. 아페레스는 오랫동안 콤파스페의 얼굴을 바라보고 캔버스에 그녀의 초상을 그리다가 그녀에 대한 애정으로 불타게 되었습니다. 마침내 알렉산더 대왕은 이 사실을 알고 그를 동정하여 그녀와 맺어 주었습니다. 알렉산더 대왕은 이 세상에서 가장 사랑스럽고 아름다운 연인을 잃었으나, 플리니우스의 말대로, 이 조치로 전쟁의 승리보다 더 위대한 그의 마음을 사람들에게 드러내 보였습니다.

사랑하는 독자 여러분, 나는 주교이므로 하느님의 거룩한 뜻에 따라 사람들의 마음을 캔버스 삼아 그 위에 일반적인 덕뿐만 아니라 하느님께서 가장 사랑하시고 기뻐하시는 신심의 덕을 그려 넣으려고 합니다. 나는 이 일에 충실하기를 바라고, 사람들의 마음에 이를 새겨 주는 동안 내 마음에도 그 그림이 깊이 각인되었으면 합니다. 그러면 나도 모르는 사이에 내 마음도 이 덕에 대한 거룩한 사랑으로 채워지지 않을까 하는 소망에서 기쁜 마음으로 이 일을 시작합니다. 내가 이 일에 깊이 애착하고 있는 것을 하느님께서 보시면, 그분께서는 당신의 영원한 약속으로 나를 뒷받침해 주실 것입니다. 아름답고 정숙한 레베카가 아브라함의 낙타들에게 물을 먹임으로써 이사악에게서 금 귀걸이와 황금 팔찌를 받고 그의 아내가 되었던 것처럼, 하느님께서 사랑하시는 양 무리를 내가 거룩한 영성의 샘으로 인도하면, 하느님께서 나의 귀에 거룩한 사랑의 황금 말씀을 들려주시고, 내 팔에 그 일을 바르게 실행할 수 있는 힘을 주시며, 당신의 무한하신 자비로 내 영혼을 주님의 배필로 삼아 주시기를 바랍니다. 하느님의 거룩한 사랑과 힘은 참된 신심의 정수이며, 나는 이것을 성교회의 모든 자녀들에게 나누어 줄 수 있게 되기를 기도합니다. 나의 글과 행위, 말과 의지 그리고 사상은 언제나 성교회의 뜻에 따른 것입니다.

1609년 성녀 마리아 막달레나 축일에
안시에서
프란치스코 살레시오

차 례

추천의 말 | 가톨릭 클래식 시리즈 발행을 반기며 · 5

프란치스코 살레시오 성인 · 10

머리말 | 하느님께 사랑받는 사람 · 20

제1부 신심 생활에 대한 동경

제1장   참된 신심 · 39

제2장   신심의 본질과 우월성 · 44

제3장   신심은 모든 소명과 직업에 적합함 · 48

제4장   신심 생활의 진보를 위해서는 지도자가 필요함 · 51

제5장   영혼의 정화로 신심 생활을 시작함 · 56

제6장   제1단계의 정화: 대죄에서 떠남 · 60

제7장   제2단계의 정화: 죄의 경향을 피함 · 63

제8장   제2단계의 정화를 어떻게 할 것인가 · 66

제9장   묵상 1: 창조 · 68

제10장   묵상 2: 우리를 창조하신 목적 · 72
제11장   묵상 3: 하느님의 은혜 · 76
제12장   묵상 4: 죄 · 80
제13장   묵상 5: 죽음 · 84
제14장   묵상 6: 심판 · 88
제15장   묵상 7: 지옥 · 92
제16장   묵상 8: 하느님 나라 · 95
제17장   묵상 9: 하느님 나라를 선택함 · 99
제18장   묵상 10: 신심 생활의 선택과 결심 · 103
제19장   총고해 · 107
제20장   하느님을 섬기고 통회를 결심하는 맹세 · 110
제21장   정화 1: 마무리 · 113
제22장   정화 2: 소죄의 습성을 버려야 할 이유 · 115
제23장   정화 3: 위해한 것에 대한 집착에서 벗어남 · 118
제24장   정화 4: 영혼의 정화 · 120

제2부 기도와 성사

제1장   기도의 필요성 · 125
제2장   묵상의 준비 단계 1: 하느님 앞에 있음을 묵상함 · 130
제3장   묵상의 준비 단계 2: 하느님께 도움을 청함 · 134

제4장	묵상의 준비 단계 3: 상상력으로 신비를 떠올림 · 136
제5장	묵상의 제2단계: 성찰 · 138
제6장	묵상의 제3단계: 결심 · 140
제7장	마무리와 영적 꽃다발 · 142
제8장	묵상에 관한 몇 가지 주의 사항 · 144
제9장	묵상 중 마음의 무미건조함 · 147
제10장	아침 영성 수련 · 149
제11장	저녁 영성 수련과 양심 성찰 · 152
제12장	영적 은둔 · 154
제13장	열망, 화살기도 그리고 선한 지향 · 158
제14장	미사 참여 때의 유의 사항 · 167
제15장	기타 공적 신심 · 171
제16장	성인 공경과 전구 · 173
제17장	하느님의 말씀 듣기와 읽기 · 176
제18장	성령의 감도 · 178
제19장	고해성사 · 182
제20장	영성체 · 187
제21장	영성체를 위한 준비 · 192

제3부　수덕修德

제1장　덕행의 선택 1 · **199**

제2장　덕행의 선택 2 · **206**

제3장　인내 · **212**

제4장　외적 겸손 · **219**

제5장　내적 겸손 · **223**

제6장　겸손과 비천함 · **231**

제7장　겸손 실천과 명성 보존 · **237**

제8장　온유와 분노 · **243**

제9장　자신에 대한 관용 · **250**

제10장　열성과 노심초사 · **254**

제11장　순명 · **258**

제12장　정결 · **262**

제13장　정결 보존 · **267**

제14장　풍요와 가난한 마음 · **270**

제15장　부유한 환경 속에서 가난한 마음을 지니는 방법 · **275**

제16장　가난 중의 정신적인 부유 · **282**

제17장　해롭고 그릇된 우정 · **286**

제18장　연애 · **289**

제19장　진실한 우정 · **293**

제20장　진실한 우정과 그릇된 우정의 차이점 · **298**

제21장   그릇된 우정을 피하는 길 · 301

제22장   우정에 관한 다른 교훈 · 307

제23장   외적 고행 · 311

제24장   대화와 침묵 · 320

제25장   옷차림 · 324

제26장   하느님에 대한 대화 · 327

제27장   신중한 대화와 상대에 대한 존중 · 330

제28장   그릇된 판단 · 334

제29장   비방 · 342

제30장   대화 때의 주의 사항 · 351

제31장   건전한 오락 · 355

제32장   금지된 오락 · 357

제33장   춤과 그 외의 오락 · 359

제34장   춤과 오락의 건전한 이용 · 363

제35장   성실 · 365

제36장   올바른 처신 · 369

제37장   희망 · 373

제38장   결혼한 이들에게 · 377

제39장   혼인의 신성함 · 390

제40장   과부들에게 · 396

제41장   미혼 여성들에게 · 403

제4부 일상적 유혹

제1장 세상의 비평에 대한 자세 · 407

제2장 용기 · 412

제3장 유혹을 받는 것과 유혹에 동조하는 것 · 415

제4장 유혹 극복의 예 · 419

제5장 유혹받는 영혼을 위로함 · 423

제6장 유혹과 죄 · 425

제7장 유혹에 대처하는 법 · 428

제8장 사소한 유혹들 · 431

제9장 사소한 유혹에 대처하는 법 · 433

제10장 영혼을 강하게 하는 법 · 435

제11장 마음의 불안 · 437

제12장 슬픔 · 441

제13장 영적이고 감성적인 위안 · 446

제14장 영적인 무미건조 · 457

제15장 예화 한 토막 · 466

제5부 영혼의 쇄신

제1장	수행을 위한 쇄신 · 475	
제2장	신심 생활로 부르신 하느님의 은총에 대한 성찰 · 478	
제3장	신심 생활의 점검 · 483	
제4장	하느님에 대한 마음가짐의 점검 · 486	
제5장	자신의 태도에 대한 점검 · 490	
제6장	타인에 대한 애덕의 점검 · 492	
제7장	자신의 감정에 대한 점검 · 494	
제8장	양심 성찰 뒤의 마음가짐 · 496	
제9장	결심을 새롭게 하기 위한 성찰과 묵상 · 498	
제10장	성찰과 묵상 1: 영혼의 가치 · 499	
제11장	성찰과 묵상 2: 덕행의 탁월함 · 502	
제12장	성찰과 묵상 3: 성인들의 모범 · 504	
제13장	성찰과 묵상 4: 우리를 사랑하시는 예수 그리스도 · 506	
제14장	성찰과 묵상 5: 하느님의 영원하신 사랑 · 509	
제15장	성찰의 결실인 결심, 그리고 영적 수업의 마무리 · 511	
제16장	신심 수행 뒤 되새겨야 할 결심 · 514	
제17장	의혹에 대한 응답 · 516	
제18장	마지막 세 가지 주요 교훈 · 519	

제1부

신심 생활에 대한 동경

제1장

참된 신심

 필로테아 님, 그대는 하느님을 진정한 마음으로 섬기려는 사람입니다. 하느님께서 신심 생활에 몰두하는 사람들을 보시고 기뻐하시리라 믿으며 신심의 덕을 쌓으려 하기 때문입니다. 그러나 처음에 착오가 있으면 그 오류가 점점 커져 바로잡기가 어려워지므로 먼저 신심의 덕이 무엇인지 제대로 알아 둘 필요가 있습니다. 오류와 허무한 것들은 수없이 많으나 참된 신심은 오직 하나뿐이며, 그러므로 무엇이 참된 신심인지 분별하지 못하면 그릇된 길로 나아가 미신에 빠질 위험에 놓이게 됩니다.
 아렐리우스라는 화가는 그림을 그릴 때 자기가 사랑하는 여인들의 생김새와 모습을 따라 그렸다고 합니다. 이처럼 사람들은 자신의 취향에 맞게 신심을 그리려 합니다. 금식을 중시하는 사람들 중에는 자기 마음이 미움으로 가득 차 있으면서도 금식만 하면 신심이 깊어진다고 생각하는 사람도 있습니다. 음식 절제를 중시하는 사람들 중에는 목이 말라도 포도주나 물을 마시지 않고 참으면서 남을 비방하거나 모함하는 말로 이웃 사람의 피를 송두리째 마르게 하는 일을 서슴지 않는 사람도 있습니다. 또 어떤 사람들은 매일 여러 가지 기도를 바치는 것이 참된 신심이라고 떠벌리면서도 같은 혀로 가족이나 이웃 사람들에게 독설을 퍼부으며 타인을 무시하는 교만과 멸시의 언사를 서슴지 않습니다. 또한 가난한 사람들에게 기꺼이 자신의 돈주머니를 풀어 선심을 쓰지만 원수를 용서하는 선량한 마음이 없는 사람도 있고, 원수를 용서한다고 하면서도 빚을 갚을 형편이 못 되는 채무자에게서 악착같이 빚을 받아 내는 사람도 있습니다.

세상에서는 이런 사람들이 신심 깊은 사람으로 통할지 모르겠지만 사실은 그렇지 않습니다. 사울 임금의 병사들이 다윗을 잡으려고 그의 집을 수색했을 때 그의 아내 미칼은 인형에게 다윗의 옷을 입혀 이불 속에 넣은 다음 남편이 병으로 누워 있는 것처럼 꾸며서 병사들을 속였습니다(1사무 19,8-17 참조). 이와 마찬가지로 많은 사람들이 거룩한 경건과 관련된 일정한 외적 행위들을 통해서 자신을 가장하고 있습니다. 그래서 세상 사람들은 그들을 참으로 경건하고 영적인 사람들이라고 생각하지만 사실 그들의 신심 생활은 경건을 가장한 허상에 불과합니다.

필로테아 님, 진실하고 살아 있는 신심은 하느님의 사랑을 기초로 하는 것입니다. 결론적으로 말해 신심은 하느님의 참된 사랑 외에 다른 것이 아닙니다. 그러나 사랑 자체를 신심이라고 하지는 않습니다. 하느님께서 주신 사랑으로 우리 영혼이 기쁨으로 충만해질 때 이를 '은총'이라 하고, 그 사랑으로 우리가 덕을 행하려고 노력할 때 이를 '애덕'이라고 합니다. 그리고 그 애덕으로 우리가 일상을 살아가면서 자연스럽게 자주 선을 행할 때 이를 '신심'이라고 합니다. 타조는 아예 날지 못하고, 닭은 가끔 날갯짓을 하지만 잘 날지는 못합니다. 그러나 독수리나 비둘기 또는 제비 같은 날짐승들은 매우 높고 빠르게 날아다닐 수 있습니다.

이처럼 죄인은 결코 하느님께 날아갈 수 없고, 그가 시도한다 해도 고작해야 지상에 머물거나 늘 지상 것들을 추구할 뿐입니다. 아직 신심의 경지에 이르지 못한 사람이 간혹 선을 행함으로써 하느님께로 날아가기도 하지만, 그것은 매우 드문 경우입니다. 대개는 가볍게 날지 못하고 매우 둔하게 납니다.

그러나 신심이 있는 사람은 하느님께로 빠르고 높게 날아갈 수 있습니다. 곧 하느님의 사랑이 우리 안에서 활동함으로써 우리가 그 사랑을 통해 열성적으로 행하는 선행이 일상적인 것이 될 때, 이 자연스러운 행위를 가리켜 신심이라고 합니다. 우리가 하느님의 계명을 지킬 마음이 들게 하는 것이 애덕이라면, 기쁜 마음으로 지키게 하는 것은 신심입니다. 그러므로 하느님의 계명을 다 지키지 않는 사람은 선량한 사람도 아니고 신심이 있는 사람도 아닙니다. 신심 깊은 사람으로 인정받으려면 애덕을 지녀야 할 뿐만 아니라 선을 행할 때에도 기꺼이 그리고 신속하게 해야 합니다.

또한 신심이란 어떤 면에서 완전한 사랑을 뜻하므로 우리가 하느님의 모든 계명을 기쁜 마음으로 열심히 지키게 할 뿐 아니라, 될 수 있는 대로 많은 선을 행하게, 곧 계명 준수와 의무 이행에 그치지 않고 한 걸음 더 나아가 성령의 감도感導에 힘입어 사랑으로 복음의 가르침을 실천에 옮기게 만듭니다. 병에서 간신히 회복된 사람이 길을 갈 때 숨을 헐떡이면서 천천히 걷듯이, 참회한 뒤 이제 막 죄에서 벗어나 신심의 경지에 오르려는 사람은 하느님의 계명의 길을 헐떡이며 천천히 걸어갑니다. 그러나 일단 신심의 경지에 도달하면 그의 걸음걸이는 마치 건강한 사람과 똑같아질 뿐 아니라 뛰어갈 수도 있게 됩니다. 비록 험난한 길이지만 영적 가르침과 성령의 감도에 힘입어 그 길을 헤치면서 달려가게 됩니다. 결국 사랑과 신심이란 불과 불꽃 같은 관계입니다. 사랑은 영적인 불이고, 신심은 이 불에서 타오르는 불꽃입니다. 신심은 하느님의 계명을 지키고 나아가 영적인 가르침과 성령의 감도를 적극적으로 받아들여 실천하는 불꽃과 같은 것입니다.

제2장
신심의 본질과 우월성

이스라엘 백성이 약속의 땅으로 가려는 것을 반대하던 사람들은 그곳을 '주민들을 삼켜 버리는 땅'이라고 말했습니다. 공기는 병균으로 가득 찼으며, 그곳에 사는 사람들은 거인뿐이어서 그들에 비하면 이스라엘 사람들은 메뚜기처럼 작다고 말했습니다(민수 13장 참조).

경애하는 필로테아 님, 이처럼 세상은 어떻게 해서든지 참된 신심을 비방하려 합니다. 그래서 신심 깊은 사람들을 어둡고 우울해 보인다고 매도하며, 신심이 사람을 우울하게 하고 불쾌하게 만든다고 떠벌립니다.

그러나 여호수아와 칼렙이 약속의 땅은 무척이나 좋고 비옥한 땅이니 그 땅을 차지하자고 주장했듯이, 성령께서는 주님께서 하신 말씀과 성인들의 입을 통해, 신심 생활이 기쁘고 복되며 사랑스러운 이유를 우리에게 알려 주십니다. 세상 사람들은 신심 깊은 사람들이 금식과 기도를 하고, 원수를 용서하고, 병자를 방문하고, 가난한 사람에게 자선을 베풀고, 밤에 잠을 적게 자고, 분노를 참고, 그릇된 욕망을 억제하고 오관의 쾌락을 버리는 등, 본성적으로 실천하기 어렵고 괴로운 것을 행하는 것으로 알고 있습니다. 세상 사람들은, 이 모든 것을 유쾌하고 즐겁고 쉬운 일로 변화시키는 마음속의 신심을 모르기 때문입니다. 향기로운 꽃을 찾아 날아다니는 꿀벌들은 쓴 액즙을 빨아 먹은 다음 그 즙을 꿀로 변화시킵니다. 이처럼 수행 중에는 쓴맛을 느낄 때가 많지만, 신심이 깊은 사람들은 이를 통해 고통을 기쁨으로 바꾸고 쓴맛을 단맛으로 변화시킵니다. 경건한 순교자들은 자신의 몸을 태우는 불꽃도, 살을 찢는 칼날과 뼈를 깎는 아픔도 아름다운 꽃이나 상쾌한 향기처럼 여겼습니다. 이와 같이 신심은 가혹한 형벌이나 죽음도 즐거움으로 변화시킵니다. 이에 비하면 수덕 중에 느끼는 고통은 사소한 것에 불과합니다.

덜 익은 과일에는 설탕을 넣어 달게 만듭니다. 이와 같이 신심은 모든 욕정에서 나오는 고통을 없애 주고 우리에게 해로운 유혹을 제거하는 영적인 설탕입니다. 신심은 가난한 사람의 불행, 부자의 오만, 어려움에 놓인 사람의 좌절, 순탄한 길을 가는 사람의 자만, 외로운 사람의 쓸쓸함, 여러 사람들과 더불어 사는 사람의 산란한 마음을 막아 줍니다. 겨울에는 불이 되고 여름에는 이슬이 되며, 재물을 바르게 사용하는 법과 가난을 견뎌 내는 법을 알려 줍니다. 명예나 치욕 모두 우리에게 이익이 되게 하고, 쾌락이건 고통이건 늘 같은 마음으로 받아들여 신기한 환희로 충만하게 합니다.

'야곱의 사다리'를 생각해 보십시오(창세 28장 참조). 그 사다리가 바로 신심 생활의 상징입니다. 세로로 세운 두 개의 기둥은 하느님의 사랑을 구하는 기도와 그 사랑을 우리에게 전해 주는 성사입니다. 또한 두 기둥을 연결하려고 가로지르는 나무는 덕에서 덕으로 옮겨 가는 사랑의 계단입니다. 우리는 관상을 통해 하느님의 사랑에 결합하고자 그 사다리를 타고 올라가고, 활동을 통해 이웃을 돕고자 내려옵니다. 사다리 위 더 높은 곳에 있는 사람들을 보십시오. 그들은 천사의 마음을 가진 사람 또는 사람의 몸을 가진 천사들입니다. 그들은 청년은 아니지만 내면에 활기 넘치는 힘과 경쾌함을 가득 지니고 있기 때문에 언제나 씩씩하고 젊습니다. 날개를 지닌 그들은 거룩한 기도로써 하느님 품으로 훨훨 날아 올라갑니다. 또한 두 다리를 가지고 있어 사람들과 더불어 걸어가면서 사랑하올 거룩하신 하느님의 말씀을 주고받습니다. 천사들은 만사를 유순하고 감미롭게 받아들이므로 그들의 얼굴은 아름답고 밝으며, 그들의 머릿속에 담긴 생각에는 하느님을 기쁘게 해 드리는 것 외에 불순한 이유와 동기가 전혀 없습니다. 이 세상과 이 세상에 속한 것을 순수하고 진실하게, 오로지 경우에 따라 필요한 것만을 가볍게 취하기 때문에 그들은 가볍고 빛나는 옷을 걸치고 있습니다. 이런 이들이 참된 신심을 지닌 사람입니다.

사랑하는 필로테아 님, 신심은 애덕의 극치이기에 단것 중에서 가장 달며, 모든 덕행의 여왕입니다. 애덕이 우유라면 신심은 크림이고, 애덕이 화초라면 신심은 꽃이며, 애덕이 보석이라면 신심은 그 광채입니다. 또한 애덕이 귀한 향유라면 신심은 그 향기입니다. 사람에게 힘을 주고 천사에게 기쁨을 주는 감미로운 향기입니다.

제3장

신심은 모든 소명과 직업에 적합함

하느님께서는 만물을 창조하실 때 초목들이 그 종류에 따라 다양한 열매를 맺을 수 있게 해 놓으셨습니다. 이와 같이 하느님께서는 교회의 살아 있는 나무인 신자들이 그 처지와 직분에 따라 각각 고유한 신심의 열매를 맺기를 바라십니다. 임금과 신하, 귀족과 평민, 미혼과 기혼, 그리고 소년과 소녀들이 제각각 자신의 처지에 따라 특성 있는 신심의 결실을 보여 주어야 합니다. 더 나아가 신심은 개인의 능력, 일, 직무에 적합한 것이어야 합니다.

필로테아 님, 주교가 관상 수도회의 수도자들처럼 은둔 생활을 하려고 한다면 어떻게 되겠습니까? 만일 한집안의 가장이 수도자들처럼 가정 경제에 관심이 없다거나, 일을 해야 할 노동자가 수도자들처럼 온종일 성당에 틀어박혀 밖에 나오지 않는다거나, 또는 수도자가 주교처럼 신자들을 위해 분주히 돌아다닌다면, 참으로 어리석고 무질서하며 어처구니없는 일이 아니겠습니까? 이와 비슷한 일들은 매우 많습니다. 사람들 중에는 참된 신심과 무분별한 신심을 식별하지 못하는 사람들이 많으며 심지어는 신심을 배척하거나 비난하는 사람도 있습니다.

그러나 필로테아 님, 참다운 신심은 아무것도 방해하지 않고 오히려 모든 일을 완성하게 합니다. 자신의 정당한 직무를 망각한 사람의 신심은 그릇된 것임이 분명합니다. 아리스토텔레스에 따르면, 꿀벌은 꿀을 빨아들이면서 꽃을 조금도 상하게 하지 않는다고 합니다. 참된 신심은 더욱 그러합니다. 해야 할 일을 방해하지 않을 뿐 아니라 오히려 더욱 충실하게 하도록 해 줍니다. 보석을 꿀에 담그면 보석의 특성에 따라 광채가 더 밝게 빛난다고 합니다. 이와 같이 자신이 놓인 현실에 신심을 더하면 그 현실은 더욱 풍요로워집니다. 가정은 더욱 화목해지고, 부부간의 사랑이 깊어지며, 애국심이 두터워지고, 자신이 맡은 일을 더욱 즐겁게 할 수 있게 됩니다.

군인들의 막사나 근로자들이 일하는 공장이나 집안일을 하는 가정에서 신심 생활을 할 수 없다는 주장은 잘못된 것입니다. 수도원의 관상 생활이나 수도 생활이 일반 사람들에게 맞지 않는 것은 두말할 나위가 없지만, 세상에서 생활하는 사람을 완덕으로 이끄는 신심 수행의 방법은 얼마든지 있습니다. 구약 성경에서는 아브라함, 이사악, 야곱, 다윗, 욥, 토빗, 사라, 레베카, 유딧 등이 있습니다. 신약 성경에서는 요셉, 리디아, 크리스포스 같은 성인들이 매우 경건한 생활을 했습니다. 성녀 안나, 성녀 마르타, 성녀 모니카, 성녀 프리실라는 가정을 돌보면서도 거룩한 생활을 유지했고, 성 코르넬리오, 성 세바스티아노, 십자가의 성 바오로는 군 생활을 하면서도 독실한 신심을 유지했으며, 성녀 헬레나, 성 루도비코, 성 아마토, 성 에두아르도는 궁중에서도 매우 경건한 생활을 했습니다. 흔히 완덕에 도움이 된다고 여겨지는 외딴곳에서 완덕을 잃어버리는 사람들도 있고, 그와는 정반대의 세상 속에서 완덕에 진보한 사람들도 있습니다. 신심을 보존하는 데 환경은 진실로 문제 되지 않습니다. 나지안조의 그레고리오 성인은 롯이 악인들이 사는 소돔에 살 때는 순결했으나 외딴 산속에서 살 때 오히려 죄에 떨어졌다고 강조합니다. 우리는 어떤 환경에 있든 완덕으로 나아갈 수 있고 또 그렇게 해야 한다는 것을 명심하십시오.

제4장

신심 생활의 진보를 위해서는 지도자가 필요함

청년 토비야가 아버지 토빗에게 메디아의 라게스로 가라는 지시를 받자 "메디아로 가려면 어떤 길로 가야 하는지도 저는 모릅니다."라고 대답했습니다. 그때 그의 아버지는 "믿을 만한 사람을 하나 구해서 같이 가거라." 하고 말했습니다 (토빗 4-5장 참조).

필로테아 님, 나도 그대에게 이와 똑같은 말을 하겠습니다. 그대가 신심 생활을 시작하기를 진심으로 원한다면 그대를 지도해 줄 거룩한 사람을 찾아야 합니다. 이는 매우 중요한 일입니다. 신심 깊은 예수의 데레사 성녀가 말한 것처럼, 예로부터 모든 성인들이 직접 실천하고 권해 온 겸손과 순명의 길을 걷지 않으면 결코 하느님의 거룩하신 뜻을 확실히 알 수가 없습니다. 성녀는 코르도바의 가타리나 부인이 혹독한 고행을 하는 것을 보고 이를 본받으려고 했습니다. 고해 사제가 고행을 반대했지만, 그 지시를 따르지 않으려고 마음먹었습니다. 이때 하느님께서는 "내 딸아, 너는 안전한 길을 걷고 있다. 너는 그녀의 고행을 매우 중요하게 생각하지만, 나는 네가 순명하는 것을 더 기쁘게 여긴다." 하고 말씀하셨습니다. 그 뒤로 성녀는 순명의 덕을 가장 중요하게 여겨 장상에게 순종함은 물론, 특히 자신의 영적 지도자에게 순명할 것을 맹세했으며, 그의 명령과 지도에 충실히 따름으로써 큰 위안을 얻었습니다.

데레사 성녀 이전, 그리고 그 이후에도 수많은 경건한 사람들이 하느님의 거룩하신 뜻에 따르고자 하느님의 종들에게 순종했습니다. 시에나의 가타리나 성녀도 그녀의 저서 《문답》이라는 책에서 순명을 찬미하고 있습니다. 헝가리의 왕후였던 엘리사벳 성녀도 그녀의 영적 지도자인 콘라드에게 철저히 순명했고, 위대한 루도비코 성인 임금도 죽기 전에 왕자에게 "자주 고해성사를 보아라. 현명하고 영혼 구원을 정확하게 가르칠 수 있는 적당한 고해 사제를 선택하라."는 유언을 남겼습니다. 성경에는 다음과 같이 기록되어 있습니다.

"성실한 친구는 든든한 피난처로서 그를 얻으면 보물을 얻은 셈이다. 성실한 친구는 값으로 따질 수 없으니 어떤 저울로도 그의 가치를 달 수 없다. 성실한 친구는 생명을 살리는 명약이니 주님을 경외하는 이들은 그런 친구를 얻으리라. 주님을 경외하는 이는 자신의 우정을 바르게 키워 나가니 이웃도 그의 본을 따라 그대로 하리라."(집회 6,14-17)

우리가 이미 잘 알고 있는 것처럼 이 말씀은 영원한 생명에 관한 것이며, 이 생명을 얻으려면 먼저 우리의 의논 상대가 되어 우리를 지도하고 마귀의 함정과 유혹에서 지켜 줄 충실한 벗이 필요하다는 뜻입니다. 그 벗은 우리로 하여금 고통과 슬픔, 실패를 이겨 낼 수 있게 해 주는 지혜의 샘이 될 것이며, 우리 영혼이 병들었을 때 치료해 줄 신약神藥이 될 것입니다. 또한 우리를 악에서 보호하여 선으로 이끌고, 우리 병을 고쳐 죽음의 그늘에서 우리를 구해 낼 것입니다.

그러나 과연 우리는 이러한 벗을 찾을 수 있을까요? 그러한 사람은 하느님을 두려워한다고 했습니다. 곧 참된 벗은 신심이 깊으며 겸손한 사람들입니다.

필로테아 님, 신심 진보의 여정에서는 참된 벗의 안내를 받는 것이 무엇보다도 중요합니다. 신심 생활을 하는 데 적합한 도움을 줄 수 있는 사람을 보내 주시도록 하느님께 간절히 기도하고, 또 하느님께서 그 기도를 들어주시리라는 것을 조금도 의심해서는 안 됩니다. 하느님께서는 토비야에게 하신 것처럼 착하고 충실한 영적 지도자를 그대에게 보내 주실 것입니다. 그 사람은 하늘이 그대에게 보낸 천사입니다. 그런 사람을 만나면 그대는 그를 평범한 사람으로 생각해서는 안 됩니다. 그러나 그의 인간적 지식에 의지해서는 안 됩니다. 오직 하느님께 의탁해야 합니다. 하느님께서 그대를 사랑하시어 그대의 행복을 위해 필요한 지도를 그에게 맡기시고, 그를 당신의 중개자로 삼으실 것입니다. 그러므로 그대는 그를 하느님 나라의 길을 가르쳐 주려고 내려온 천사로 알고 그의 말을 잘 들어야 하며, 있는 그대로 솔직하게 그대의 모든 행위를 고백하고 진실한 마음을 열어 보여야 합니다. 그러면 그는 그대의 장점을 발견하여 그것을 잘 발휘할 수 있게 해 주고 그대의 결점을 올바르게 고쳐 줄 것입니다. 또한 그대가 곤경에 놓일 때 그대 마음을 위로하고 격려해 줄 것이며, 그대가 바라던 바를 이룩했을 때 자만하지 않도록 주의를 줄 것입니다. 그대는 그를 진심으로 신뢰하고 존경해야 합니다. 그러나 지나치지 않도록 해야 합니다. 딸이 아버지를 존경하는 것처럼 그를 신뢰하고, 아들이 어머니를 믿는 것처럼 그를 존경하십시오. 그대와 그대의 영적 지도자의 우정은 견고하고 달콤하며, 거룩하고 신적이며 영적이어야 합니다.

  이러한 목적을 위해서 예수의 데레사 성녀는 천 명 중에 한 사람을 선택하라고 말했으나, 나는 만 명 중에 한 사람을 고르라고 하겠습니다. 신심 생활을 지도하는 데 적격인 사람을 찾아내기란 쉬운 일이 아닙니다. 지도자는 사랑과 지혜가 풍부하고 현명한 사람이어야 하며, 이 세 가지 중 하나라도 부족하면 안 됩니다. 먼저 하느님께 기도할 것을 다시 한번 강조합니다. 하느님께서 그런 사람을 보내 주시기를 청하십시오. 그리고 그런 사람을 찾았으면 하느님께 찬미를 드리십시오. 온전한 신뢰를 바탕으로 순박하고 겸손하게 생활하십시오. 그러면 그대는 기쁜 마음으로 그대의 여정을 이어 갈 수 있을 것입니다.

제5장
영혼의 정화로 신심 생활을 시작함

　성경에서는, 남자의 배필이 될 여자에 대해서 "땅에는 꽃이 모습을 드러내고 노래의 계절이 다가왔다오."(아가 2,12) 하고 노래합니다.

　필로테아 님, 마음의 꽃이란 선한 지향이 아니고 무엇이겠습니까? 마음의 선한 지향이 드러나게 하려면 우리 양심에서 쓸데없는 모든 것들을 잘라 내야 합니다. 구약 시대에 이스라엘 사람의 아내로 선택된 외국인 여자 포로는 포로 생활을 할 때 입었던 옷을 벗고 머리를 자르며 손톱과 발톱을 손질해야 했습니다(신명 21,12 참조). 이처럼 그리스도의 배필이 되는 영광을 얻고자 하는 영혼은 죄에서 벗어나 "옛 인간을 그 행실과 함께 벗어 버리고"(콜로 3,9) 하느님께서 주시는 사랑을 막는 모든 행동과 사고를 멀리해야 합니다. 병의 근원이 되는 악성 매개체를 없애는 것이 건강의 첫걸음입니다.

사도 바오로, 제노바의 성녀 가타리나, 성녀 마리아 막달레나, 성녀 펠라지아 등은 완전히 정화되어 순결해졌습니다. 그러나 이러한 정화는 마치 자연 세계에서는 죽은 이의 부활과 같은 매우 놀랍고 드문 일이므로 우리는 이런 것을 기대해서는 안 됩니다. 일반적으로 육신의 병 치유나 영혼의 정화는 노력을 통해 서서히 얻을 수 있습니다.

야곱이 본 사다리 위에는 날개가 달린 천사들이 있었으나, 그들은 날지 않고 한 층 한 층 순서를 밟아 오르내렸습니다. 죄의 생활에서 벗어나 신심 생활로 나아가는 영혼은 새벽녘에 있는 것과 같습니다. 새벽은 한순간에 어두움을 쫓아 버리지 않고 차츰차츰 밝아 옵니다. 서서히 회복되어야 확실하게 치유가 된다는 속담도 있습니다. 영혼의 병도 찾아올 때는 말을 타고 달려들지만, 치유의 길로 돌아갈 때에는 느릿느릿 걸어갑니다.

필로테아 님, 용기와 인내를 가져야 합니다. 한번 신심 생활로 나아간 영혼이 자신에게 아직도 부족한 것이 많음을 깨닫고 두려움과 근심에 사로잡혀 모든 것을 포기하고 싶은 유혹에 빠지는 것은 참으로 안타까운 일입니다. 그러나 이와는 달리 일을 시작한 지 얼마 되지도 않아 벌써 완성했다고 믿고, 날개도 없는데 날려고 하며, 수행을 시작한 첫날에 이미 모든 결점을 없앤 것처럼 생각하는 것도 위험한 일입니다.

필로테아 님, 병이 재발하는 것은 의사의 손을 너무 빨리 떠났기 때문인 경우가 많습니다. 시편 저자는 이렇게 노래합니다.

"일찍 일어남도 늦게 자리에 듦도 고난의 빵을 먹음도 너희에게 헛되리라. 당신께서 사랑하시는 이에게는 잘 때에 그만큼을 주신다."(시편 127,2)

이 말씀은 먼저 자신의 허물을 씻어 깨끗해진 다음에도 한층 더 높은 정화를 위해 기도하라는 뜻입니다.

영혼의 정화를 위한 수행은 한평생의 과업입니다. 우리의 결점을 깨달았다고 해서 낙담해서는 안 됩니다. 오히려 자신의 결점을 알면 완덕에 이르고자 그 결점과 싸울 수 있습니다. 결점을 깨닫지 못하면 싸울 수도 없고, 더구나 그 싸움을 승리로 이끌지도 못할 것입니다. 악의 유혹에 빠지지 않고 그 유혹을 극복하는 것이 승리하는 것입니다.

악의 유혹을 극복하려면 겸손해야 합니다. 겸손해지려면

때때로 영적 투쟁에서 상처를 받는 것도 나쁘지 않습니다. 활력이나 용기를 잃지 않는 한 싸움에서 진 것이 아닙니다. 영적 생명은 대죄로 잃게 되지, 사소한 결점이나 죄로는 잃지 않습니다. 그러므로 용기를 잃지만 않으면 됩니다. 다윗은 용기를 잃고 절망에 빠지는 일이 없게 해 달라고 하느님께 기도했습니다. 싸우려는 의지가 있는 한 우리가 언제나 이기게 되어 있으므로 이 전투는 우리에게 진정 유리한 것입니다.

제6장
제1단계의 정화: 대죄에서 떠남

우리에게 필요한 정화의 첫 단계는 대죄에서 벗어나는 것인데, 그 방법은 고해성사입니다. 그대는 될 수 있는 대로 훌륭한 고해 사제를 선택하고, 올바른 고백을 하는 데 필요한 책을 읽으십시오. 또한 철이 들면서부터 지금까지 하느님의 뜻을 거스른 것이 무엇인지 세심하게 성찰하십시오. 그대의 양심이 어떤 병에 걸려 있는지 깨달았으면 다음과 같은 사항을 성찰하십시오. 만일 기억이 잘 나지 않으면 기록해 가며 성찰하십시오. 양심을 성찰하고 죄를 미워하며 죄지은 사실을 슬퍼하고, 온 힘을 다 기울여 깊이 통회하고 죄를 끊어 버려야 합니다. 다음 네 가지를 잊지 마십시오.

첫째, 죄를 지음으로써 하느님의 은총을 잃어버린 일.

둘째, 하느님 나라에서 누릴 영원한 행복을 상실한 일.

셋째, 지옥에서 영원한 벌을 택한 일.

넷째, 하느님의 무한하신 사랑을 저버린 일.

필로테아 님, 이것이 바로 그대 자신의 지난 삶을 총고해하는 방법입니다. 총고해가 언제나 반드시 필요한 것은 아니지만 정화의 첫걸음을 내딛는 그대에게 매우 유익하리라 믿고 이를 권하는 것입니다. 일반적으로 평범한 삶을 살아가는 신자들이 늘 하는 고해에는 간혹 중대한 결함이 보입니다. 그들은 고해성사를 거의 준비하지 않거나 아주 조금 성찰한 나머지 마음에서 우러나오는 통회를 하지 않기 때문입니다. 흔히들 은연중에 다시 죄를 범하겠다는 의향을 품은 채 형식적인 고백을 하는 경우도 있습니다. 이런 사람들은 죄를 범할 기회를 피하려고 하지 않거나 자신의 삶을 개선하려는 데 반드시 이행해야 할 방법을 취하지도 않습니다.

이런 사람들이 진정으로 구원받으려면 총고해가 반드시 필요합니다. 총고해를 통해 우리는 우리 자신을 인식하는 실마리를 찾게 되며, 영혼 구원을 위해 과거의 잘못된 생활에 대해 통회하게 됩니다. 또한 우리가 회개하기를 기다려 주시는 하느님의 자비를 찬미하게 됨으로써 우리는 위안을 받아 선한 생활을 하고자 노력하게 됩니다. 영적 지도자는 총고해를 통해 영적 지도를 할 수 있고, 우리는 마음 놓고 그에게 우리 마음을 열어 보일 수 있게 됩니다. 그러므로 신심 생활로써 자기 마음을 새롭게 변화시켜 온전한 몸과 마음으로 하느님께 돌아가는 첫걸음인 총고해를 권하는 것은 지극히 당연한 일입니다.

제7장
제2단계의 정화: 죄의 경향을 피함

    이스라엘 사람들이 모세의 지휘 아래 이집트를 떠날 때 모든 사람이 기쁘고 유쾌한 마음으로 나온 것은 아니었습니다. 그들 중에는 이집트에서 먹던 맛있는 고기와 신선한 야채를 그리워하는 사람들도 있었습니다(민수 11장 참조). 이와 마찬가지로 참회한 사람들 중에는 죄를 짓지 않겠다고 결심하면서도 죄를 범하게 만드는 불행한 쾌락에 대한 미련을 완전히 버리지 않은 사람들도 있습니다. 그들의 마음은 죄를 떠났으나 마치 롯의 아내가 소돔을 돌아다보았던 것처럼(창세 19장 참조) 죄에 대한 유혹에 이끌려 다시 죄악의 세계로 고개를 돌리고 맙니다. 그들은 의사가 치명적인 해가 된다고 금하는 음식을 먹지 않는 환자와 같습니다. 그는 그 음식을 먹고 싶어 하고 그 냄새라도 맡아 보고 싶어 하며 그것을 먹는 사람들을 부러워합니다. 이처럼 나약한 참회자는 죄를 범하지 않으면서도 만일 벌을 받지 않는다고 한다면 그 죄를 짓기를 은근히 바랍니다. 또한 그 쾌락을 회상하고 즐거워하며, 그런 쾌락을 누리는 사람을 부러워하곤 합니다.

예를 들면, 싸운 사람에게 보복하려 했던 사람은 고해성사를 보고 나서 복수를 포기하지만 얼마 지나지 않아 그 싸움에 관심을 보이는 친구들의 말에 현혹되어 이런 말을 할 것입니다. "하느님만 아니면 복수해 버렸을 거야.", "원수를 용서하라는 건 정말 지키기 어려운 계명이야.", "만일 원수를 갚아도 좋다고 하신다면 얼마나 속 시원할까!" 이런 말을 하는 이들은 가련한 사람입니다. 다시 말해서 이집트 땅에서 벗어났지만 여전히 그곳에서 포식했던 맛있는 고기와 신선한 야채를 회상하며 마음은 여전히 이집트 땅에 있는 이스라엘 사람들과 같은 사람입니다. 불륜의 사랑을 끝냈다고 하면서도 사람들의 시선을 끄는 요란한 옷차림을 하는 부인 같은 사람입니다. 그런 사람은 참으로 위험에 가까이 있습니다.

필로테아 님, 그대는 신심 생활을 시작하려고 계획한 이상 죄를 끊어 버리고, 한 걸음 더 나아가 죄에 대한 모든 애착과 성향을 그대 마음에서 온전히 몰아내야만 합니다. 그렇지 않으면 다시 죄를 지을 수도 있습니다. 그리고 그 올바르지 않은 성향 때문에 마음이 지치고 둔해져 기쁜 마음으로 선을 행할 수 없게 됩니다. 신심의 본질은 바로 여기에 있습니다.

이제 막 죄에서 벗어난 사람은 아직 죄에 대한 애착이 남아 있어 마치 큰 병치레를 하느라 얼굴이 야윈 소녀와 같은 상태입니다. 소녀는 더 이상 중환자는 아니지만 심신이 쇠약해져서 식욕도 예전 같지 않고 숙면을 취하기도 어렵습니다. 단시일 내에 회복되기는 어려운 것입니다. 또한 얼굴에 미소를 띠고 있다 해도 마음은 즐겁지 않고, 걸음을 걷는다 해도 간신히 몸을 움직이는 정도일 것입니다. 죄에서 벗어난 지 얼마 되지 않은 영혼은 과거의 죄로 심신이 지친 나머지 선행을 하면서도 기쁨을 느끼지 못하므로 선행을 거의 실천하지 않으며 그 효과도 적습니다.

제8장
제2단계의 정화를 어떻게 할 것인가

제2단계의 정화를 위해 먼저 권하고 싶은 것은 죄로 인한 엄청난 해악을 명확하게 파악하고 통감하는 것입니다. 이로 말미암아 죄를 통회하는 마음이 강렬하게 일어날 것입니다. 이 단계가 참된 통회에는 비록 미치지 못한다 해도 성사의 은총과 합쳐지면 우리 죄의 더러움을 깨끗이 씻어 줍니다. 그러나 뼈에 사무치게 간절하고 깊은 참회가 있어야만 죄에 대한 애착과 성향을 없앨 수 있습니다.

예를 들면, 누군가에 대한 미움이 그다지 심하지 않을 때에는 그 사람만 피하면 되지만, 미움이 강하고 극심할 때에는 그 사람의 모습을 보는 것은 물론, 그의 친척이나 친구와 말하는 것조차도 싫어지고, 그 사람과 관계되는 것은 모두 싫어지게 됩니다. 이와 마찬가지로 죄를 범한 사람이 여러 모로 부족한 점이 많다 해도 진심으로 참회하면 죄가 역겨워지고 다시는 죄를 범하지 않겠다는 결심을 하게 됩니다. 또한 죄뿐만 아니라 죄에 대한 온갖 애착과 경향은 물론 그 밖에 죄와 관련된 모든 것을 싫어하게 됩니다.

필로테아 님, 우리는 될 수 있는 대로 사소한 죄까지도 통회하면서 고백의 범위를 넓혀 가야 합니다. 마리아 막달레나는 회개한 다음 죄에 대한 애착과 그 쾌락을 완전히 버렸으며 두 번 다시 죄를 범할 생각을 하지 않았습니다. 다윗은 자기가 범한 죄를 통회하여 죄뿐만 아니라 죄를 짓게 만드는 모든 거짓된 길을 피하겠다고 하느님께 맹세했습니다(시편 119,104 참조). 그러므로 그대도 죄악의 본질을 명백히 인식하고 이를 통회하고자 하는 마음으로 다음 장부터 제시해 놓은 묵상 주제로 묵상해 보십시오. 부디 하느님의 은총으로 죄와 죄에 대한 애착과 경향이 머지않아 그대 마음에서 사라지게 되기를 바랍니다. 그런 의도로 내가 묵상 자료를 마련해 놓았으니 매일 하나씩 차례대로 묵상하십시오. 될 수 있으면 영적 수련을 하기에 가장 좋은 아침에 묵상하고, 하루 종일 이를 반복하여 묵상하는 것이 좋습니다. 묵상 방법을 모르면 제2부에 나와 있는 설명을 참고하기 바랍니다.

제9장

묵상 1: 창조

준비

① 하느님 앞으로 나아가십시오.
② 하느님께서 그대의 마음을 열어 주시기를 청하십시오.

성찰

① 150억 년을 존재해 온 우주에 비하면 그대는 허무에 불과하다는 것을 깨달아야 합니다.

"오! 내 영혼아, 그동안 너는 어디 있었느냐? 우주는 이미 그토록 오래전부터 계속 존재해 왔음에도 네가 존재한 흔적은 아무 데도 없구나!"

② 하느님께서는 그대를 무無에서 창조하시고 오늘의 그

대가 있게 하셨습니다. 이는 하느님께서 그대가 필요하셨기 때문이 아닙니다. 순전히 하느님의 자애로우심 때문에 그대를 창조하신 것입니다.

③ 하느님께서 그대에게 주신 존재에 대해서 생각하십시오. 그대는 형체가 있는 피조물들 중에서 으뜸가는 존재요, 영원한 생명을 받아 하느님과 완전하게 일치할 수 있는 존재입니다.

통회와 결심

① 하느님 앞에 철저히 겸손해지십시오.

"주님, 제 수명 당신 앞에서는 없는 것과 같습니다(시편 39,6). 어찌하여 저를 기억하시고 창조하셨나이까?"

"내 영혼아, 너는 허무의 깊은 구렁 속에 있었다. 만일 하느님께서 끌어내시지 않았다면, 너는 지금도 그 구렁 속에 있을 것이다."

② 하느님께 감사드리십시오.

"위대하시고 자애로우신 창조주 하느님, 허무 속에서 저를 끌어내소서. 지금의 저를 창조하신 주님께 갚아 드려야 할 것이 너무나도 많이 있나이다! 주님의 이름에 합당한 찬미를 드리고 주님의 자애로우심에 감사드리려면 무엇을 해야 하나이까!"
③ 통회하십시오.

"창조주 하느님, 저는 주님을 사랑하고 주님께 봉사하여 주님과 일치하려 하지 않고 오히려 사사로운 저의 욕망을 따르고 주님의 뜻을 거슬러 죄를 범했나이다. 또한 주님을 공경하지 않고 주님께서 저의 조물주가 아닌 것처럼 행동했나이다."

④ 주님 앞에서 겸손하십시오.

"내 영혼아, 주님께서 너의 하느님이심을 알라. 너를 창조하신 분은 주 하느님이시다. 너는 스스로 존재하지 않았다."

"하느님, 저는 주님께서 만드신 미물이나이다."

⑤ "제가 허무한 존재임을 깨닫고 교만한 마음을 갖지 않겠나이다.

오! 먼지야, 재야, 너는 무엇을 믿고 스스로 고고한 체하느냐? 허무야, 무엇을 가지고 잘난 체하느냐? 나는 겸손하려고 여러 가지로 노력하고, 어떠한 모욕도 참아 내려고 한다. 내 삶을 완전히 변화시켜 앞으로는 창조주 하느님께 복종하고, 내가 주님께 사랑받는 존재임을 깨닫고, 주님께서 가르쳐 주신 방법과 지도 신부에게 배운 방법에 따라 헌신하며 살려 한다."

마무리

① 하느님께 감사드리고 그분을 찬미하십시오.

"오! 내 영혼아, 사랑으로 그대를 허무로부터 불러내시고, 당신의 자비로 그대를 창조하신 하느님을 찬미하여라."

② 주님께 그대 자신을 봉헌하십시오.

"오! 나의 하느님, 주님께서 주신 저의 존재를 진심으로 주님께 바치나이다."

③ 기도하십시오.

"오! 하느님, 이런 마음가짐과 결심으로 저를 강건하게 해 주십시오. 오, 주님! 제 자신과 제가 사랑하는 모든 것을 당신의 변치 않는 자비로우심에 맡기나이다."

(주님의 기도, 성모송, 영광송)

영적 꽃다발을 만들어 묵상을 마무리하십시오.

제10장

묵상 2: 우리를 창조하신 목적

준비

① 하느님 앞으로 나아가십시오.
② 하느님께서 그대의 마음을 열어 주시기를 청하십시오.

성찰

① 하느님께서 그대를 창조하신 목적은 보잘것없는 그대가 필요해서가 아니라 다만 그대에게 당신의 은총과 영광을 주시고 자비를 드러내시고자 하는 것입니다. 그대에게 이성을 주신 것은 그대가 하느님의 말씀을 알아듣게 하시려는 것이고, 기억력을 주신 것은 하느님을 항상 기억하게 하시려는 것이며, 의지를 주신 것은 하느

님을 사랑하게 하시려는 것이고, 상상력을 주신 것은 하느님의 은혜를 깨닫게 하시려는 것입니다. 또한 눈을 주신 것은 그대에게 하느님의 신비로운 업적을 보여 주시려는 것이고, 혀를 주신 것은 하느님을 찬미하게 하시려는 것입니다. 그대의 다른 능력도 마찬가지입니다.

② 이와 같이 하느님께서는 당신의 거룩하신 뜻으로 우리를 창조하시어 이 세상에 살게 하셨으니, 우리는 하느님의 뜻을 거스르는 행위를 하지 말아야 합니다. 하느님의 뜻에 맞지 않는 행위는 모두 쓸데없는 것입니다.

③ 그럼에도 이 모든 것을 생각하지 않고, 세상 모든 것이 즐기고자 창조된 것인 양 생활하고 있는 세상 사람들이 얼마나 불행한지 성찰하십시오.

통회와 결심

① 그대의 영혼이 더럽고 추해진 것에 대해 질책하십시오. 그대는 지금까지 이 점에 무관심했습니다.

"주님, 저는 주님을 생각하지 않고 딴 생각을 품고 있었으며, 주님을 사랑하지 않고 다른 많은 것을 사랑하고 있었나이다. 저는 진리보다는 허무로 저의 배를 채웠으며, 저에게 봉사하라고 창조해 주신 이 세상에서 받고만 있었나이다."

② 과거의 삶을 부끄러워하십시오.

"헛되고 무익한 생각들아, 나는 너희를 버리겠다. 가증스럽고 진부한 기억들아, 나는 너희를 혐오하노라. 가식적인 관계들, 이기적인 행동들, 그리고 허영에 찬 모습과 부끄러운 향락들아, 이제 나는 너희 모두를 버리겠다."

③ 하느님 앞에서 회개하십시오.

"구세주이신 하느님, 저는 앞으로 주님만을 생각하겠나이다. 주님께서 싫어하시는 생각은 제 마음에 담아 두지 않고, 이 생명 다할 때까지 주님의 크신 자비와 사랑만을 마음에 새기고, 앞으로는 주님을 제 마음의 기쁨과 제 사랑의 안식처로 삼겠나이다. 지금 이 순간부터 허무한 쾌락과 세월을 허비하던 잡다한 일들, 제가 집착하던 것들을 멀리하겠사오며 이를 끊어 버리겠나이다."

마무리

① 고귀한 목적을 위해 그대를 창조하신 하느님께 감사드리십시오.

"주님, 주님께서는 당신을 위해서가 아니라 제가 영원

토록 주님의 크신 영광을 누리게 하시려고 저를 창조하셨나이다. 언제쯤이면 제가 이 은총에 합당하게 될 수 있사오며, 제 본분을 다하고 주님을 찬미할 수 있겠나이까?"

② 주님께 자신을 바치십시오.

"오! 사랑하올 창조주이신 하느님, 저의 온 마음을 다해 다짐하고 결심한 것들을 주님께 바치나이다."

③ 기도하십시오.

"하느님, 저의 기도를 너그러이 들어주시어 저에게 주님의 거룩한 은혜를 베풀어 주시고, 십자가 위에서 당신 아드님이 흘리신 성혈로 모든 것이 이루어지게 하소서."

(주님의 기도, 성모송, 영광송)

작은 영적 꽃다발을 만드십시오.

제11장

묵상 3: 하느님의 은혜

준비

① 하느님 앞으로 나아가십시오.
② 하느님께서 그대의 마음을 열어 주시기를 청하십시오.

성찰

① 하느님께서 그대에게 육신을 주시고 또 그것을 보호하시려고 베풀어 주신 은혜를 생각하십시오. 하느님께서 그대에게 어떠한 몸을 주셨습니까? 그대가 생명을 유지할 수 있도록 하시려고 무엇을 주셨습니까? 무엇보다도 그대에게 주신 건강과 그것을 유지하도록 하시려고 주신 모든 것과 많은 도움들에 대해 성찰하십시오.

이런 은혜를 그대보다 더 많이 받을 자격이 있으면서도 받지 못하고 있는 사람들에 대해 생각해 보십시오. 그들 중에는 병든 사람도 있고 다친 사람도 있습니다. 사람들에게 멸시를 당하거나 가난하고 비천한 생활 때문에 고생하는 사람들도 있습니다. 그러나 하느님께서는 그대가 그런 상황에 놓이지 않도록 해 주셨습니다.

② 하느님께서 그대에게 베푸신 정신적인 은혜를 생각하십시오. 세상에는 어리석은 사람이나 정신 이상자들이 많은데, 그대는 그렇지 않습니다. 이것이 바로 하느님의 은혜입니다. 문맹이거나 무지한 사람들이 많지만, 그대는 하느님의 은혜로 학문을 배우고 교육을 받으며 성장했습니다.

③ 하느님께서 그대에게 주신 영적 은혜를 생각해 보십시오. 그대는 교회의 자녀 중 한 사람이며, 그대가 어렸을 때부터 교회는 주님께서 어떤 분이신지 그대에게 가르쳐 주었습니다. 하느님께서 얼마나 여러 번 그대에게 성사를 베푸셨습니까? 그대를 바른길로 이끄시려고 성령께서 어떤 영감과 내적 광명을 주셨습니까? 얼마나 자주 그대를 용서해 주시고 절망의 늪에서 구해 주셨습니까? 그대의 영적 성장을 위해 얼마나 많은 기회를 주

셨습니까? 하느님께서 그대를 얼마나 사랑하시고 은총을 흘러넘치게 주셨는지 성찰하십시오.

통회와 결심

① 하느님의 자애로우심을 찬미하십시오.

"내 영혼아, 하느님께서 얼마나 자애로우시고 많은 은혜를 베푸시는지 알고 있느냐? 얼마나 자비가 풍성하시고 사랑이 넘치시는지 알고 있느냐? 주님께서 베푸신 수많은 은혜를 말해 보아라."

② 그대의 배은망덕함을 절절히 뉘우치십시오.

"주님, 제가 도대체 무엇이기에 당신께서 이토록 생각해 주시나이까? 저는 너무나도 부족하나이다. 저는 주님의 은총을 저버리고 주님의 무한하신 자비와 사랑을 경멸하고 배반했나이다."

③ 감사하는 마음을 가지십시오.

"내 마음아, 너는 이 은혜를 베푸시는 주님께 불충하거나 배은망덕해서는 안 된다. 내 영혼아, 어찌하여 너는 지금까지 너를 위해 이토록 크신 은총을 베풀어 주시는 하느님께 순종하지 않느냐!"

④ 여러 가지 관능적 쾌락을 버리고, 무한한 은혜를 베푸

시는 하느님을 위해 일하십시오. 그대의 영혼이 하느님을 향해 가도록 필요한 여러 가지 수행에 힘쓰고, 그대의 영혼이 구원을 얻고 하느님을 사랑하도록 교회에서 가르쳐 주는 방법을 적절히 이용하십시오. 열심히 기도하고 자주 성사를 받으며 복음 말씀을 듣고, 주님께서 주시는 영감과 권고를 따르는 데 전력을 기울이십시오.

마무리

① 그분의 은혜와 그대의 본분을 더욱 분명하게 인식할 수 있게 해 주신 데 대해 하느님께 감사드리십시오.
② 이러한 결심과 더불어 그대의 마음을 주님께 바치십시오.
③ 성자의 죽음의 공로를 통해 이 결심을 충실히 실행하는 데 필요한 힘을 주시도록 주님께 간절히 기도드리고, 성모님과 모든 성인들께 도움을 청하십시오.

(주님의 기도, 성모송, 영광송)

작은 영적 꽃다발을 만드십시오.

제12장

묵상 4: 죄

준비

① 하느님 앞으로 나아가십시오.
② 하느님께서 그대의 마음을 열어 주시기를 청하십시오.

성찰

① 그대가 처음 죄를 지은 뒤로 얼마나 많은 세월이 흘렀습니까? 그때부터 지금까지 얼마나 많은 죄가 그대의 영혼에 쌓였는지 성찰하십시오. 그대가 매일 하느님을 거스르고 이웃과 그대 자신에게 말과 행위와 생각으로 얼마나 많은 죄를 지었는지 성찰하십시오.
② 그대의 마음에 있는 악한 경향을 살펴보고 그 때문에

그대가 어떻게 행동해 왔는지 성찰하십시오. 이것을 성찰해 보면 그대의 죄가 머리카락보다, 바닷가의 모래알보다 더 많다는 사실을 깨닫게 될 것입니다.

③ 특히 하느님의 은혜를 저버린 죄를 성찰하십시오. 이 죄는 다른 죄들의 원인이 되어 그로 말미암아 더욱 큰 죄를 짓게 됩니다. 하느님께서 그대에게 풍부한 은총을 주셨음에도 그대는 얼마나 자주 은총의 주님을 거스르고 그분의 은혜를 저버렸습니까? 수많은 은총 중에서도 특히 성사를 받을 수 있는 행운을 얻었음에도 그 성사의 결실은 어디에 있습니까? 그대 영혼의 배필이신 주님께서 그대에게 주신 값진 보화들은 어떻게 되었습니까? 그대가 어리석은 탓으로 모두 다 잃어버리지는 않았습니까? 하느님께서 성사를 받을 수 있도록 배려하셨음에도 그대가 자신의 멸망을 초래하는 것만을 찾느라 늘 하느님을 피했던 그 배은망덕함을 성찰하십시오.

통회와 결심

① 그대 영혼의 지저분하고 더러워진 모습을 부끄러워하십시오.

"하느님, 제가 어찌 감히 당신 앞에 나아갈 수 있겠나이까? 제 안에는 배은망덕과 불의가 가득 차 있나이다. 저의 육신과 정신, 그 어느 것도 더럽혀지지 않은 것이 없으며, 살아가면서 죄를 짓지 않은 날이 하루도 없었나이다. 이것이 어찌 창조주의 은총과 구세주의 성혈에 걸맞은 삶이었다고 할 수 있겠나이까?"

② 하느님께 용서를 간청하십시오. 돌아온 탕자처럼, 마리아 막달레나처럼, 남편을 배반한 아내처럼 주님의 발아래 몸을 던지십시오.

"주님, 이 죄인을 불쌍히 여기소서. 죄인에 대한 동정심이 샘처럼 솟아나시는 주님, 죄로 더러워진 저를 불쌍히 여기소서."

③ 악한 행실을 고치겠다고 결심하십시오.

"주님, 저는 주님 은총의 도우심으로 다시는 죄를 범하지 않겠나이다. 저는 죄를 너무 사랑했나이다. 자비하신 하느님 아버지, 앞으로는 죄를 미워하고 주님만을 사랑하겠사오며, 오직 주님 안에서만 살고 주님을 위해서만 죽고자 하나이다."

④ 과거에 범한 죄를 용감하게 고백하고 모든 악한 행실을 버리겠다고 결심하십시오.

⑤ 내 마음에서 죄의 뿌리를 뽑겠다고, 특히 나의 가장 큰

결점인 ○○○ 죄를 짓지 않도록 노력하겠다고 다짐하십시오.

⑥ 이를 실천에 옮기기 위해 언제나 지도 신부의 지시를 따르고 자신이 지은 죄를 보속하는 데 힘쓰십시오.

마무리

① 오늘날까지 그대를 지켜 주시고 분에 넘치는 은총을 주시는 하느님께 감사드리십시오.
② 이를 실천하고자 그대의 마음을 하느님께 봉헌하십시오.
③ 하느님께 도움을 청하십시오.

(주님의 기도, 성모송, 영광송)

작은 영적 꽃다발을 만드십시오.

제13장

묵상 5: 죽음

준비

① 하느님 앞으로 나아가십시오.
② 도움의 은총을 내려 주시기를 하느님께 청하십시오.
③ 그대 자신이 중병에 걸려 회복될 가망 없이 병상에 누워 있다고 상상해 보십시오.

성찰

① 죽음에 대해 확실한 것은 아무것도 없음을 생각하십시오.

"오! 내 영혼아, 너는 언젠가는 이 몸을 떠나야 한다. 겨울일지 또는 여름일지, 도시에서일지 또는 시골에서일지, 한낮일지 또는 한밤중일지, 갑작스럽게 닥칠 것인지 아니면 무슨 예고라도 있을 것인지, 병이나 사고로 죽게 될지, 고해성사를 받을 여유가 있을지, 그때 고해신부가 와 줄 수 있을지 너는 알 수 없을 것이다."

우리는 죽음에 대해 아무것도 모릅니다. 확실한 것은 한 번은 죽어야 하고 그날이 우리의 예상보다 빨리 올 수 있다는 사실뿐입니다.

② 그때가 되면 그대에게 이 세상은 끝난 것이고, 그대는 더 이상 이 세상에 존재하지 않게 됩니다. 그대 눈앞에 있던 모든 것이 사라집니다. 쾌락과 허영도, 세속이 주는 기쁨이나 헛된 애정도 환상이나 연기와 같은 것입니다. 이 얼마나 불행한 일입니까? 그대는 매우 보잘것없고 헛된 것들 때문에 하느님을 배반한 적은 없습니까? 이 점을 성찰하는 순간, 그대는 허무한 것 때문에 하느님을 저버렸다는 사실을 비로소 깨닫게 될 것입니다. 그런 것들과는 달리 신심과 선행이 소중하고 감미로운 것임을 알게 될 것입니다. 왜 이처럼 아름답고 즐거운 길을 걷지 않았던가 하고 후회하게 될 것입니다. 그러면 전에는 작게 여겼던 죄도 태산처럼 크게 보이고 그대의 신심은 아주 작게 여겨질 것입니다.

③ 그대 영혼이 세상에 고해야 할 크고도 비참한 이별을 상상해 보십시오. 재물과 허영, 헛된 향락과 유희, 부모, 자녀, 배우자, 친구 등 모든 피조물에게 이별을 고할 때가 옵니다. 그리고 마지막으로는 창백하고 파리하게 썩어 가는 시신만 남게 됩니다.

④ 사람들은 서둘러 그 시체를 매장한 다음, 그대가 그랬던 것처럼 세상 사람들도 그대를 생각하지도 기억하지도 않을 것입니다. 그들은 "주님, 그의 영혼에게 영원한 안식을 주소서."라고 기도하는 것으로 보는 것을 끝낼 것입니다.

⑤ 육체를 떠나면 영혼은 오른쪽과 왼쪽 중 한쪽 길을 선택해야 합니다. 그대 영혼은 어느 쪽 길을 택하겠습니까? 그 길은 분명 이 세상에서 걷기 시작했던 길을 계속 걸어가는 데 지나지 않을 것입니다.

통회와 결심

① 하느님께 기도드리고 그대의 전부를 그분의 손에 맡기십시오.

"주님, 저 무서운 날이 닥쳐오면 저와 함께해 주소서. 비록 제가 슬픔과 고뇌로 가득한 삶을 살았다 해도, 그날만은 부디 주님의 축복이 가득한 행복의 날이 되게 해 주소서."

② 세상을 멸시하십시오.

"세상아, 나는 언젠가는 너와 이별해야 하므로 나는 더 이상 너를 사랑하지 않겠다. 사랑하는 친구들, 사랑하는 이여, 영원하고 거룩한 우정만으로 사랑하게 해 다오. 언젠가는 끝내야 할 이 관계에 왜 매달려야 한단 말이냐?"

③ 오늘부터 축복을 받는 가운데 하느님의 나라로 떠나는 데 필요한 준비를 하십시오. 그리고 온 힘을 다해 양심 성찰을 하고 모든 결점을 고치겠다고 결심하십시오.

마무리

이와 같은 결심을 하게 해 주신 하느님께 감사드리고 그 결심을 하느님께 바치십시오. 또한 성자의 죽음의 공로로 그대의 죽음을 복되게 해 주시기를 간구하십시오. 성모님과 모든 성인들께 도움을 청하십시오.

(주님의 기도, 성모송, 영광송)

작은 영적 꽃다발을 만드십시오.

제14장

묵상 6: 심판

준비

① 하느님 앞으로 나아가십시오.
② 하느님께서 그대에게 말씀해 주시기를 청하십시오.

성찰

① 하느님께서 정하신 세상 종말이 닥치면 온갖 무서운 징조 때문에 사람들은 경악하고 두려움에 떨게 될 것입니다. 온 세상이 파괴되고 지상에는 아무것도 남아 있지 않을 것입니다.
② 그런 다음 모든 사람들은 다시 살아나서 대천사의 명령에 따라 함께 모이게 될 것입니다. 그러나 그 모습에는

엄청난 차이가 있습니다. 어떤 이는 영광과 빛을 지닌 모습을, 어떤 이는 추악하고 끔찍한 모습을 드러내 보이게 될 것입니다.

③ 지존하신 심판자께서 모든 천사와 성인들에 에워싸여 내려오실 것입니다. 그분 앞에는 태양보다 빛나는 십자가가 세워질 것입니다. 그 십자가는 선인에게는 은총을, 악인에게는 정의를 상징하게 될 것입니다.

④ 지존하신 심판자께서 내리시는 준엄한 선고가 곧바로 시행되어 선인과 악인이 좌우로 갈라지게 될 것입니다. 그 뒤로는 두 무리가 다시는 함께 어울릴 수 없을 것입니다.

⑤ 이들을 갈라놓으신 다음 심판자께서 양심의 서책을 펴시면, 악인들의 사악한 생각들과 하느님에 대한 불경, 맞은편 선인들의 선행과 공로, 그리고 그들이 받은 은총이 백일하에 공개될 것입니다.

"오! 하느님, 당신의 판결은 악인들에게는 끝없는 회한이 되고, 선인들에게는 크나큰 위안이 되리이다."

⑥ 심판자께서 악인들에게 내리실 최후의 선고를 묵상하십시오.

"저주받은 자들아, 나에게서 떠나 악마와 그 부하들을 위하여 준비된 영원한 불 속으로 들어가라."(마태 25,41)

라는 말씀을 생각해 보십시오. 이는 하느님께서 죄인들을 영원히 당신 앞에서 쫓아내시는 말씀입니다. 하느님께서는 그들을 '저주받은 자'라고 부르실 것입니다.

"오! 내 영혼아, 그 저주가 어떤 것인지 아는가! 이것이 바로 모든 악을 품은 대가로 받게 될 영벌이며, '영원한 불 속'에 있게 될 끝없는 저주이다. 오! 내 영혼아, 이 영벌을 생각해 보라. 그침이 없는 이 영벌이 얼마나 무서운지를!"

⑦ 심판자께서 선인들에게 내리실 선고를 묵상하십시오. 심판자께서는 그들에게 "오라!" 하고 말씀하실 것입니다. 이것이 바로 하느님께서 우리를 부르시고 당신의 자애로우신 품속에 안아 주시는 구원의 복된 말씀입니다. "내 아버지께 복을 받은 이들아, 와서, 세상 창조 때부터 너희를 위하여 준비된 나라를 차지하여라."(마태 25,34) 오! 이 얼마나 엄청난 은총입니까! 그 나라는 영원합니다.

통회와 결심

① "내 영혼아, 주님의 심판을 생각하고 무서워 떨라."

"오! 하느님, 하늘과 땅이 두려워서 떠는 이날, 어느 누가 저와 함께해 주겠나이까?"
② 심판 날에 있을 두려운 판결을 피하려면 멸망의 근원이 되는 죄악에서 완전히 벗어나야 합니다.
③ 그날 무서운 심판을 받지 않으려면 오늘 스스로를 심판해 보십시오. 심판자께서 판결을 내리시기 전에 그대의 양심을 살펴 잘못을 책하십시오. 또한 죄를 고백하고 고해 사제의 지도에 따르십시오.

마무리
① 심판 날에 안심할 수 있는 방법과 회개할 시간을 주신 하느님께 감사드리십시오.
② 그대의 마음을 하느님께 봉헌하십시오.
③ 그 방법과 시간을 잘 활용할 수 있도록 은총을 베풀어 주시기를 주님께 간구하십시오.

(주님의 기도, 성모송, 영광송)

작은 영적 꽃다발을 만드십시오.

제15장

묵상 7: 지옥

준비

① 하느님 앞으로 나아가십시오.

② 주님께 겸손하게 도움을 청하십시오.

③ 유황과 콜타르가 탈 때 나는 악취와 유독한 연기로 가득 찬 암흑의 성과 그 속에서 아우성치는 수많은 사람들을 상상해 보십시오.

성찰

① 죄인의 무리들이 저주받은 성과도 같은 깊은 구렁에서 이루 말로 다할 수 없는 고통을 받습니다. 그들은 자신의 육신을 악행을 저지르는 데 사용하였기에 벌을 받는

것입니다. 눈은 악마와 지옥의 무서운 광경을 보고 괴로워할 것이며, 귀는 사악하고 의롭지 않은 소리를 즐긴 탓에 탄식과 절망의 소리를 들을 것입니다. 그 밖에 다른 감각 기관들도 그에 상응하는 벌을 받게 될 것입니다.

② 이렇듯 가혹한 형벌보다도 더욱더 엄청난 고통이 있습니다. 그것은 영광 중에 계시는 하느님을 뵙지 못하는 고통입니다.

"주님, 주님의 자애로우신 얼굴을 영원히 볼 수 없다면 얼마나 슬프고 고통스러운 일이겠나이까?"

③ 이 형벌이 끝없이 지속된다는 것을 유념하십시오. 이것이 바로 지옥 형벌이 가혹한 이유입니다. 작은 벌레 한 마리가 귓속에 들어가거나 몸에서 조금만 열이 나도 그 괴로운 밤은 길게 느껴질 것입니다. 하물며 가혹한 형벌로 가득 찬 지옥의 밤이 영원히 계속된다니 얼마나 끔찍하겠습니까? 이 영원한 암흑에서 끝없는 절망과 저주와 광란이 일어나게 됩니다.

통회와 결심

① 주님의 심판에 대한 예언서를 읽으십시오. 하느님을 영원히 볼 수 없는 괴로움을 견딜 수 있는지 스스로에게

물어보십시오.

② 이 벌을 받아도 마땅한 죄를 얼마나 자주 저질렀는지 고백하십시오. 회개하고 앞으로는 그 구렁 속에 빠져들지 않도록 바른길을 가십시오.

③ 영원한 죽음을 불러들이는 죄를 피하고자 모든 방법을 강구하십시오. 주님께 감사드리고 그대 자신을 봉헌하며 간절히 기도드리십시오.

제16장

묵상 8: 하느님 나라

준비

① 하느님 앞으로 나아가십시오.
② 하느님께 도움을 청하십시오.

성찰

① 고요하고 감미로우며 무수한 별들도 반짝이게 수놓아진 밤하늘을 상상해 보십시오. 달이나 별의 고운 자태가 조금도 가려지지 않은 구름 한 점 없이 청명한 여름밤을 상상해 보십시오. 그런 다음 이 모든 아름다움도 천국의 아름다움에 비하면 별것 아님을 깨달으십시오. 오! 귀하고 복되며, 오, 감미롭고 빛나는 천국이여.

② 이 복된 나라 주민들의 완벽하고 아름다운 모습을 상상해 보십시오. 수많은 천사들, 커룹들(케루핌)과 사랍들(세라핌), 사도, 순교자, 증거자, 동정녀, 성인들, 오! 축복받은 이들이여! 그들 중에 가장 작은 존재도 이 세상 그 어떤 것보다 아름답습니다. 그들은 영원히 변치 않는 복을 누리며 감미로운 찬미 노래를 부르고 있습니다. 그들은 형언할 수 없이 복되고 끝없는 만족과 기쁨을 누리며 살고 있습니다.

③ 하느님께서 사랑이 넘치는 부드러운 눈길로 그들을 바라보시며, 그들에게 넘치는 사랑을 쏟아 주실 때, 그들은 얼마나 큰 기쁨을 맛보겠습니까? 만물의 근원이신 그분과 영원히 일치해 있으니 얼마나 행복하겠습니까? 그들은 기쁨에 겨운 새들처럼 다시없는 행복감으로 거룩하신 하느님 앞에서 노래하며 춤출 것입니다. 또한 서로 시기하지 않고 앞을 다투어 창조주 하느님께 찬미의 노래를 드릴 것입니다.

"감미롭고 지존하신 하느님 아버지, 영원히 찬미받으소서. 주님께서는 무한히 자비로우시니 그 영광을 저희에게 베풀어 주소서."

이때 하느님께서는 모든 성인들에게 영원한 축복을 주

시며 다음과 같이 화답하실 것입니다.

"사랑과 용기로 나를 섬기고 찬미하는, 나의 사랑하는 피조물들아, 너희들에게 영원한 축복이 있으리라."

통회와 결심

① 우리의 고향인 하느님 나라를 찬미하십시오.

"영광스럽고 복된 새로운 예루살렘이여!"

② 지금까지 영광에 이르는 길을 찾는 데 무심했던 자신의 못남을 탓하십시오.

"왜 나는 다시없는 행복에 이르는 길을 눈앞에 두고 방황했던가? 가련한 나! 나는 보잘것없고 하찮은 세상의 쾌락 때문에 수천 번이나 이 영원하고 끝없는 행복을 도외시하였다. 도대체 어찌하여 영원한 행복을 마다하고 찰나의 욕망에 빠졌단 말인가?"

③ 열렬한 마음으로 이 행복의 나라를 그리워하십시오.

"사랑하올 주님, 주님께서 제 걸음을 당신의 길로 되돌려 주셨으니 다시는 뒤돌아보지 않겠나이다."

"나의 영혼아, 어서 이 영원한 안식처로 가자. 약속의 땅으로 가서 축복을 받자. 저 이집트 같은 나라에서 왜 머무르는가?"

④ 그대를 방황하게 하고 한눈팔게 한 여러 가지 것들을 버리십시오.
⑤ 행복의 길로 나아가는 방법을 강구하십시오. 또한 주님께 감사드리고 그대 자신을 봉헌하며 간절한 마음으로 기도드리십시오.

제17장

묵상 9: 하느님 나라를 선택함

준비

① 하느님 앞으로 나아가십시오.
② 주님께서 그대의 마음을 열어 주시기를 겸손하게 간구하십시오.

성찰

① 라게스로 가는 토비야처럼(토빗 5장 참조) 그대가 드넓은 광야 한가운데에 그대를 보호하는 천사와 함께 있다고 상상해 보십시오. 그대의 천사가 위로는 열린 천국과 그곳의 복락을 보여 주고, 아래로는 우리를 집어삼킬 듯이 입을 벌리고 있는 지옥의 형벌을 보여 줄 것입니

다. 그때 그대의 천사 앞에 무릎을 꿇고 있는 그 모습에 대해 묵상하십시오.

② 그대는 지금 천국과 지옥의 갈림길에 서 있습니다. 천국으로 가느냐 지옥으로 가느냐 하는 것은 그대의 선택에 달려 있습니다.

③ 현세에서 그대가 택한 길은 후세에도 영원히 계속됩니다.

④ 그대가 어느 길을 택하는지에 따라 모든 것이 결정될 것입니다. 정의와 자비의 하느님께서는 그대를 위해 천국을 마련해 두시고 그대가 오기를 간절히 바라십니다. 또 그대의 천사도 하느님께 많은 은총과 도움을 간청하며 그대가 가는 길을 도울 것입니다.

⑤ 예수 그리스도께서는 사랑 가득한 눈길로 하늘에서 그대를 바라보시며 "나의 사랑하는 영혼아, 내게로 와서 나의 영원한 사랑의 품속에 안기는 기쁨을 누려라." 하고 상냥하게 말씀하실 것입니다. 또한 성모님께서는 그대를 친자식처럼 여기시어 "용기를 내어라. 네 영혼의 구원을 간절히 바라는 나의 아들의 선함과 나의 바람과 충고를 가볍게 여기지 마라." 하고 말씀하실 것입니다. 그리고 그 수많은 영혼들도 언젠가는 천국에서 자신들

과 함께 영원히 하느님을 찬미하게 되기를 간절히 바라며 그대를 격려할 것입니다. 하늘나라에 오르는 길은 세상에서 생각하듯 그리 어려운 것이 아니라고 알려 주며 이렇게 말할 것입니다. "자! 사랑하는 친구여, 분발하십시오. 우리가 지나온 길을 살펴보면, 세상에서 누릴 수 있는 쾌락과는 비교할 수 없이 상쾌하고 감미로운 기쁨이 있음을 알게 될 것입니다. 그 길이 영원한 행복의 나라에 도달하는 길임을 깨닫게 될 것입니다."

선택

① "지옥아, 나는 지금도 변함없이 너를 싫어하며 너의 고통을 싫어한다. 너의 영원한 불행을 싫어하며, 특히 네가 끊임없이 뱉어 내는 우리 하느님에 대한 모독을 역겨워한다. 이제 내 마음과 영혼은 천국을 향해 이렇게 말하겠노라. '오! 아름다운 천국이여, 영원한 영광과 무한한 기쁨, 나는 아름답고 거룩한 집을, 그 귀하고 사랑스러운 곳을 언제까지나 내 거처로 삼겠노라.'"

② "주님, 저는 황송하게도 제게 주시는 주님의 자비와 은혜를 받겠나이다. 구세주 예수님, 저는 주님의 영원한 사랑에, 그리고 저로 하여금 주님을 사랑하고 영원히

찬미하게 하시려고 이 복된 예루살렘에 저의 처소를 마련해 주심에 감사드리나이다."

③ 성모님과 모든 성인들이 그대에게 보여 준 본보기에 따라 살기로 다짐하고 그분들이 일러 주는 곳으로 가십시오. 그리고 그대의 수호천사가 그대를 따뜻하고 친절하게 안내하고 격려해 주기를 청하십시오.

제18장

묵상 10: 신심 생활의 선택과 결심

준비

① 하느님 앞으로 나아가십시오.
② 하느님께 겸손하게 도움을 청하십시오.

성찰

① 그대의 수호천사와 함께 드넓은 광야에 있다고 다시 한 번 상상하십시오. 왼편에는 높고 거대한 어좌에 악마가 앉아 있고, 그 둘레에는 수많은 세상 사람들이 그 어좌를 둘러싸고 있습니다. 그들은 머리를 숙여 악마를 임금으로 모시고 죄를 지으며 악마를 찬양하고 있습니다. 그 무서운 악마 곁에 있는 불행한 사람들의 모습을 상

상해 보십시오. 그들 중 어떤 이들은 증오와 질투와 분노로 미쳐 날뛰고, 어떤 이들은 서로 살생을 저지르며 재물을 모으는 데 혈안이 되어 있습니다. 또한 온갖 허영에 들떠 쾌락을 탐하며 짐승과도 같은 색욕에 빠져 육체와 영혼이 파괴되어 갑니다. 그들에게는 휴식도 없고 규율도 없으며 수치심도 없습니다. 그들이 얼마나 야만적이고 증오에 차 있으며 가식적이고 이기적인 사랑을 하는지 보십시오. 가증스러운 악마의 손에 놓여 있는 그들의 비참한 모습을 보십시오.

② 보십시오! 반대편에서는 십자가 위에 매달려 계신 예수 그리스도께서 저 가련한 사람들이 당신에게 오도록 기도하시며 그들을 부르고 계십니다. 주님을 둘러싼 경건한 이들의 무리와 그들의 수호천사들 그리고 그들로 이루어진 아름다운 신심의 왕국을 보십시오. 백합꽃보다 순결한 남자와 여자들, 거룩하고 겸손하게 수절하는 미망인들, 서로 사랑하고 존경하며 살아가는 남편들과 아내들, 이들보다 더 사랑스러운 존재는 없습니다. 신심이 깊은 사람들은 외적인 것과 아울러 내적인 것을 어떻게 조화시키는지 압니다. 하늘나라에 계시는 영혼의 배필이신 그리스도의 사랑을 생각하여 지상의 배우자

를 사랑할 줄 압니다. 그들은 주님의 말씀에 귀를 기울이면서 거룩하고 온화하고 사랑스러운 표정을 지으며, 한결같이 예수님을 자기 마음속에 잘 모시려고 노력합니다. 그들은 언제나 기뻐하며 잔잔하고 평화롭습니다. 그들은 서로를 거룩하고 순수하게 사랑합니다. 신심이 깊은 사람들 중에는 자신의 처지를 한탄하는 사람이 없으며, 마음 상하거나 슬퍼하는 사람도 없습니다. 구세주께서 따뜻한 눈길로 그들을 바라보시며 위로해 주시기 때문입니다. 그들은 주님을 우러러보고 참된 행복을 얻습니다.

③ 그대는 이미 올바른 결심을 함으로써 마귀와 그 슬프고 불행한 무리들을 떠났습니다. 그러나 그대의 마음은 아직 임금이신 예수님께 가까이 다가가지 못했습니다. 또 신심 깊은 사람들의 대열에도 들지 못했습니다. 그대는 지금 그 중간에서 배회하고 있습니다.

④ 성모님께서는 성 요셉과 성 루도비코와 성녀 모니카와 그 외에 당신처럼 세상에서 살다가 하늘나라에 들어온 무수한 사람들과 함께 그대를 부르며 격려하십니다.

⑤ 십자가 위에 계시는 임금님께서는 "내가 가장 사랑하는 이여, 어서 와서 너를 위해 내가 마련한 영광의 화관을

받아라." 하시며 그대를 부르고 계십니다.

선택

① "오, 세상아, 오, 타락한 무리들아! 나는 결코 너희들과 함께하지 않겠다. 나는 거짓과 허영을 버렸다. 교만한 악마야, 지옥의 두목이여, 나는 너와의 관계를 끊고 네가 준 재물을 버리겠다. 나는 너와 너의 악행을 혐오한다."

② "행복과 영원한 영광의 임금님이시며 자애로우신 예수님, 저는 온 힘을 다해 주님을 사랑하겠나이다. 진정한 마음으로 주님을 흠숭하고 영원토록 주님을 저의 임금님으로 모시고 충성을 다하겠사오며 주님의 거룩한 계명을 철저히 지키겠나이다."

③ "복되신 성모님, 저는 어머니를 본받고 어머니의 가르치심을 충실히 따르겠사오며 어머니께 특별한 존경을 바치나이다."

④ "오, 거룩한 수호천사님, 거룩한 이들이 있는 곳으로 저를 인도하시어 그들과 함께할 수 있도록 해 주소서. 저는 주님이신 예수님을 선택한 증거로 '주님 영광 받으소서!'를 영원토록 노래하겠나이다."

제19장

총고해

친애하는 필로테아 님, 앞부분의 묵상들이 그대에게 도움이 될 것입니다. 이 과정을 끝냈으면 용기를 내어 겸손한 마음으로 총고해를 하십시오. 그러나 이에 대한 두려움 때문에 마음의 평화를 잃지는 마십시오.

전갈에는 무서운 독이 있지만, 이것을 기름에 반죽해 두었다가 전갈에 물렸을 때 바르면 즉효를 내는 묘약이 된다고 합니다. 죄를 범하는 것은 부끄러운 일이지만, 일단 고해와 보속이라는 형태로 변화되면 귀한 것이 되고 영혼 구원을 위한 수행이 됩니다. 대체로 통회와 죄의 고백은 아름다운 행위로서 죄의 더러움을 씻어 주고, 하느님 앞에서 은은한 향기로 죄의 썩은 냄새를 없애 줍니다. 예수님께서 바리사이 시몬의 집에 가셨을 때 사람들은 향유가 담긴 옥합을 든 여자를 죄인이라고 불렀으나, 주님께서는 그녀의 죄를 괘념치 않으시고 다만 그녀가 깊은 사랑으로 당신 발에 부은 귀한 향유에 대해서 말씀하셨습니다(루카 7,36-50 참조).

필로테아 님, 하느님께 범한 배은망덕하고 무례한 죄를 혐오하고 뉘우쳐야 합니다. 우리가 범한 죄를 겸손한 마음으로 고백하는 것은 하느님께 영광을 드리는 것입니다. 의사에게 병의 증세를 모두 말하고 치료를 받으면 병이 차츰 낫듯이 고해 사제에게 죄를 고백하면 죄로 말미암은 상처가 치유될 것입니다. 고해 사제 앞에 가면, 골고타에서 그대의 죄를 깨끗이 씻어 주시려고 피를 흘리시며 십자가 위에 매달려 계신 예수 그리스도의 발아래 있는 것처럼 생각하십시오. 고해틀에 무릎을 꿇고 통회하는 사람에게 구세주의 성혈의 공로가 풍성히 내릴 것입니다. 그러므로 그대의 마음을 열고 죄를 고백하여 씻어 내면, 그때마다 주님 수난으로 생긴 존귀한 공로로 그대에게 은총이 충만히 내릴 것입니다.

죄를 고백할 때에는 솔직 담백하게 하여 양심에 거리끼는 것이 조금도 남아 있지 않도록 해야 합니다. 고백을 끝낸 뒤 하느님의 종인 사제의 훈화와 지시에 귀를 기울이면서 "주님, 말씀하소서. 당신 종은 듣겠나이다." 하고 마음속으로 기도하십시오. 이때 그대가 고해 사제로부터 듣는 말은 하느님의 말씀입니다. 예수님께서는 제자들을 파견하시며 그들에게 "너희 말을 듣는 이는 내 말을 듣는 사람이다."(루카 10,16 참조)라고 말씀하셨습니다.

고백을 끝냈으면 다음 장에 이어지는 '맹세'를 마음에 새기며 정성껏 읽으십시오. 이것은 그대의 통회의 결과이며, 먼저 그 내용을 묵상하고 나서 읽어야 합니다.

제20장
하느님을 섬기고 통회를 결심하는 맹세

저는 영원하신 하느님과 하늘에 계신 모든 성인들 앞에 나아가 맹세하나이다.

가련하고 보잘것없는 저를 창조하시고 지켜 주셨으며, 숱한 위험에서 구해 주시고 수많은 은혜를 베풀어 주신 주님의 자비하심을 생각하나이다. 무엇보다도 죄 많은 저를 가련히 보시어 저의 죄를 용서하시고 제가 뉘우치도록 이끌어 주시는 하느님의 무한하신 자비를 생각하나이다. 제가 회개하지 않고 주님의 은총을 소홀히 여기고 배은망덕했음에도 아직까지도 제가 회개하기를 기다려 주신 주님의 크신 자비를 생각하나이다.

저는 세례를 받던 날 행복에 젖어 주님의 자녀임을 맹세하고 제 자신을 봉헌했음에도 그때의 서약을 어기고 주님의 뜻을 거스르는 행동을 해 왔나이다. 저는 이제 제가 예수님을 못 박은 죄인임을 깊이 깨닫고, 온 마음을 다하여 죄를 미워하나이다. 또한 세례 때의 마음으로 돌아가 주님의 존엄하심을 모독하고 배반한 죄인임을 시인하며 정의의 하느님의 옥좌 앞에 엎드려 용서를 비나이다. 저로 말미암아 예수 그리스도께서 수난을 받으시고 십자가 위에서 죽임을 당하셨으니, 저는 죽음의 늪에 들어가야 마땅하며, 주님의 수난과 죽음에 대해 큰 책임이 있는 자임을 고백하나이다.

그러나 저는 하느님의 무한하신 자비의 옥좌를 향해 용서를 간청하오며, 온 힘을 다하여 죄 많은 저의 지난 삶을 미워하겠나이다. 그러므로 저의 유일한 희망이시며 구세주이신 주님의 수난과 죽음의 공로를 보시어 저의 모든 죄를 용서하시고 은총과 자비를 베풀어 주시기를 겸손하게 간구하나이다.

또한 저는 세례 받을 때 하느님께 드린 약속을 되새겨, 마귀와 세속과 육신의 쾌락을 끊고 악마의 계략에 빠지지 않으며 영원토록 유혹에 빠지지 않기로 굳게 맹세하나이다. 이제 저는 자비가 충만하신 하느님을 따르고, 영원무궁토록 주님을 섬기고 사랑하기를 간절히 바라나이다. 또한 저의 영혼과 마음, 그리고 저의 사랑과 저의 모든 것을 주님께 바치나이다. 앞으로 주님의 거룩하신 뜻과 존엄을 거스르는 일을 하지 않기로 다짐하고, 주님께 저를 봉헌하고 변함없이 주님께 순종하는 성실한 종이 될 것을 약속드리오며, 이 약속을 어기는 일을 하지 않을 것을 맹세하나이다.

그러나 혹시라도 제가 마귀의 함정에 빠지거나 나약한 인간 본성으로 말미암아 이 약속을 어기는 일이 있을 때에는 성령께 은총을 청해 다시 회개하고 지체 없이 주님의 자비를 구하기로 미리 약속드리나이다. 이러한 저의 모든 각오는 저의 의지에 따른 결심이오니, 이를 하느님 대전과 자모이신 성교회를 대표하는 고해 사제 앞에서 서약하나이다.

주님, 영원하시고 전지전능하신 하느님, 성부 성자 성령께서는 저의 결심을 굳게 하시고, 저에게 이런 의지를 주셨으니 제가 이를 지킬 수 있도록 합당한 힘과 은총을 내려 주시옵소서.

오! 하느님, 하느님께서는 제 마음과 영혼 그리고 정신의 주님이시나이다. 저는 이렇게 주님을 모시고 이제와 영원토록 주님을 흠숭하겠나이다.

예수님께 영광을!

제21장
정화 1: 마무리

앞부분의 맹세를 마쳤으면, 사제가 하느님의 이름으로 그대에게 사죄경을 욀 때 마음의 문을 열고 들으십시오. 이제 하늘나라의 구세주께서 모든 천사와 성인들 앞에서 그대에게 내리시는 용서의 말씀에 귀를 기울이십시오. 그대가 죄를 용서받는 순간 하늘나라에 있는 모든 영혼들이 그대를 축하하고, 무한한 기쁨의 노래를 부르며 죄를 씻고 깨끗해진 그대를 포옹할 것입니다.

필로테아 님, 그대는 하느님께 놀랍고도 가장 복된 서약을 드렸습니다. 그대는 자신을 하느님께 봉헌함으로써 하느님께서 베푸시는 영원한 생명을 얻었습니다. 이제 펜을 들어 그대의 서약문에 서명하고, 제대 앞에 나아가 성체를 영함으로써 새로 태어난 그대 영혼에 죄의 용서와 하늘나라를 보장하는 도장을 받으십시오.

필로테아 님, 이제 그대의 영혼은 죄와 그 죄에 따르는 모든 영향으로부터 정화되었습니다. 우리의 나약함과 욕정으로 말미암아 아무리 노력해도 죄의 유혹이 쉽게 우리 마음에 자리하기 때문에 우리가 세상에 사는 동안에는 그 유혹을 완전히 없앨 수는 없습니다. 그러나 대죄와 그 영향에서 벗어나 다시는 이러한 유혹 때문에 흔들리는 일 없이 완전한 정화에 이르는 방법을 알려 드리겠습니다. 그러기 전에 먼저 완전한 정화란 무엇인지에 대해 설명하겠습니다.

제22장

정화 2: 소죄의 습성을 버려야 할 이유

　대낮의 햇볕 속에서 거울을 들여다보면 얼굴의 잡티나 주름이 선명하게 보이듯이, 우리 안에 계시는 성령께서 우리 양심을 밝게 비추시면 참된 신심 생활에 방해가 되는 죄와 나쁜 기질과 결점들이 분명하게 드러납니다. 그리고 성령께서 빛을 비추어 주시면 우리는 그 죄와 악행을 깨끗이 씻어 버릴 수 있다는 희망을 갖게 됩니다.

　친애하는 필로테아 님, 그대가 이미 대죄와 그 영향에서 벗어났다 해도 그대에게는 아직 소죄를 짓게 만드는 여러 가지 경향들이 남아 있습니다. 이 말은 그대에게 소죄가 있다는 것이 아니라 소죄를 범할 습성이 여전히 그대 안에 자리하고 있다는 뜻입니다. 그것은 아주 다른 이야기입니다. 소죄도 없이 완전히 결백하고 순결한 상태를 오래 유지하기란 불가능할 것입니다. 그러나 소죄의 습성에 젖어 들지 않을 수는 있습니다. 악의 없이 사소한 거짓말을 한두 번 하는 것과 습관적으로 거짓말을 하는 것은 완전히 다릅니다.

그러므로 소죄의 습성을 버리고 그대의 영혼을 정화하고자 노력하십시오. 아무리 사소한 죄라도 죄인 줄 알면서 범하려는 생각을 해서는 안 됩니다. 영원히 대가를 치러야 하는 대죄와 달리, 하느님께서 소죄 때문에 진노하시지는 않겠지만, 아무리 사소한 죄라도 하느님의 뜻을 거역하는 것이기 때문입니다. 그러므로 소죄에 대한 미련은 하느님의 존엄을 거스르겠다는 것과 다름없습니다. 하느님을 거스르고 그분을 배반하고자 하는 것이 선한 영혼에게 있을 수 있는 일입니까?

필로테아 님, 대죄에 대한 애착이 하느님의 사랑을 거스르듯이, 소죄에 대한 애착은 우리의 신심을 거스릅니다. 소죄에 대한 애착은 우리의 정신을 약하게 하고, 하느님의 말씀을 가로막으며 유혹에 우리 마음의 문을 열게 함으로써, 비록 영혼을 파괴하지는 않는다 해도 결국에는 병들게 합니다. 성경에도 "죽은 파리 하나가 향유 제조자의 기름을 악취 풍기며 썩게 한다."(코헬 10,1)라는 말씀이 있습니다. 파리가 향유 위에 잠깐 앉아서 핥기만 했다면 괜찮겠지만 만일 향유 속에 빠져 죽으면 그 향유는 상해 버립니다. 이와 같이 신심 깊은 사람이 잠시 소죄를 지었을 경우 그 영혼이 그다지 심각한 상처를 입지 않으나, 오랫동안 반복해서 지으면 영혼은 파괴되고 맙니다.

거미는 꿀벌을 죽이지 않으나 그 꿀을 상하게 하고, 오래지 않아 거미줄로 벌집을 막아 꿀벌의 활동을 방해합니다. 소죄는 우리 영혼을 죽이지는 않습니다. 그러나 우리의 신심에 해를 끼치고 하느님의 사랑을 가로막아 우리의 신심 활동을 방해합니다.

필로테아 님, 벌집에 침입하려는 거미를 꿀벌들이 내쫓듯이 진실 없는 말과 행동, 사소한 거짓과 농담도 그 즉시 퇴치하십시오. 만일 이를 묵인하고 용납하여 우리 마음속에 자리 잡도록 방치한다면, 머지않아 마음의 꿀은 없어지고 양심의 벌통은 폐허가 되고 말 것입니다. 다시 한번 그대에게 묻겠습니다. 하느님께서 싫어하시는 것을 알면서도 하느님의 뜻을 거역하며, 미움 받을 짓을 하는 사람을 어떻게 신심 깊은 사람이라고 말할 수 있겠습니까?

제23장

정화 3: 위해한 것에 대한 집착에서 벗어남

    카드놀이와 내기, 연회와 무도회, 연극 관람 등은 그 자체로는 해롭지 않습니다. 때로는 좋을 수도 있지만 그런 것들에 너무 집착하면 해롭습니다.

    필로테아 님, 오락과 춤, 화려한 옷차림과 파티, 고상한 연극 관람 같은 것들이 그릇된 행동은 아니지만 그런 것들에 집착하게 되면 신심 수행에 방해가 되어 우리 영혼에 해가 됩니다. 그럼에도 불구하고 안타깝게도 많은 사람들이 그들의 마음 안에 공허하고 어리석은 애착을 갖고 있습니다. 이런 것들은 양심의 선한 의지를 가로막고, 좋은 습관을 갖지 못하도록 방해합니다.

    옛날 나지르인 서원자는 알코올 성분이 있는 모든 음료는 물론, 포도나 발효 성분이 있는 포도 식초도 마시지 않았습니다(민수 6,2-21 참조). 취할까 봐 마시지 않은 것이 아니라 그것을 먹으면 포도주를 마시고 싶어지고, 그러다 보면 술을 마시고 싶은 생각이 들기 때문입니다. 이 말의 뜻은 위에서 말한 유흥을 즐겨서는 안 된다는 것이 아닙니다. 다만 이것에 애착하면 그 결과로 신심이 손상된다는 점을 강조하고 싶은 것입니다. 수사슴은 살이 찌면 무리를 떠나 숲속에 숨는다고 합니다. 다른 짐승에게 습격을 당할 때 몸이 무거워 빨리 달아날 수 없음을 알기 때문입니다. 사람의 마음도 무익하고 쓸데없는 애착에 사로잡히면 진정한 신심 생활의 근원이신 하느님의 품에 신속하게 안길 수 없게 됩니다. 철부지 어린아이들이 나비를 신기해하며 따라다닌다고 해도 아무도 나무라지 않습니다. 그러나 다 큰 어른이 무가치하고 백해무익한 일에 집착하거나 나쁜 습관에 열중한다면 이 얼마나 어리석고 한심한 일이겠습니까?

필로테아 님, 그대는 그러한 애착에서 벗어나 마음을 정화해야 합니다. 그 행위 자체는 신심 수행에 반하는 것이 아니지만 애착하면 신심 수행에 해가 된다는 것을 다시 한 번 기억하십시오.

제24장
정화 4: 영혼의 정화

 필로테아 님, 우리에게는 앞에서 말한 것 외에 대죄나 소죄를 지으려는 성향과는 다른 자연적 성향이 있습니다. 이를 불완전함이라고 하며, 여기서 나온 행위를 단점이라고 말합니다. 예로니모 성인이 전하는 바에 따르면, 바울라 성녀에게는 쉽게 슬픔에 빠지는 성향이 있었다고 합니다. 그녀는 남편과 아들을 잃고 슬퍼하여 실신을 했는데, 이것은 그녀의 불완전함이지 그녀가 죄를 지은 것은 아닙니다. 왜냐하면 그녀의 의지와는 상관없는 문제이기 때문입니다. 사람들 중에는 성향에 따라 경솔한 사람도 있고 신중한 사람도 있습니다. 남의 충고를 쉽게 받아들이지 않는 고집불통인 사람이 있는가 하면, 욱하는 성질에 쉽게 화를 내는 사람도 있고, 쉽게 사랑에 빠지는 사람도 있습니다. 한마디로 불완전하지 않은 사람은 매우 드뭅니다. 우리 모두는 그렇게 불완전하게 태어났지만 노력하고 덕을 쌓음으로써 이를 바로잡고 개선할 수 있습니다.

필로테아 님, 진정 그대도 이와 같이 해야 합니다. 사람들은 쓴맛을 내는 아몬드 나무에서 달콤한 열매를 맺는 방법을 알아냈습니다. 그것은 달콤한 열매를 맺는 가지에 접을 붙이는 것입니다. 그렇다면 우리도 악한 성향을 착한 성향으로 바꿀 수 있지 않겠습니까? 세상에는 나쁜 영향을 받아도 악화되지 않는 착한 천성은 없고, 하느님의 은총을 입어 열심히 노력해도 고치지 못할 만큼 악한 천성도 없습니다.

이제 여러 가지 교훈과 영적 수행에 대해 말씀드리겠습니다. 그대는 이 수행을 통해 위험한 애착과 결점, 소죄의 습성을 버리고 그대의 영혼을 정화하여, 대죄에 대항할 수 있는 확실한 힘을 얻을 수 있습니다. 부디 그대가 이를 잘 이행할 수 있도록 주님께서 그대에게 은총을 베풀어 주시기를 빕니다.

제 2부

기도와 성사

제1장

기도의 필요성

① 우리가 기도를 드리면 하느님께서는 당신의 빛으로 우리 이성을 비추어 주시고 초자연적인 사랑의 불꽃으로 우리 의지를 따뜻하게 데워 주십니다. 우리 이성이 무지를 깨치고 우리 의지가 타락에서 벗어난다면 우리 영혼에 이보다 더 유익한 일은 없습니다. 기도는 하느님께서 내리시는 축복의 물입니다. 이 물은 우리 안에 흐르며 선한 생각의 싹을 틔우고 영혼의 결함을 씻어 내주며 마음의 갈증을 해소해 줍니다.

② 특히 내가 그대에게 권하고 싶은 것은 마음의 기도, 곧 묵상 기도이며, 그중에서도 주님의 생애와 수난에 대한 묵상입니다. 그분에 대해 묵상을 하면 그대 영혼은 주

님으로 가득 차, 그분을 본받아 행동하게 될 것입니다. 주님께서는 세상의 빛이십니다. 그러므로 우리는 주님 안에서, 주님을 통해, 그리고 주님을 위해 그 빛을 받아 깨우치게 될 것입니다. 주님은 생명의 나무이시기에 우리는 그 그늘에서 휴식을 취하게 될 것입니다. 주님은 생명을 주는 야곱의 우물이시기에, 우리는 그곳에서 모든 죄를 씻어 내게 될 것입니다.

아기는 어머니의 말을 듣고 더듬거리며 흉내 내다가 시간이 지나면 저절로 말을 하게 됩니다. 이와 마찬가지로 우리도 주님 곁에서 주님의 말씀과 행동을 바라보고 따라 하다 보면 마침내 주님 은총의 도움으로 주님처럼 말하고 행동하는 것을 배우게 됩니다.

필로테아 님, 우리가 아버지이신 하느님께 다가갈 수 있는 유일한 문은 그리스도뿐입니다. 마치 유리 뒷면에 주석이나 납을 칠해 놓아야 사물을 비추는 거울이 되는 것처럼, 이 세상에서 인간이 하느님을 만나려면 신성에 대한 묵상 아래 구세주의 거룩한 인성에 대한 묵상을 겸해야 합니다. 그러니 그분의 생애와 죽음은 우리가 매일 묵상하는 데 가장 적합하고 감미로우며 유익한 소재입니다. 구세주께서 몸소 하늘에서 내려 온 빵이라고 하신 말씀은 결코 무의미한 것이 아닙니다. 우리가 빵과 함께 여러 가지 음식을 먹는 것처럼, 모든 기도와 행위를 하는 가운데 주님을 묵상해야 합니다. 수많은 작가들이 주님의 생애와 죽음을 묵상의 소재로 삼았습니다. 성 보나벤투라와 벨린타니, 브루노, 카필라, 그레나다, 다 폰테 등이 저술한 묵상서를 그대에게 추천합니다.

③ 묵상은 날마다 식사 전에, 되도록 이른 아침에 한 시간씩 하는 것이 좋습니다. 아침 시간은 잠을 잔 뒤이기 때문에 정신이 가장 안정되고 맑을 때입니다. 그러나 지도 신부의 허락이 없으면 한 시간을 넘기지 마십시오.

④ 이 묵상을 고요한 성당 안에서 하면 더욱 좋을 것입니다. 집에서는 아마도 방해받지 않고 묵상하기가 어려울 것입니다. 그대의 부모나 남편을 비롯한 가족은 그대가 한 시간 정도 성당에 가 있다고 싫어하지는 않을 것입니다.

⑤ 침묵하는 묵상 기도든 소리 내어 드리는 염경 기도든 모든 기도는 언제나 하느님 앞에 있다는 생각으로 시작해야 합니다. 그러면 머지않아 기도가 신심에 얼마나 유익한 것인지 분명히 깨닫게 될 것입니다.

⑥ 사도신경, 주님의 기도, 성모송 등은 되도록 그 뜻을 알

고 암송하는 것이 좋습니다. 이 거룩한 기도문 속에 담긴 놀랍고 감미로운 뜻을 음미해 보십시오. 그대는 이 기도들에 마음을 집중하여 기도의 내용과 자신의 감정을 일치시키고자 노력하십시오. 기도문을 빨리, 많이 외우려 하지 말고 기도문의 뜻을 마음에 새기면서 천천히 바치십시오. 주님의 기도를 정성 들여 한 번 바치는 것이 서둘러 여러 번 바치는 것보다 훨씬 더 유익합니다.

⑦ 묵주 기도는 제대로 바치면 매우 유익한 기도가 됩니다. 묵주 기도를 바치는 방법을 소개하는 책이 많이 있습니다. 또한 예수 성심 호칭 기도, 성모 호칭 기도, 성인 호칭 기도와 그 밖에 기도서에 나와 있는, 교회에서 인가한 기도를 바치는 것도 유익합니다. 다만 하느님께서 그대에게 묵상을 할 수 있는 특별한 능력을 주셨다면 먼저 묵상부터 시작하십시오. 묵상을 한 뒤에 바쁜 일이나 다른 이유 때문에 염경 기도를 바치지 못한다 해도 조금도 염려하지 마십시오. 묵상 뒤에 주님의 기도와 성모송과 사도신경을 외우면 그것으로 충분합니다.

⑧ 그대가 기도문을 외는 동안 묵상을 하고 싶으면 망설이지 말고 고요한 가운데 묵상을 계속하십시오. 시작한 기도문을 마치지 못했다고 걱정할 필요는 없습니다. 묵

상은 하느님을 한층 더 기쁘게 해 드리는 기도이므로 그대 영혼에 더 이롭습니다. 그러나 성무일도는 예외입니다. 성무일도를 바칠 의무가 있으면 이를 채워야 합니다.

⑨ 바쁜 일이 있거나 다른 일 때문에 아침 묵상을 할 수 없을 때에는 오후에 식사를 하고 소화를 시킨 뒤에 보충하는 것이 좋습니다. 식사 직후 소화가 되지 않았을 때 묵상 기도를 바치면 졸음이 오고 건강에도 해롭습니다. 묵상할 시간이 전혀 없으면 화살기도를 바치거나 신심 서적을 읽으십시오. 묵상을 하지 않고 하루를 보내는 것이 습관화되지 않도록 다른 수행으로 보충하고, 다음 날에는 반드시 묵상을 하겠다고 굳게 결심하십시오.

제2장

묵상의 준비 단계 1: 하느님 앞에 있음을 묵상함

 필로테아 님, 나는 그대가 묵상하는 법을 제대로 알고 있는지 궁금합니다. 안타깝게도 요즈음 사람들 중 묵상 방법을 제대로 아는 이가 매우 드뭅니다. 묵상에 관한 훌륭한 책들을 읽고 그 방법을 완벽하게 터득하기 전까지 사용할 수 있는 짧고 간단한 방법을 가르쳐 주겠습니다.

 내가 알려 주는 묵상 방법에는 두 가지 준비 단계가 필요합니다. 첫째 단계는 자신이 하느님 앞에 있음을 느끼는 것이고, 둘째 단계는 하느님께 도움을 청하는 것입니다. 먼저, 그대가 하느님 앞에 있음을 느끼고자 하는 데 필요한 네 가지 중요한 방법을 제시하겠습니다. 당분간은 이 방법을 따르는 것이 좋을 것입니다.

첫째 방법은 하느님께서 어느 곳에나 계시다는 것을 철저히 인식하는 것입니다. 온 우주는 물론 세상 어느 곳이든 하느님께서 참으로 존재하시지 않는 곳이 없음을 인식해야 합니다. 우리가 어디로 가든, 어느 곳에 있든 하느님께서는 그곳에 계십니다. 대다수 사람들은 이 진리를 알고 있지만 이를 마음 깊이 새겨 두는 사람은 많지 않습니다. 눈먼 사람은 자기 앞에 임금이 있어도 그 모습을 볼 수 없으므로 임금에게 경의를 표하지 못합니다. 다른 사람이 일깨워 준다 해도 자신이 임금 앞에 있다는 것을 곧 잊어버리고 결례를 범할 수 있습니다.

필로테아 님, 우리도 우리 앞에 계신 하느님을 보지 못합니다. 신앙으로는 하느님께서 현존하심을 알아도 우리 눈에 보이지 않으므로 가끔 이를 잊고 하느님께서 멀리 계시는 것처럼 행동하기 쉽습니다. 하느님께서 어느 곳에나 존재하신다는 진리를 알면서도 이 점을 염두에 두지 않는다면 이 진리를 모르는 것과 같습니다.

그러므로 기도를 하기 전에는 언제나 "제가 하늘로 올라가도 거기에 당신 계시고 저승에 잠자리를 펴도 거기에 또한 계십니다."(시편 139,8)라고 외쳤던 시편 저자처럼 하느님께서 앞에 계심을 기억하십시오. 꿈속에서 하늘에 닿아 있는 층계를 본 야곱은 "진정 주님께서 이곳에 계시는데도 나는 그것을 모르고 있었구나."(창세 28,16) 하면서, 두려움에 싸여 이렇게 말했습니다. "이 얼마나 두려운 곳인가! 이곳은 다름 아닌 하느님의 집이다. 여기가 바로 하늘의 문이로구나."(창세 28,17) 이 말은 야곱이 하느님께서 어디에나 계시다는 사실을 평소에 생각하고 있지 않았다는 증거입니다. 그러므로 기도하기 전에 온 마음을 다해 이렇게 외치십시오. "참으로 하느님께서 여기에 계십니다."

하느님 앞으로 나아갈 수 있는 둘째 방법은 하느님께서 지금 그대가 있는 곳에, 특히 그대 마음과 영혼 깊은 곳에 계심을 명심하는 것입니다. 마치 우리 영혼이 우리 몸의 곳곳에, 특히 마음과 정신에 있듯이, 하느님께서는 온 우주와 세상 만물, 그리고 특히 우리 영혼 안에 살고 계십니다. 그래서 시편 저자는 "제 마음의 반석, 제 몫은 영원히 하느님이십니다."(시편 73,26) 하고 노래했고, 바오로 사도도 "우리는 그분 안에서 살고 움직이며 존재합니다."(사도 17,28)라고 고백했습니다. 이 진리를 깊이 묵상하면 할수록 이처럼 친밀하게 우리와 일치하여 계시는 하느님에 대한 깊은 존경심이 마음속에서 저절로 우러나오게 될 것입니다.

셋째 방법은 구세주께서는 하늘나라 옥좌에서 세상 모든

사람들, 특히 당신의 자녀인 신자들, 그중에서도 열심히 기도하고 있는 이들을 바라보고 계심을 묵상하는 것입니다. 이것은 단지 상상이 아니라 사실입니다. 비록 우리는 주님을 직접 뵐 수 없지만 그분께서는 우리를 내려다보고 계십니다. 스테파노 성인은 순교하기 직전에 주님을 뵙지 않았습니까? 우리는 구약 성경에 나오는 한 여인처럼 "그이가 우리 집 담장 앞에 서서 창틈으로 기웃거리고 창살 틈으로 들여다본답니다."(아가 2,9) 하고 말할 수 있어야 합니다.

넷째 방법은 그대의 상상력을 동원하여 인성을 취하신 구세주께서 그대 옆에 계시는 모습을 그려 보는 것입니다. 어떤 친구를 생각하며 "그의 모습이 눈에 선하다."라고 말하듯이, 우리는 주님의 모습을 상상하며 주님의 모습이 눈에 선하다고 말할 수 있을 정도로 주님의 모습을 상상해야 합니다. 그러나 성체를 모시고 묵상할 때에는 상상할 필요가 없습니다. 비록 빵과 포도주가 베일처럼 가려져 있어 우리는 그분을 있는 그대로 볼 수 없으나 주님께서는 우리를 지켜 보고 계십니다.

그대는 묵상 전에 이 네 가지 방법 중 하나를 선택하여 하느님 앞으로 나아가십시오. 그러나 이 네 가지 방법을 한꺼번에 실행하지 말고 한 번에 한 가지씩 사용하여 짧고 간단하게 실행하십시오.

제3장

묵상의 준비 단계 2: 하느님께 도움을 청함

    하느님께 도움을 청할 때에는 다음과 같이 하십시오. 하느님 앞에 나아갈 때에는 그대가 존엄하신 하느님 앞에 나아가기에 부당한 존재임을 인정하는 겸손한 마음을 지니십시오. 그다음 그대가 하느님 앞에 오게 된 것은 주님의 자비로우심 때문임을 깨닫고 묵상하는 동안 주님을 극진히 섬기고 흠숭하기에 필요한 은총을 베풀어 주시기를 주님께 간구하십시오. 이를 위해 다음과 같은 짧지만 열렬한 기도를 바치는 것도 좋을 것입니다.

    "당신의 면전에서 저를 내치지 마시고 당신의 거룩한 영을 제게서 거두지 마소서."(시편 51,13)

"당신 얼굴이 당신 종 위에 빛나게 하시고, 당신의 법령을 저에게 가르쳐 주소서."(시편 119,135)

"저를 깨우치소서. 당신의 가르침을 따르고 마음을 다하여 지키오리다."(시편 119,34)

"저는 당신의 종, 저를 깨우치소서. 당신의 법을 깨달으리이다."(시편 119,125)

그대의 수호천사를 생각하거나 그대가 생각하는 특별한 신비와 관련된 성인들을 떠올리는 것도 좋습니다. 예를 들면, 예수님의 죽음에 대해 묵상할 때에는 성모님과 성 요한 사도, 성녀 마리아 막달레나, 그리고 회개한 죄수에게 그들이 그 당시 느꼈던 감정과 결심을 그대도 느끼게 해 달라고 청하십시오. 다른 묵상에도 이와 같은 방법을 사용하십시오.

제4장

묵상의 준비 단계 3: 상상력으로 신비를 떠올림

앞부분의 두 단계가 일반적인 것이라면, 셋째 단계는 묵상할 때마다 반드시 해야 할 필요는 없는 것입니다. 이 단계는 '신비 떠올리기'라고 하기도 하고, '특정 장면 재현하기'라고도 합니다. 이것은 묵상하려는 신비가 실제로 눈앞에서 이루어지는 것처럼 상상하는 것입니다. 예를 들면, 예수님에 대해 묵상할 때에는 그대가 실제로 골고타에 있는 것처럼 상상하십시오. 십자가 아래서 주님께서 수난당하시는 것을 직접 보고 듣는 것처럼 상상하십시오. 당신이 있는 곳에서 복음사가들이 묘사한 모든 일들이 일어나고 있다고 상상하십시오. 그 밖에 죽음이나 지옥을 묵상할 때에는 그대가 현장에서 그 일을 생생하게 겪고 있는 것처럼 생각하십시오. 모든 구체적이고 감각적인 것에 대한 묵상은 이와 같은 방법으로 하십시오. 그러나 이와 달리 '하느님의 위대하심'이나 '덕행의 초월성'이라든가 '하느님께서 우리를 창조하신 목적'과 같은 추상적 진리를 묵상할 때에는 이와 같은 상상력을 동원할 수 없습니다. 물론 성찰을 돕고자 비교나 비유를 이용할 수는 있으나 쉬운 일은 아닙니다. 그래서 그대에게 매우 간단한 방법을 알려 드리겠습니다.

물론 상상력을 동원하면 신비를 떠올리는 것에 정신을 집중시킬 수 있고, 생각이 이리저리 방황하는 것을 막을 수는 있습니다. 그러나 그것은 마치 작은 새를 새장에 넣는 것과 같으며, 독수리를 달아나지 못하도록 붙잡아 매어 두는 것과 같습니다. 어떤 이는 그대의 마음 안에 그 신비를 떠올리는 것이 진행되고 있는 것처럼 생각하고 이런 것을 순수하게 영적으로 인식해야 한다고 권하기도 할 것입니다. 그러나 이 방법은 초보자가 실행하기에는 너무 고차원적인 방법입니다.

필로테아 님, 하느님께서 그대를 더 높이 인도하실 때까지 내가 가르쳐 준 낮은 단계부터 수행하는 것이 그대에게 알맞은 묵상 방법이 될 것입니다.

제5장

묵상의 제2단계: 성찰

다음 단계는 하느님과 영적인 세계에 대해 묵상하는 것으로, 이른바 '성찰'이라고 하는 것이 있습니다. 묵상은 연구나 사색과는 다릅니다. 연구나 사색은 지식을 얻거나 토론 또는 연구 발표를 하는 것이 목적인 반면, 묵상은 하느님의 사랑을 얻거나 영적으로 성장하는 것이 목적입니다.

앞 장에서 설명한 것처럼 물질적인 것을 묵상할 때에는 상상력을 이용하지만, 영적인 것을 묵상할 때에는 생각이나 성찰을 형상화하거나 정신을 묵상 주제에 집중시킨 뒤 이를 성찰하십시오. 꿀벌들이 꿀이 남아 있는 한 다른 꽃으로 옮겨 가지 않는 것처럼, 한 가지 성찰에 집중하게 되거나 그 성찰이 유익하다는 판단이 서면, 다른 것을 성찰하지 마십시오.

그러나 노력을 했음에도 한 가지 성찰에 집중할 수 없으면 초조해하지 말고 차분하게 다른 것에 대해 성찰하십시오.

제6장

묵상의 제3단계: 결심

묵상을 통해 우리의 감정과 의지는 바람직하게 활성화됩니다. 예를 들면, 하느님과 이웃에 대한 사랑, 하늘나라의 영광에 대한 갈망, 영혼 구원을 위한 열의, 주님을 본받음, 동정, 감사, 하느님의 의노와 심판에 대한 두려움, 지은 죄에 대한 혐오감과 지난날들에 대한 수치심, 하느님의 자비에 대한 신뢰 등을 갖게 됩니다. 이러한 감정이 느껴질 때에는 될 수 있는 대로 그 감정을 계속 고취시켜야 합니다. 이를 위해 도움이 필요하면 《준주성범》이나 《영적 전투》 또는 그대에게 도움이 될 만한 신심 서적을 읽으십시오.

필로테아 님, 그러나 쓸데없는 감정에 얽매여 그대 자신의 진보를 위한 특별한 결심을 세우는 일을 소홀히 해서는 안 됩니다. 예를 들면, 우리의 주님이신 예수님께서 십자가 위에서 "아버지, 저들을 용서해 주십시오. 저들은 자기들이 무슨 일을 하는지 모릅니다."(루카 23,34)라고 하신 말씀을 묵상하면서, 예수님을 본받아 원수를 용서하고 사랑하겠다는 결심으로 그대의 영혼을 채워야 합니다. 그러나 그것으로는 충분하지 않습니다. 당장 실천할 수 있는 구체적이고 실질적인 결심을 해야 합니다. 예를 들면, 이웃 사람들이나 가족에게 나를 무시하고 불쾌한 말이나 행동을 해도 괜찮다고 말해 줌으로써 그들을 안심시켜 주겠다는 등의 결심을 하십시오. 이렇게 하면 막연한 결심이나 노력으로 쉽게 고칠 수 없는 결점들을 바로잡을 수 있을 것입니다.

제7장

마무리와 영적 꽃다발

묵상 끝에는 겸손한 마음으로 그대가 힘써 해야 할 세 가지 일이 있습니다. 첫째는 감사를 드리는 것입니다. 그대가 감동을 느끼고 결심하게 해 주신 것과 묵상 중에 깨달은 주님의 자비에 대해 하느님께 감사드려야 합니다. 둘째는 선하심과 자비하심, 아드님의 죽으심과 공로에 화합하는 그대의 결심을 하느님께 봉헌하는 것입니다. 셋째는 당신 아드님의 죽으심의 공로를 나누어 주시기를 간구하고, 그대의 결심에 축복하시어 이를 실천할 수 있게 해 주시기를 청해야 합니다. 또한 성교회와 성직자들과 친척과 친지들, 그 밖에 여러 사람을 위해 기도하고, 특히 모든 신자들에게 필요한 주님의 기도, 성모송, 영광송을 바치십시오.

마지막으로 작은 영적 꽃다발을 만드는 일은 앞서 언급한 바와 같습니다. 꽃이 만발한 아름다운 정원을 산책하다가 떠날 때 사람들은 꽃을 몇 송이라도 꺾어 그 향기를 하루 종일 맡고 싶어 합니다. 그와 같이 묵상의 정원에 있는 꽃 두세 송이로 꽃다발을 만들어 주님께 바치십시오. 어떤 신비에 대해 묵상했으면 그중 그대가 감동한 것을 성찰하고, 묵상했던 것 중에서 그대의 관심을 끌었거나 그대에게 유익한 두세 가지를 택하여 그날 하루 종일 기억하며 그 영적 향기를 즐기십시오. 영적 꽃다발을 만드는 일은 묵상을 마친 뒤 바로 하는 것이 좋습니다.

제8장
묵상에 관한 몇 가지 주의 사항

 필로테아 님, 무엇보다도 유념해야 할 점은 묵상 중에 결심한 것을 그날 중에 실천하는 것입니다. 묵상의 가장 중요한 결실은 실천이기 때문입니다. 실천이 없으면 묵상은 무익할 뿐만 아니라 때로는 해가 되기도 합니다. 묵상만 하고 실천하지 않으면 우리는 교만해지기 쉽고 자칫하면 그것을 이미 실천한 것으로 착각할 수도 있습니다. 물론 결심이 확고하면 매우 좋지만 실천이 따르지 않는 결심은 헛되고 무의미합니다. 그러므로 결심한 바를 실천하려는 기회를 되도록 많이 만들어야 합니다. 예를 들어, 자신에게 무례하게 군 사람을 용서하고 그 사람과 화해하겠다고 결심했다면, 그를 만날 때 친절하게 대하십시오. 그리고 만날 기회가 없을 때에는 그의 좋은 점을 생각하고 사람들에게 그에 대해 칭찬해 주며 하느님께 기도드리십시오.

묵상이 끝난 뒤에라도 그대의 마음이 산만해지지 않도록 늘 조심하십시오. 그렇지 않으면 묵상으로 힘들여 얻은 향수를 쏟아 버리는 것과 같습니다. 가급적이면 묵상 뒤 잠시 침묵하면서 결심한 바를 마음속에 새기고, 묵상으로 얻은 느낌을 오래 간직하고자 노력해야 합니다. 값비싼 술병에 귀한 술을 담아 집으로 가져가는 사람은 한눈팔지 않습니다. 발을 헛디디거나 넘어지지 않도록 앞만 보고 걸으며, 술을 흘릴까봐 술병이 흔들리지 않게 조심스럽게 천천히 발걸음을 옮길 것입니다. 이처럼 그대도 묵상이 끝나면 금세 마음을 분산시키지 말고, 그대가 가야 할 길을 조용히 바라보십시오. 묵상 직후 누군가 만나야 할 사람이 있으면 어쩔 수 없지만, 묵상에서 얻은 귀한 술을 최대한 흘리지 않도록 주의하십시오.

묵상을 끝내고 일상으로 돌아가, 묵상 중에 받은 감격을 이어갈 수 없다 할지라도, 묵상에서 일로 옮겨가는 습관을 들여야 합니다. 예를 들면, 변호사는 변론으로, 상인은 거래로, 한 가정의 주부는 집안일로 조용히 옮겨 가야 합니다. 이로 인해 정신을 흩트리지 말아야 합니다. 일상의 일이나 묵상 모두 하느님의 뜻이므로 무엇을 하든 겸손하고 경건한 마음으로 해야 합니다.

필로테아 님, 때로는 묵상 준비가 충분하지 못한데도 그대 마음이 하느님께로 이끌릴 때가 있을 것입니다. 그때는 내가 가르쳐 준 방법을 따르려 하지 말고 마음이 흐르는 대로 두는 것이 좋습니다. 일반적으로 결심 전에 성찰을 해야 하지만, 성령께서 성찰 전에 결심을 하게 해 주신다면 구태여 성찰할 필요는 없습니다. 감정이 고조되면 성찰에 관계없이 이를 받아들여야 합니다.

성찰 뒤에 결심을 하라고 한 것은 단지 묵상의 단계를 구분하려는 목적입니다. 결심하려는 마음이 일어나면 자연스럽게 따르는 것이 좋습니다. 그러나 결심은 성찰 뒤에 그리고 되도록이면 묵상 끝에 하는 것이 좋습니다. 왜냐하면 구체적인 결심을 하려면 일상생활의 특수한 상황을 고려해야 하는데, 통회 중에 결심을 시도하면 마음이 분산될 우려가 있기 때문입니다.

주님과의 대화를 통해 결심하도록 해 보십시오. 또는 천사들과 성인들, 그 밖에 묵상 중에 떠오른 인물들, 죄인인 자기 자신, 심지어는 감각 없는 피조물에게까지 말을 걸도록 해 보십시오. 성인들도 묵상 중에 이 대화 방법을 사용했습니다.

제9장

묵상 중 마음의 무미건조함

 필로테아 님, 묵상 중에 아무런 위안을 느끼지 못한다 해도 걱정하지 마십시오. 주님께 큰 소리로 하소연하고, 그대가 부덕한 존재임을 고백하며 도움을 청해도 됩니다. 지니고 있는 성화나 성상이 있으면 그것을 바라보며 "저에게 축복해 주시지 않으면 놓아 드리지 않겠습니다."(창세 32,27)라고 한 야곱의 말을 되풀이하든지 또는 가나안 여인처럼 "주님, 그렇습니다. 그러나 강아지들도 주인의 상에서 떨어지는 부스러기는 먹습니다."(마태 15,27) 하고 말씀드리는 것도 좋습니다. 또는 신심 서적을 펴 들고 그대의 정신이 맑아질 때까지 정독하는 것도 좋으며, 사람들의 눈에 띄지 않는 한적한 곳에서 가슴에 손을 모으고 무릎을 꿇거나 십자가에 입맞춤하는 등 외적으로 경건한 태도를 취하는 것도 좋은 방법입니다.

아무리 애써도 전혀 위안을 느끼지 못하고 오히려 냉담해진다 하더라도 조금도 실망하지 말고 계속 경건한 태도를 유지해야 합니다.

필로테아 님, 우리의 의무를 다하고 주님께 충성하는 마음을 증명하고자 영적 기도를 시작해야 합니다. 만일 하느님께서 우리에게 말씀을 건네시고 당신의 거룩한 영감과 내적 위로로써 우리의 마음과 대화를 나누신다면, 이는 더할 수 없는 영광이며 감미로운 행복입니다. 그러나 이와는 달리 은총도 주시지 않고 마치 당신 앞에 있는 우리를 못 본 체하시는 것처럼 느껴진다 해도 우리는 하느님 앞에 그대로 머물러 있어야 합니다. 경건한 마음으로 조용히 인내하며 기다리면 반드시 주님께서는 우리의 근면과 인내를 보시고 기뻐하실 것입니다. 그러면, 다음번에 하느님 앞에 나아갈 때 은혜를 베푸시어 우리를 위안해 주시고 거룩한 묵상으로 얻는 기쁨을 모두 맛보게 해 주실 것입니다.

필로테아 님, 비록 그렇게 해 주시지 않는다 해도 우리가 하느님 앞에 나아가 그분을 뵙는 것만으로도 만족해야 합니다.

제10장
아침 영성 수련

지금까지 말한 체계적인 묵상과 염경 기도를 바치는 것 외에도 신심 생활에 도움이 되는 다섯 가지 간단한 기도 방법이 있습니다. 그중에서 가장 중요한 것으로는 아침 기도가 있습니다. 이것은 하루의 모든 수행을 준비하는 것으로서, 방법은 다음과 같습니다.

① 밤새 그대를 안전하게 지켜 주신 하느님의 은혜에 감사와 흠숭을 드리십시오. 하느님을 거스른 행위에 대해 용서를 청하십시오.
② 오늘 하루는 그대가 영원한 생명을 얻을 수 있도록 하느님께서 주신 시간임을 생각하고 보람 있게 보낼 것을

굳게 결심하십시오.

③ 오늘 하느님을 섬기고자 어떤 일을 할 것인지, 또 어떤 유혹(분노, 허영 등)에 빠져 주님의 뜻을 거역하게 될는지 미리 생각해 보십시오. 그리고 그것을 통해 하느님을 섬기고 신심을 진보시키는 기회로 삼겠으며, 하느님의 구원 사업과 영광에 방해가 되는 것은 피하거나 싸워 이기겠다고 굳게 결심해야 합니다. 그러나 그러한 결심을 하는 것만으로는 충분하지 않고 이를 실천할 효과적인 방법을 생각해 두어야 합니다. 예를 들어, 성미가 급해 화를 질 내는 사람을 만나야 할 때에는 단지 그가 화를 낼 때 같이 화를 내지 않겠다고만 결심할 것이 아니라 화를 내는 그를 달랠 수 있는 말을 미리 생각해 두십시오. 병문안을 갈 때에는 그에게 어떠한 위로와 도움을 줄 것인지를 미리 생각해 놓으십시오.

④ 그다음에는 악을 피하는 일이나 선을 행하는 일은 그대의 힘만으로는 불가능하다는 것을 하느님께 겸손하게 말씀드리십시오. 또한 그대의 이러한 마음과 결심을 하느님께 봉헌하며 도움을 청하십시오. 이때 이렇게 기도하십시오. "주님, 당신의 자비로 선을 행하기로 결심한 나약한 인간이 여기 있나이다. 주님께서 축복을 내려

주시지 않으면 제가 간절히 바라는 선을 행할 힘이 저에게는 없나이다. 자비로우신 하느님 아버지, 아버지의 아드님이신 그리스도의 수난 공로를 보시어 저에게 강복해 주소서. 저는 주님의 영광을 위해 오늘과 제 일생을 모두 아버지께 봉헌하나이다."

이러한 모든 것은 침실을 나오기 전에 간단하면서도 진심을 담아 해야 합니다. 이것으로써 그대의 하루 일과가 하느님의 축복으로 윤택하게 될 것입니다. 필로테아 님, 부디 이 기도를 소홀히 하지 않기를 바랍니다.

제11장

저녁 영성 수련과 양심 성찰

내가 이전에 식사에 앞서 묵상으로 영적 식사를 할 것을 권유한 바 있듯이, 저녁 식사 전에도 간단한 영적 식사를 할 필요가 있습니다. 저녁 식사 전에 한가할 때 잠시 무릎을 꿇고 십자가에 달리신 주 예수 그리스도를 생각하며(간단한 성찰이나 정신 집중) 기도와 겸손과 사랑을 구세주께 드림으로써 마음에 아침 묵상의 불을 다시 지펴야 합니다. 이를 위해 아침 묵상 중에 특별하게 마음에 와 닿은 부분을 다시 묵상해도 좋고, 그대가 원하는 다른 소재를 택해도 좋습니다. 잠자리에 들기 전에 다음과 같이 양심 성찰을 해 보십시오.

① 하루 동안 그대를 보호해 주신 하느님의 은혜에 감사드

리십시오.

② 하루 종일 그대가 한 행동에 대해 성찰하십시오. 성찰을 쉽게 하고자 언제, 어디에 있었으며, 누구와 지냈고, 무엇을 했는지를 차례차례 천천히 생각해 보십시오.

③ 선행을 했으면 하느님께 감사드리고, 이와 반대로 생각과 말과 행동으로 죄를 범했으면 하느님께 용서를 구하고, 틈나는 대로 고해성사를 보며 다시는 죄를 짓지 않도록 결심하십시오.

④ 그대의 영혼 육신과 성교회 그리고 친척과 친지들을 하느님의 섭리에 맡기고, 성모님과 수호천사와 성인들에게 전구해 주시기를 청한 다음 하느님께 은총을 내려 주시기를 청하십시오.

이 수련은 아침 수련과 마찬가지로 반드시 해야 합니다. 아침 기도는 그대의 영혼에 정의의 태양 빛이 들어올 수 있도록 영혼의 창문을 여는 것이고, 저녁 기도는 밤사이 지옥의 암흑이 그대 영혼에 들어오지 못하도록 영혼의 창문을 닫는 것입니다.

제12장

영적 은둔

친애하는 필로테아 님, 앞에서 내가 언급한 바를 그대가 충실히 시키기를 간절히 바랍니다. 그것이 그대의 영적 진보에 가장 좋은 방법 중 하나이기 때문입니다. 내가 가르쳐 준 방법 중 하나를 이용하여 하루 일과 중 될 수 있는 대로 자주 하느님을 생각하고, 하느님께서 하시는 일과 그대 자신이 하고 있는 일을 성찰하십시오. 자비로우신 하느님께서는 늘 당신을 바라보고 계시며 언제나 그대를 보호하고 계십니다.

"오, 주님. 당신께서는 언제나 저를 바라보고 계신데 어찌하여 저는 항상 주님을 우러러보지 않는지 모르겠나이다. 주님께서는 늘 저를 생각해 주시는데 저는 왜 주님 생각을 조금밖에 하지 않는지 모르겠나이다."

"오! 내 영혼아, 너는 어디 있느냐? 네가 진정 쉴 곳은 하느님 곁인데 어디에서 방황하고 있느냐?"

새들은 높다란 나뭇가지 위에 둥지를 틀고, 사슴은 나무 그늘 아래서 뜨거운 태양 빛을 피합니다. 우리의 마음도 안식처가 필요합니다. 골고타나 주님의 상처에서, 또는 틈나는 대로 주님의 곁에서 바쁜 세상사를 벗어나 휴식을 취하고, 그곳을 세상 유혹으로부터 우리를 보호해 주는 피난처로 삼으십시오. 주님을 향해 "주님께서는 나의 피난처, 나의 산성이시며, 비를 막는 지붕이시고 더위를 피하는 그늘이십니다."(시편 91,2.9; 61,4; 62,3 참조)라고 말할 수 있는 사람은 참으로 행복한 사람입니다!

필로테아 님, 그대 몸은 세상사에 매여 있지만, 그대 마음은 종종 피난처에 숨어 있어야 합니다. 주변 사람들로 말미암아 방해를 받을지라도 그대의 마음은 언제나 하느님 곁에 머물러야 합니다. 다윗은 분주한 가운데서도 늘 이러한 수행을 계속했습니다. 시편에는 다음과 같은 구절들이 많습니다.

"오! 주님, 저는 언제나 주님과 함께 있나이다."

"저는 언제나 저의 하느님을 뵈옵나이다."

"저는 언제나 주님을 바라보고 있나이다."

거룩한 은둔을 방해하는 세상사는 그리 많지 않습니다. 시에나의 가타리나 성녀는 부모님의 방해로 기도할 곳이나 시간이 없었습니다. 그러나 주님께서는 가타리나의 마음 안에 작은 성당을 지어 주시어 아무리 바쁜 일과 중에라도 거룩한 은둔을 즐길 수 있는 방법을 가르쳐 주셨습니다. 그 이후부터 성녀는 어느 누가 괴롭히더라도 개의치 않았습니다. 그녀는 이 비밀스러운 작은 성당에 숨어 하늘에 계시는 배필이신 주님으로부터 위로를 받을 수 있었기 때문입니다. 그래서 성녀는 그녀의 영적 딸에게 마음속에 작은 방을 만들어 그 안에서 수행하라고 권했다고 합니다. 그대도 때때로 주위 사람들과 떨어져 하느님과 만나 마음의 대화를 주고받을 수 있는 그대 마음속으로 들어가십시오.

다윗은 "저는 광야의 펠리칸[1]과 같아지고, 폐허의 부엉이처럼 되었습니다. 저는 잠 못 이루어 지붕 위의 외로운 새처럼 되었습니다."(시편 102,7-8) 하고 하느님께 말씀드렸습니다. 이것은 매우 뜻깊은 말이며, 묵상을 위한 다윗 임금의 은둔의 습관을 의미하기도 합니다. 이는 또한 구세주의 모습을 상징

---

[1] 새 번역 가톨릭 공용 성경에는 '까마귀'로 번역되었고, 라틴어 성경인 불가타역에서는 '펠리칸'으로 되어 있다. 펠리칸은 13세기경부터 교회 안에서 희생 제물이 되신 예수님으로 상징화되었는데, 새끼들이 먹을 것이 없어 굶을 때 어미는 부리로 자기 가슴을 쪼아 그 피로 먹여 살리는 습성이 있다.

하기도 합니다. 골고타에서 십자가에 매달려 피를 흘리시며 돌아가신 구세주께서는, 굶주린 자기 새끼에게 자기 피를 먹이는 광야의 펠리칸과 같으시고, 마구간에서 탄생하신 아기 예수님께서는 적막한 곳에서 슬피 우는 부엉이와 같으시며, 또한 승천하시는 예수님께서는 사람의 무리를 떠나 하늘로 날아가는 한 마리의 외로운 새와 같으십니다. 우리도 이와 같은 피난처를 지으면 번잡한 세상사 가운데서도 그곳에 숨을 수 있습니다.

프로방스 지방 아리안의 백작인 복자 엘제아르는 그의 부인 델핀과 오랫동안 떨어져 지낸 일이 있었습니다. 어느 날 부인이 사람을 보내어 그의 안부를 물었더니 그는 다음과 같은 내용의 답장을 보냈습니다. "그리운 아내여, 나는 잘 지내고 있소. 만약 나를 만나고 싶으면 창에 찔린 주님의 옆구리로 오시오. 나는 그곳에 있소. 다른 곳에서 나를 찾으면 헛수고일 뿐이오." 그가 표현한 예수님의 옆구리는 그의 피난처를 상징하는 말입니다.

제13장
열망, 화살기도 그리고 선한 지향

우리가 하느님 곁으로 은둔하려는 것은 하느님을 사랑하기 때문입니다. 그리고 하느님을 사랑하는 것은 그분 곁에 숨으려는 것입니다. 이렇듯 하느님에 대한 사랑과 영적 은둔은 서로 영향을 끼치며, 이 둘은 모두 선한 생각에서 비롯되는 것입니다.

필로테아 님, 끊임없이 하느님을 열망하고, 짧지만 열렬한 기도를 드림으로써 하느님에 대한 사랑을 표현하십시오.

"하느님의 위대하심을 찬양하고, 그분께 도움을 청하며, 마음으로 십자가 아래 엎드려 주님의 자비하심을 찬미하십시오. 또한 그대 마음을 끊임없이 주님께 봉헌하십시오. 그대 마음의 눈을 자비로우신 주님께로 돌리고, 어린아이처럼 주님께 손을 내밀어 인도해 주시기를 청하며, 향기로운 꽃다발을 가슴에 안듯이 주님을 그대 마음에 껴안고, 휘날리는 깃발처럼 그대 영혼을 주님 앞에 들어 올려 그분을 찬미하십시오. 하느님에 대한 사랑을 키우고, 그대의 천상 배필이신 주님에 대한 열망을 뜨겁게 하려는 여러 가지 수행을 실천하십시오."

이는 위대한 아우구스티노 성인이 신심 깊은 귀부인 프로바에게 화살기도를 권하면서 한 말입니다.

필로테아 님, 화살기도를 통해 우리 마음은 하느님과 친밀해지며, 우리 영혼은 하느님 현존의 향기에 흠뻑 젖게 됩니다. 화살기도는 세상일을 하면서도 아무런 방해를 받지 않고 쉽게 바칠 수 있는 기도입니다. 이미 언급한 영적 은둔과 이 기도는 방해하는 것이 아니라 오히려 일을 성공적으로 마치는 데 도움이 됩니다. 나그네가 입술을 축이고 기운을 차리고자 잠시 걸음을 멈추고 포도주를 조금 마신다고 해서 결코 여행에 방해가 되는 것은 아닙니다. 오히려 걸음이 더욱 가볍고 빨라져 여행에 도움이 됩니다.

세상에는 여러 가지 화살기도를 수록해 놓은 책이 많습니다. 모두 유익한 것이지만 책에 적혀 있는 말마디 하나하나에 얽매이지 말고 하느님을 사랑하는 마음에서 우러나오는 기도를 자유롭게 표현하는 것이 더욱 좋다고 생각합니다. 그러나 시편에 많이 나오는 화살기도들과 아가서에 나오는 사랑의 속삭임 등과 같이 특별한 힘을 주는 기도문들도 있습니다. 또한 성가도 정성스러운 마음으로 부르면 같은 효과를 내는 화살기도가 됩니다.

사랑에 빠져 있는 사람은 늘 연인을 생각하고, 입에서는 연인을 칭찬하는 소리가 그치지를 않습니다. 떨어져 있을 때에는 편지를 주고받으며 그리움을 달래고, 사랑하는 이의 이름을 나무에 새기기도 합니다. 하느님을 사랑하는 사람도 이처럼 끊임없이 주님을 생각하고 주님을 위해 살며, 주님을 열망하고 주님에 대한 말을 합니다. 그리고 할 수만 있다면, 세상 모든 사람들의 가슴속에 예수님의 거룩한 이름을 새기기를 바랍니다. 사랑에 빠진 사람은 자나 깨나 연인만을 생각합니다. 연인을 칭찬하지 않는 사람은 이 세상에 없습니다. 아우구스티노 성인은 "세상 만물은 하느님을 사랑하는 사람들에게 소리 없이 그러나 분명하게 말하고 있다. 거룩한 염원을 일깨우는 사랑은 하느님을 사모하는 많은 기도에서 우러나온다." 하고 말했습니다. 몇 가지 예를 들겠습니다.

나지안조의 주교 그레고리오 성인이 어느 신자에게 한 이야기입니다. 어느 날 성인이 파도가 밀려오는 해변을 거닐고 있을 때 해변에는 바다가 토해 놓은 작은 조개와 해초, 굴 껍질과 온갖 찌꺼기가 널려 있었습니다. 그러나 큰 파도가 밀려오자 그것들은 물결에 휩쓸려 어디론가 사라져 버리고 말았습니다. 그러나 건너편에 우뚝 서 있는 바위만은 세차게 휘몰아치는 엄청난 파도에도 꿈쩍하지 않고 버텨 냈습니다. 이것을 본 성인의 머리에는 다음과 같은 생각이 떠올랐습니다. '해변의 조개껍질처럼 나약한 사람들은 운명의 물결이 밀어닥칠 때 이리저리 흔들리는구나. 이와는 달리 우뚝 서 있는 저 바위처럼 신심이 굳건한 사람은 폭풍우 속에서도 흔들림이 없을 것이다.' 그 순간 성인의 머릿속에 시편의 기도가 떠올랐습니다. "하느님, 저를 구하소서. 목까지 물이 들어찼습니다. 깊은 수렁 속에 빠져 발 디딜 데가 없습니다. 물속 깊은 곳으로 빠져 물살이 저를 짓칩니다."(시편 69,2-3) 이때는 그레고리오 성인이 막시모에게 주교좌성당을 빼앗기고 무척 괴로워하고 있을 때였습니다.

루스페의 주교 풀젠시오 성인은 어느 날 고트족의 임금인 테오드릭이 로마 귀족들을 모아 놓고 연설하는 자리에 참석하여 연설을 듣다가 귀족들의 화려함을 보고 속으로 이렇게 외쳤습니다. "오! 주님, 지상 로마가 이처럼 아름답다면 하늘 나라 예루살렘은 어떠하겠나이까? 세상의 헛된 영화를 추구하는 사람들에게도 이처럼 화려함을 주시는데 후세에서 진리이신 주님을 뵈올 때에는 얼마나 큰 영광 중에 저희를 머물게 하시겠나이까!"

캔터베리의 대주교 안셀모 성인은 선한 생각을 하신 분으로 유명합니다(그분이 우리처럼 시골 출신이어서 더 자랑스럽습니다). 어느 날 성인이 말을 타고 갈 때 사냥개에게 쫓기던 산토끼 한 마리가 별안간 말 밑으로 뛰어들어 와 숨었습니다. 사냥개는 짖어 대며 성인이 탄 말 주위를 맴돌았으나 감히 가까이 와서 토끼를 끌어내지는 못했습니다. 이 광경을 본 수행원들은 재미있다며 크게 웃었으나 성인은 눈물을 흘리며 말했습니다. "자네들은 어떻게 저 불쌍한 토끼를 보고 웃을 수 있는가? 우리 영혼도 일생 동안 마귀에게 쫓겨 다니며 죄악의 올가미에 걸려 시달리다가 임종 때에 마귀의 손을 피하려고 최후의 피난처를 찾아다닐 것이며, 우리의 그런 모습을 보고 마귀도 재미있어 하며 웃을 것이다." 그러고는 한숨을 쉬며 길을 떠났습니다.

콘스탄티누스 대제가 안토니오 성인에게 정중한 편지를 보낸 것을 보고 성인의 제자들이 놀라자, 성인은 "황제가 평범한 시민에게 편지를 보냈다고 그리 놀랄 것은 없소. 이보다 위대하신 하느님께서 인류에게 계명을 주시고 당신 아드님을 통해 직접 말씀해 주신 것이야말로 진정 놀라운 일이오."라고 말했습니다.

아시시의 프란치스코 성인은 어느 날 염소 무리 속에 양 한 마리가 있는 것을 보고 옆에 있던 친구에게 "염소들 속에 있는 저 양은 얼마나 온순한가? 바리사이들에게 에워싸여 계신 우리 주님을 보는 듯하다."라고 말했습니다. 그러던 어느 날 숫염소가 어린양을 뿔로 들이받아 죽이는 것을 보고는 "오! 어린양아, 너는 우리 구세주의 죽음을 생생하게 보여 주는 듯하구나!" 하며 울었다고 합니다.

위대한 프란치스코 보르지아가 칸디아의 공작으로 있을 때의 일입니다. 그는 사냥을 하는 와중에도 언제나 신심에 대해 생각했습니다. 뒷날 그는 사람들에게 이렇게 말했습니다. "나는 사냥매가 주인의 손으로 다시 되돌아오는 것을 볼 때마다, 그리고 눈을 가리고 나무에 붙들어 매어도 얌전하게 있는 것을 볼 때마다 왜 사람들이 하느님의 부르심에도 돌아오지 않고 고집을 부리는지 모르겠다는 생각을 하게 된다."

위대한 바실리오 성인은 이렇게 말했습니다. "장미꽃에 가시가 있듯이 이 세상 아름다운 것에도 슬픔이 섞여 있기 마련이다. 즐거움 뒤에는 후회가 따르고, 결혼한 뒤에는 배우자를 잃고 홀아비나 과부가 될 때가 찾아오며, 아이를 낳으면 근심거리가 생기기 마련이고, 영광 뒤에는 치욕이 따르기 마련이며, 즐겁게 지낸 다음에는 불쾌감이 생기고, 건강하다가도 병에 걸릴 수 있다. 장미꽃은 정말 아름답지만 나를 슬프게 한다. 왜냐하면 이 땅에 가시덤불을 돋게 한 원죄를 떠오르게 하기 때문이다."

어떤 신심 깊은 사람이 고요한 여름밤에 시냇가에 서서 물속에 비치는, 별이 빛나는 하늘을 보고 이렇게 말했습니다. "오! 주님, 주님께서 저를 하늘나라에 있는 당신의 성전에 살게 해 주시는 날에는 저 아름다운 별들이 제 발아래 있게 될 것임을 알고 있나이다. 또한 저 별들이 이 시냇물 속에 비치듯이 지상에 살고 있는 사람들의 모습도 하늘나라에 있는 하느님 사랑의 샘물에 비치고 있음을 알고 있나이다."

또 어떤 사람은 시냇물이 흐르는 것을 보고 "내 영혼은 고향인 하느님의 바다로 흘러들어 갈 때까지 쉴 새 없이 흐를 것이다."라고 말했습니다.

프란치스카 성녀는 어느 날 아름다운 시냇가에서 무릎을 꿇고 기도할 때 황홀경에 빠져 "하느님의 은총은 이 맑은 시냇물처럼 고요하고 감미롭게 흐릅니다."라고 말했다고 합니다. 어떤 이는 아름다운 화원에 서서 "성교회의 화원에서 왜 나만 꽃을 피우지 못하는지 모르겠다."라고 탄식했으며, 아시시의 프란치스코 성인은 병아리가 어미 닭 품에 모여 있는 것을 보고 "주님, 당신의 날개 그늘에서 쉬게 해 주소서."라며 기도했고, 해바라기 꽃을 보고는 "주님, 제 영혼이 이 꽃처럼 당신의 사랑으로 환하게 피어날 날이 언제쯤 오겠나이까?"라고 말했으며, 아름답지만 향기가 없는 색색의 오랑캐꽃을 보고는 "내 생각도 이와 같구나. 듣기에는 그럴 듯하지만 아무런 실천도 하지 못하니······." 하며 탄식했다고 합니다.

필로테아 님, 선한 지향과 하느님에 대한 사랑은 이런 평범한 일상에서 비롯됩니다. 피조물을 창조주 하느님으로부터 이탈시켜 죄악에 이용하는 사람들은 하느님의 벌을 면치 못할 것입니다. 그러나 하느님께서는 창조주 하느님의 영광을 찬미 찬송하도록 피조물을 돕는 사람들에게는 큰 축복을 내리실 것입니다. 나지안조의 그레고리오 성인은 "나는 세상 만물을 나의 영적 진보에 이용한다."라고 말했습니다. 예로니모 성인이 바울라 성녀를 위해서 비석에 새긴 경건한 글을 읽어 보십시오. 성녀가 항상 품고 있었던 하느님에 대한 사랑과 영적 생각을 알면 매우 놀랄 것입니다.

지금까지 언급한 화살기도는 영적 은둔과 더불어 신심이 진보하는 데 가장 필요한 것입니다. 이 두 가지로 다른 부족한 것들을 보충할 수 있습니다. 화살기도 없이는 관상 생활을 제대로 할 수 없으며, 노력을 한다 해도 헛수고가 될 것입니다. 화살기도가 없으면 휴식은 나태로 변하고, 노력을 해도 초초함만 더할 것입니다. 그러므로 나는 당신이 진심으로 이 두 가지 방법을 신심 수행에 자주 이용하기를 바랍니다.

제14장
미사 참여 때의 유의 사항

　모든 영적 수련의 태양이라고도 할 수 있는 것은 희생이며, 희생 중 가장 큰 것은 희생의 성사인 미사성제입니다. 미사성제는 그리스도교 신앙의 중심이고 신심과 경건한 행위의 핵심이며, 하느님 사랑의 깊이를 드러내는 가장 심오한 신비입니다. 미사를 통해 주님께서는 우리에게 당신 자신을 나누어 주시고 풍부한 은총을 쏟아 주십니다.

　이 지극히 거룩한 제사를 드리면서 기도를 하면 크나큰 힘을 얻을 것입니다. 필로테아 님, 미사를 통해 그대는 하느님의 은총을 넘치도록 받고 지극히 사랑하올 주님의 품속에 안기게 됩니다. 또한 주님의 영혼에서 나오는 감미로운 향기에 취하며, 마치 성경 말씀에 나오는 것처럼 "연기 기둥처럼 광야에서 올라오는 저 여인은 누구인가? 몰약과 유향, 이국의 온갖 향료로 향기를 풍기며 오는 저 여인은 누구인가?"(아가 3,6)와 같은 질문을 하게 될 것입니다.

그러므로 그대는 매일 미사성제에 참례하여, 사제와 함께 그대와 온 성교회를 위해 구세주의 존귀하신 희생을 하느님 아버지께 봉헌해야 합니다. 요한 크리소스토모 성인의 말씀처럼 미사 때 제단을 에워싸는 무수한 천사들과 같은 목적을 가지고 미사에 참례한다면 좋은 영향을 많이 받을 수 있습니다. 미사성제 동안에는 천상 교회와 지상 교회의 성가대가 우리 주 그리스도와 마음을 합하여 "그리스도를 통하여, 그리스도와 함께, 그리스도 안에서" 하느님 아버지의 마음을 기쁘게 해 드리며, 우리를 위해 자비를 구합니다. 이처럼 존귀한 미사성제에 참례하고 경건하게 기도할 수 있으니 이 얼마나 다행한 일입니까?

특별한 사정 때문에 이 거룩한 희생 제사에 직접 참여할 수 없는 경우에는 적어도 영적으로 참여할 준비가 되어 있어야 합니다. 될 수 있는 대로 매일 아침 일정한 시간에 마음으로라도 미사성제에 참례하십시오. 실제로 성당에서 모든 신자들과 함께 미사에 참례할 때와 같은 마음가짐으로 임하십시오.

미사성제에 효과적으로 참례하려면 다음과 같이 해야 합니다.

첫째, 미사 시작 전부터 사제가 제단에 올라갈 때까지는 하느님 앞에 나아가 그대의 죄를 고백하고 용서를 청함으로써 미사성제 준비에 최선을 다하십시오.

둘째, 사제가 복음을 봉독할 때까지는 간단하게나마 주님의 강생과 생애를 묵상하는 것이 좋습니다.

셋째, 성경 봉독 뒤부터 사도신경을 바칠 때까지는 주님의 가르침을 생각하고, 무슨 일이 있어도 성교회를 떠나지 않을 뿐더러 신앙을 위해 목숨까지도 아끼지 않겠다는 결심을 새롭게 하십시오.

넷째, 사도신경부터 주님의 기도를 바칠 때까지는 구세주의 수난과 죽음을 생각하고 거룩한 제물을 사제와 다른 신자들과 함께 하느님의 영광과 그대 자신의 영혼 구원을 위해 하느님 아버지께 봉헌하십시오.

다섯째, 주님의 기도부터 영성체 때까지는 영원한 사랑으로 언제나 구세주와 일치하기를 열망하는 기도를 바치십시오.

여섯째, 영성체 뒤부터 미사가 끝날 때까지는 주님의 강생과 생애, 수난과 죽음 그리고 미사를 통해 우리에게 베푸시는 주님의 크나큰 자비에 감사드리고, 미사의 은총이 그대 자신과 친척, 친구와 은인 그리고 온 성교회에 미치도록 해 주시기를 간구하십시오. 그리고 사제의 손을 통해 내리시는 하느님의 강복을 겸손하고 경건한 마음으로 받으십시오.

미사성제 동안에는 다른 특별한 신심 행위를 할 필요가 없습니다. 다만 이 미사성제를 통해 자신을 봉헌하겠다고 결심하면 그것으로 충분합니다.

제15장
기타 공적 신심

 필로테아 님, 될 수 있는 대로 성무일도와 저녁 기도를 열심히 바치십시오. 특히 하느님께 봉헌하는 날인 대축일과 주일에는 그분의 존엄하심과 영광을 위해 다른 날보다 더 많은 기도와 신심 행위를 바치려 노력해야 합니다. 이를 통해 그대는 많은 위로를 받을 것입니다. 아우구스티노 성인도 그의 저서 《고백록》에서 자신이 회개한 뒤 처음 얼마 동안은 성무일도를 바칠 때마다 감동하여 행복에 겨운 눈물을 끊임없이 흘렸다고 했습니다. 하느님께서는 공적 신심을 기쁘게 받아들이십니다. 성교회에서 명하는 공적 신심은 개별적인 신심 행위보다 훨씬 더 효과가 있고 더욱 많은 위로를 받습니다.
 거주 지역 성당의 신심 행사에 자발적으로 참여하고, 특히 사람들에게 유익하고 좋은 표양이 되는 신심 단체에 가입하는 것이 좋습니다. 그러면 하느님께서 더욱 기뻐하실 것입니다. 성교회는 신심 단체에 가입하는 것을 의무로 정하지는 않고 있지만 그 회원들에게 다양한 특전을 줌으로써 될 수 있는 대로 많은 사람들의 가입을 권장하고 있습니다. 신심 단체에 가입하면 많은 사람들과 합심하여 선한 목적을 위해 공동으로 활동하게 되므로 자연스럽게 사랑을 실천할 수 있습니다. 물론 혼자 수행을 하는 것이 더 유익할 수도 있습니다. 그러나 회원들이나 이웃 사람들과 협력하여 선행을 하는 것이 하느님께 더 큰 영광을 드리는 일이 됩니다. 그 외에 여러 가지 공적 기도와 신심도 마찬가지입니다. 이웃 사람들과 함께하는 모임을 통해 하느님께 영광을 드리고, 많은 사람들과 협동함으로써 사랑을 실천해야 하겠습니다.

제16장
성인 공경과 전구

하느님께서 천사들을 통하여 우리를 영적으로 이끌어 주시므로, 우리도 천사를 통해 하느님께 기도드려야 합니다. 천사와 함께 하늘나라에서 안식을 누리고 있는 모든 영혼들은, 주님께서 말씀하셨듯이, 천사와 같고(루카 20,36 참조), 천사들처럼 우리를 위해 기도하고 있습니다.

필로테아 님, 우리는 천사와 성인들의 마음과 우리 마음을 합해야 합니다. 새끼 꾀꼬리가 어미 새한테 노래를 배우듯이, 우리도 지극히 복된 영혼과 친교를 맺어 그들에게서 하느님께 기도드리고 하느님을 찬미하는 법을 배워야 합니다. 다윗은 "제 마음을 다하여 당신을 찬송합니다. 신들 앞에서 당신께 찬미 노래 부릅니다."(시편 138,1)라고 노래했습니다.

우리는 지극히 거룩하고 복되신 동정 성모 마리아를 특별한 애정으로 공경해야 합니다. 성모님께서는 우리 주님의 어머니이시므로 우리의 어머니도 되십니다. 어린아이가 어머니 품으로 달려가 매달리듯이 우리도 그분께 매달립시다. 언제 어디서나 그분의 사랑을 갈망하고 그분께 의지하며 그분의 덕을 본받고 진심으로 그분을, 자식이 부모를 섬기듯 공경하십시오.

또한 천사들과 친해지도록 노력하십시오. 천사들이 눈에는 보이지 않지만 언제나 그대 곁에 있음을 잊지 마십시오. 특히 그대의 교구와 본당, 가정은 물론 그대 자신의 수호천사를 사랑하고 공경하십시오. 자주 그들과 교류하는 가운데 함께 하느님을 찬미하고, 그대의 영적인 일이나 현세적인 일을 모두 도와주시기를 청해야 합니다.

우리 교구 출신이며 예수회의 첫 사제이고, 유명한 설교자요 신학 교수이며, 이냐시오 성인과 함께 예수회를 창립한 베드로 파브르 성인이 언젠가 주님의 영광을 위해 일하던 독일을 떠나 고향에 잠시 머무른 적이 있었습니다. 그때 그는 프로테스탄트 운동으로 말미암아 가톨릭 신앙이 황폐해진 지방을 여행하던 중에 그를 위험에서 보호해 준 각 지역의 수호천사들에게서 많은 위안을 받았으며, 이교를 믿는 사람들이 신앙을 받아들이도록 하는 데 천사들이 여러 가지로 도움을 주었다고 말했습니다. 그는 이 말을 하면서 사람들에게 열성적으로 천사에게 도움을 청하라고 권했다고 합니다. 처녀 시절에 이를 본 어떤 귀부인이 자기가 받은 감동을 4년 전에 나에게 생생하게 이야기해 주었습니다. 어느덧 60년이나 지난 일이었는데도 말입니다. 작년에 나는 하느님께서 이 성인을 태어나게 하신 산골 마을인 비아레 마을에 성당을 세우는 행복을 얻었습니다.

그대는 개인적으로 본받고 싶은 수호성인을 선택할 수도 있습니다. 그리고 그 성인의 삶을 특별히 연구하고 모방해도 됩니다. 또한 그분께 특별히 당신을 위한 기도를 청해도 됩니다. 세례 받을 때 정한 이름의 성인은 자연스럽게 그대를 보호해 주는 수호성인입니다.

제17장
하느님의 말씀 듣기와 읽기

개인적으로 또는 공적인 자리에서 듣게 되는 하느님의 말씀을 경건하게 받아들이십시오. 강론을 들을 때에도 항상 공경하는 마음으로 주의 깊게 듣고 그것이 그대에게 유익한 것이 되도록 해야 합니다. '이 모든 것을 당신 마음에 간직하셨던'(루카 2,51 참조) 성모님처럼 하느님의 말씀이 헛되이 땅에 버려지지 않게 그대의 마음속에 이를 받아들여야 합니다. 우리가 강론 말씀을 경청하듯이, 주님께서는 우리의 기도에 귀를 기울이신다는 것을 잊지 마십시오.

유익한 신심 서적을 늘 지니고 다니십시오. 성 보나벤투라, 제르손, 카르투시오회의 수사 디오니시오, 블로시우스, 그레나다, 스텔라, 아리아스, 피넬라, 다폰테, 예수의 성녀 데레사의 책들과 라우렌시오 스쿠폴리의 《영적 전투》, 성 아우구스티노의 《고백록》, 성 예로니모의 《서간》 등을 매일 경건한 마음으로 읽고, 그것들을 마치 그 성인들이 천국으로 가는 길을 가르쳐 주고 용기를 주고자 천국에서 그대에게 보내는 편지라고 여기십시오.

또한 그리스도교 생활의 본보기라고 할 수 있는 성인전을 애독하십시오. 그대가 놓인 상황에 따라 성인들의 언행을 본받아야 합니다. 물론 우리가 세상을 살아가면서 성인들의 언행을 완전히 따를 수는 없겠지만 어느 정도는 그대로 따를 수 있습니다. 예를 들면, 첫 은수자인 이집트의 바오로 성인을 본받아 영적 은둔을 할 수 있고, 아시시의 프란치스코 성인의 절대적 청빈을 본받아 청빈을 실천할 수도 있을 것입니다.

우리 실생활에 확실한 길잡이가 되는 성인전도 있습니다. 예를 들면, 예수의 성녀 데레사, 예수회의 첫 수도자들, 밀라노의 대주교였던 성 가롤로 보로메오, 성 루도비코, 성 베르나르도, 아시시의 성 프란치스코의 전기 등이 있습니다. 이 외에도 이집트의 성녀 마리아, 기둥 위에서 고행한 성 시메온, 제노바의 성녀 가타리나와 시에나의 성녀 가타리나, 성녀 안젤라의 전기 등이 있는데, 이런 것들도 우리 마음에 하느님에 대한 사랑을 일깨우는 데 큰 도움을 줄 것입니다.

제18장

성령의 감도

감도는 하느님께서 우리에게 주시는 원의와 의욕, 꾸짖음과 뉘우침, 광명과 지식을 가리킵니다. 자비하신 하느님 아버지께서는 우리를 강복하시고, 우리에게 선행을 하도록 권하시며, 우리가 하느님 나라를 그리워하게 하심으로써 선한 결심을 하게 만드십니다. 또한 우리를 영원한 행복으로 인도하시며 모든 행복에 대한 원의로 우리 마음을 불타게 하십니다. 아가서는 신랑이 신부의 문을 두드려(아가 5,2 참조) 잠을 깨우고, 없을 때에는 찾으며, 자기 꿀을 나누고(아가 5,1 참조), 자기 정원의 사과와 아름다운 꽃을 권하며(아가 2,3; 4,13; 4,16 참조), 그 귀에다 달콤한 노래를 들려주시는 분이 주님이심을 노래하고 있습니다.

아가서에는 남녀의 혼인 과정이 세 단계로 묘사되어 있습니다. 첫 번째 단계에서는 남자가 여자에게 구혼하고, 두 번째 단계에서는 여자가 남자의 구혼에 호의를 갖고, 세 번째 단계에서는 남자의 구혼에 동의합니다. 이와 마찬가지로 하느님께서는 우리와 함께 큰 사랑을 이루려 하실 때, 우선 감도를 내리시고, 우리가 이를 기뻐하게 하시며, 끝으로 이에 동의하게 만드십니다. 죄를 범할 때에도 먼저 유혹이 있고 쾌락을 느낀 다음 마침내 죄에 동의하게 되듯이, 덕을 수행할 때에도 감도가 있고, 뒤이어 감도에 따른 기쁨이 주어지며, 마침내 감도에 동의하는 세 단계가 있습니다.

우리가 일생 동안 감도를 계속해서 받는다 해도 이를 기쁘게 받아들이지 않으면 하느님께서는 결코 기뻐하시지 않을 것입니다. 구약 시대에 하느님께서는 이스라엘 사람들이 회개하기를 기대하시어 40년 동안 여러 가지 방법으로 그들을 인도하셨으나 그들이 하느님의 말씀에 귀를 기울이지 않자 분노하시어 "이들은 내 안식처에 들지 못하리라."(시편 94편 참조)라고 하셨습니다. 앞서 말한 혼인 과정의 예에서 남자가 오랫동안 사랑하는 여자에게 구혼하는데도 여자가 구혼을 받아들이지 않는다면 남자는 상처를 받을 것입니다.

감도를 기쁘게 받아들이는 것은 하느님의 영광을 드러내

고 그분을 기쁘게 해 드리기 시작하는 첫걸음입니다. 물론 이 기쁨은 완전히 동의하는 것과는 다르지만 그분을 따르겠다는 의향을 드러내는 것입니다. 외적 감도라고도 할 수 있는 하느님의 말씀을 기쁘게 듣는 것만으로도 이미 좋은 징조가 시작된 것입니다. 내적 감도를 받고 기뻐하는 것이 하느님의 뜻에 더욱 맞는 것입니다. 아가서에서 여자가 "나의 연인이 문틈으로 손을 내밀자 내 가슴이 그이 때문에 두근거렸네."(아가 5,4) 하고 노래하는 것이 바로 이 기쁨입니다. 남자도 사랑하는 여인이 마음으로 기뻐하는 것을 알면 틀림없이 만족할 것입니다.

그러나 완덕에 이르고자 한다면 반드시 우리가 동의해야 합니다. 비록 감도를 받고 기뻐한다 해도 이에 동의하지 않으면 그것은 하느님의 뜻을 거스르는 것입니다. 아가서에 나오는 여자는 사랑하는 사람의 소리를 듣고도 하찮은 핑계로 문을 늦게 열었습니다. 그러니 남자가 화가 나서 발길을 돌린 것은 당연한 일입니다. 남자가 오랫동안 그 여자를 흠모했고 여자도 그 남자에게 호감을 갖고 있었지만, 끝내 그를 받아들이지 않는다면 그 남자는 처음에 거절당한 것보다 훨씬 더 큰 상처를 받을 것입니다.

필로테아 님, 하느님께서 주신 감도를 하늘의 임금님께서 그대에게 청혼하려고 보내신 전갈로 알고 기쁘게 받아들이십시오. 평화로운 마음으로 그 말씀에 귀 기울이고 그대에게 감도를 베푸시는 하느님의 사랑에 감사드리며, 거룩한 감도를 받게 된 것을 기뻐하십시오. 사랑의 마음을 담아 이 감도에 확실하게 동의하십시오. 그러면 하느님께서는 당신에 대한 그대의 애정을 기쁘게 여기실 것입니다. 그러나 중대하거나 특별한 것에 대한 감도는 그대의 영적 지도자에게 조언을 구하여 그것이 진정한 감도인지를 확인해 볼 필요가 있습니다.

마귀는 사람들이 감도에 귀 기울일 준비가 되어 있는 것을 보면 거짓 감도를 보내 속이려고 합니다. 그러나 영적 지도자의 조언에 겸손하게 순종하면 마귀의 유혹에 빠질 위험이 없어질 것입니다.

일단 감도를 받으면 그 효과를 얻고자 노력해야 합니다. 감도받은 대로 실천하면 덕을 쌓을 수 있습니다. 감도를 마음으로 받아들이면서도 실천하지 않으면 포도나무를 심고도 열매를 수확하지 않는 것과 같습니다. 아침 기도와 영적 은둔이 이를 실천하는 최상의 방법입니다. 특별한 경우에 적용할 일반적 원칙들을 배울 수 있기 때문입니다.

제19장

고해성사

주님께서는 성교회에 고해성사를 설정해 주셨습니다. 우리가 언제 어떤 식으로든 죄를 범할 수 있으므로, 용서를 통해 우리를 깨끗하게 하시려는 것입니다.

필로테아 님, 직접 치료할 수 있는 안전하고 확실한 방법이 있는데도 죄로 말미암아 무거워진 마음을 오랫동안 그대로 두어서는 안 됩니다. 다른 짐승들과 함께 있던 암컷 사자는 수컷 사자의 기분을 상하게 하지 않으려고 서둘러 그들의 냄새를 씻어 낸다고 합니다. 죄를 지은 사람은 자신의 죄를 뉘우치고 모든 것을 보고 계시는 하느님을 두려워하는 마음으로 한시라도 빨리 그 더러움을 씻어 내야 합니다. 구원받을 수 있는 확실한 길이 있음에도 영적 죽음을 초래하는 것은 얼마나 어리석은 짓입니까!

양심의 가책을 느낄 정도로 큰 죄를 짓지 않았다 해도, 매주 또는 성체를 영하기 전에 겸손하고 경건한 마음으로 고해성사를 받으십시오. 주님께서는 고해성사를 통해 그대의 고백을 들으시고 그대의 죄를 용서해 주실 것이며, 죄를 범하지 않을 힘을 주실 것입니다. 또한 그대의 잘못을 깨달을 지혜를 주시고 그대가 죄로 말미암아 잃은 것들을 만회할 수 있도록 풍성한 은총을 그대에게 베풀어 주실 것입니다. 겸손과 순명, 순박함과 애덕을 수행하고 있지만, 죄를 고백하는 것만으로도 그 무엇보다 훌륭한 덕을 수행하는 것이 됩니다.

아무리 작은 죄라도 진심으로 뉘우치며 고백하고 다시는 그러지 않겠다고 확고하게 결심해야 합니다. 개선하려는 결심도 없이 습관적으로 또는 형식적으로 소죄를 고백함으로써 크나큰 영적 이익을 잃는 사람이 많습니다. 그러므로 악의 없는 거짓말이나 부주의한 말들, 과도한 재미에 빠져 있음을 고백할 때에도 이를 뉘우치고 개선하겠다는 확고한 결심이 있어야 합니다. 또한 대죄든 소죄든 모두 버리겠다는 굳은 의지 없이 죄를 고백하는 것은 고해성사를 남용하는 것입니다.

의미 없이 형식적으로 고백하지 않도록 해야 합니다. 예를 들어, "나는 하느님을 진심으로 사랑하지 않았습니다.", "경건한 마음으로 기도를 드리지 않았습니다.", "이웃을 사랑하지 않았습니다.", "성체를 정성스러운 마음으로 영하지 않았습니다."라고 말하는 것은 형식적인 고백에 속합니다. 이런 식의 고백으로는 고해 사제가 그대의 양심 상태를 제대로 알 수 없습니다. 그러므로 구체적인 사실을 성찰하여 단순하고 솔직하게 고백해야 합니다. 그대가 이웃을 사랑하지 않았음을 고백한다면, 도와줄 수도 있었음에도 간절히 도움을 청하는 사람을 도와주지 않았음을 고백하십시오. 그리고 그 이유가 무관심 때문이었는지 또는 그 사람을 경멸하는 마음 때문이었는지 등을 밝혀야 합니다. 또한 하느님께 정성스러운 마음으로 기도드리지 않았음을 고백할 때에는 기도하기에 적절한 시간과 장소, 기도 자세를 소홀히 하지는 않았는지를 밝히고 구체적인 상황까지 설명하는 것이 좋습니다. 일반적인 사항만 고백하는 것은 뜨겁지도 차갑지도 않은 형식적인 고백에 불과합니다.

소죄를 고백할 때에도 사실만 고백하지 말고 죄를 짓게 된 이유까지 고백하는 것이 좋습니다. 예를 들면, 거짓말을 했으나 아무에게도 해를 끼치지 않았다고 고백하는 것으로는 충분하지 않습니다. 거짓말을 한 이유가 허영심 때문이었는지, 칭찬을 받거나 비난을 받지 않으려는 것이었는지, 혹은 고집 때문에 또는 별 생각 없이 농담 삼아 한 것인지를 밝혀야 합니다. 죄를 범한 횟수나 기간도 고백하는 것이 좋습니다. 일반적으로 가벼운 죄도 오랫동안 반복해서 저지르면 심각해지기 때문입니다. 예를 들어, 15분 정도 잠시 허영심에 빠지는 것과 하루 또는 며칠 동안 계속 빠져 있는 것은 아주 다릅니다.

그러므로 고백할 때 구체적인 사실과 함께 그 동기와 기간을 확실하게 밝혀야 합니다. 일반적으로 소죄는 세세하게 고백해야 할 의무는 없지만, 진정으로 경건한 생활을 하고자 영혼을 맑게 하려는 사람들은 영혼의 사소한 병이라도 지도 신부에게 모두 밝혀 치유받을 수 있도록 해야 합니다. 예를 들면, 누군가에게 화를 냈다면 화를 낸 이유를 말하고, 다른 사람의 잘못을 묵인했으면 그 이유를 밝히십시오. 평소에 싫어하던 사람이 한 농담을 악의로 해석하여 화를 냈다고 합시다. 그러나 좋아하는 친구가 그랬다면 그대는 별로 개의치 않았을 것입니다. 이러한 경우에는 "나는 어떤 사람이 한 말을 악의로 받아들이고 화를 냈습니다. 그것은 그가 한 농담 때문이 아니라 그 사람이 싫었기 때문입니다."라고 고백해야 합니다. 이처럼 그대 자신에 대해 분명하게 설명하려면 구체적으로 말해야 합니다. 왜냐하면 죄를 고백할 때 단순히 저지른 죄만이 아니라 나쁜 습성과 경향, 그리고 죄의 근원까지도 명확하게 밝혀야 지도 신부가 그대 마음과 영혼의 상태를 제대로 파악하여 치유의 길로 이끌 수 있습니다. 그러나 함께 죄를 범한 사람의 이름은 절대로 언급하지 말아야 합니다.

또한 그대가 모르는 사이에 양심 속에 들어와 숨어 있는 많은 죄악이 있음을 유념하고 고해성사 때 이를 고백함으로써 영혼을 정화해야 합니다. 이에 관한 것은 이 책 제3부 제6, 27, 28, 29, 35, 36장과 제4부 제7장에 설명되어 있습니다.

고해 사제를 자주 바꾸지 말고, 한 사람을 택하여 그대가 저지른 과오를 정기적으로 단순하고 진솔하게 고백하십시오. 이와 더불어, 다달이 또는 두 달에 한 번, 아무런 문제가 없다 해도 그대의 상태와 성향, 예를 들면, 괴롭고 슬픈 일, 기쁘고 즐거운 일, 재정 상태 등과 같은 것에 대해서도 상담하는 것이 좋습니다.

제20장

영성체

옛날에 폰토라는 나라에 미트리다트라는 임금이 있었습니다. 이 임금은 자신의 이름을 딴 미트리다트라는 항독제를 발명하여 오랫동안 이것을 복용했는데, 한참 뒤에 로마인과의 전쟁에 패배했을 때 독약을 먹고 죽으려 했지만 복용해 왔던 항독제 때문에 성공하지 못했다고 합니다. 구세주께서 당신의 살과 피로 지극히 거룩한 성체성사를 설정하신 목적은 당신의 성체를 영하는 사람들을 영원히 살게 하시려는 데 있습니다. 그러므로 경건하게 그분의 성체를 자주 영하는 사람은 매우 건강해져 죄의 유혹을 받아도 해를 입지 않게 됩니다. 우리 영혼이 살아 있는 성체를 영하면 죽음의 세력의 영향을 받지 않습니다. 하느님께서 생명의 나무를 주셔서 우리의 조상이 낙원에서 죽지 않았던 것처럼 이 생명의 성사는 우리를 죽지 않게 할 것입니다. 앵두, 살구, 딸기 같은 과일을 설탕이나 꿀에 재어 두면 썩지 않듯이, 나약한 우리 영혼이 영원히 죽지 않는 우리 주님의 몸과 피의 달콤함에 젖으면 죄로 말미암아 썩지 않을 것입니다.

필로테아 님, 지옥에 떨어진 사람들이 이 세상에 살 때 정성스럽게 자주 성체를 영했더라면 지옥에 떨어지지 않았을 것입니다. 그러나 그들은 주님께서 주신 이 생명의 양식을 소홀히 한 탓으로 그렇게 되었습니다. 공평하신 주님께서 심판하실 때 무슨 면목으로 주님께 대답할 수 있겠습니까? "저주받은 자들아, 내가 네 손에 생명의 빵을 쥐어 주었는데도 어찌하여 죽음에 이르렀느냐?" 하시며 주님께서 질책하실 것입니다.

"매일 성체를 영하는 것을 나는 크게 문제시하지 않는다. 그러나 죄악에 빠져 있지 않는 한 주일마다 성체를 영하기를 권한다."라고 한 아우구스티노 성인의 말씀대로, 나도 매일 영성체하는 것을 문제시하지 않습니다. 다만 이 문제를 각자의 영적 지도자의 재량에 맡기고 싶습니다. 매일 성체를 영하는 것을 모든 사람들에게 일반적으로 권할 수는 없습니다. 그러나 신심 깊은 사람들이 매일 성체를 영하기를 특별히 간절하게 바란다면 이를 반대할 수는 없습니다. 이것은 각 개인의 상태를 살펴본 뒤 판단해야 할 문제입니다. 모든 사람들에게 매일 영성체하기를 권하는 것은 경솔하지만 현명한 지도자의 조언에 따라 이를 행하는 삶을 비난하는 것은 잘못입니다. 시에나의 가타리나 성녀는 사람들이 매일 성체를 영하는 것을 비난하자 아우구스티노 성인의 말씀을 인용하여 "아우구스티노 성인께서도 매일 성체를 영하는 것을 비난하지 않으셨으니 여러분도 비난하지 마십시오. 저는 그것으로 족합니다." 하고 말했습니다.

필로테아 님, 아우구스티노 성인은 주일마다 성체를 영하도록 권했습니다. 그대도 이를 실천하십시오. 그대에게는 대죄나 소죄에 대한 애착이 전혀 없고, 아우구스티노 성인이 제시한 조건을 갖추었기 때문입니다. 그러므로 그대의 영적 지도 신부가 허락한다면 매 주일뿐 아니라 평일에도 자주 성체를 영해도 됩니다.

때로는 그대의 탓이 아닌 그대 가족이나 주변 사람들로 말미암아 여러 가지 문제가 생겨 지도 신부로부터 자주 성체를 영하지 말라는 말을 들을 때도 있을 것입니다. 또한 그대가 순명해야 할 고해 사제가 그대에 대해 잘 알지 못하거나 편견을 지녀서 자주 성체를 영하는 것을 걱정한 나머지 여러 가지를 고려해 두 주일에 한 번만 영성체하는 것이 좋다고 말할 지도 모릅니다. 물론 그럴 때에는 다른 방법이 없으므로 그대 나름대로의 원칙을 정하지 말고 지도 신부의 지시를 따라야 합니다. 그러나 진정으로 하느님을 섬기려는 사람은 적어도 한 달에 한 번은 반드시 성체를 영해야 합니다.

그대가 신중하다면, 다시 말해서 그대가 영성체하는 날에는 그대의 부모나 배우자에게 평소보다 더 친절하고 상냥하게 대하고 그들이 기뻐할 일을 한다면 그들은 그대가 자주 성체를 영하는 것을 방해하지 않을 것입니다. 그로 말미암아 그들이 아무런 불편을 겪지 않는다면, 그들이 유난스러운 고집쟁이나 몰지각한 사람이 아닌 이상 그대의 영성체를 방해하지 않을 것입니다. 어쨌든 그대의 영적 지도 신부의 지시에 따르면 될 것입니다.

결혼을 했다고 해서 성체를 자주 영하기 어려운 것은 아닙니다. 초대 교회 신자들은 기혼이건 미혼이건 매일 성체를 영했습니다. 그리고 만성적인 질환을 제외하고는 앓고 있는 병이 성체를 영하는 데 문제가 되는 것은 아닙니다.

일주일에 한 번 성체를 영하는 사람은 대죄를 짓지 않고 소죄에 대한 애착도 없으며, 성체를 모시려는 열망이 있어야 합니다. 그러나 매일 성체를 영하려면 앞에서 말한 것 외에

자신의 나쁜 습성을 고친 뒤 영적 지도자의 허락을 받아야 합니다.[2]

---

[2] 매일 영성체하는 것에 대해 오늘날의 견해는 프란치스코 살레시오 시대의 견해와 매우 다르다. 영성체에 필요한 정신적 자세에 관해 이따금 신학자들 사이에 쟁론이 있었다. 그러나 교황 비오 10세는 두 가지 조건, 곧 대죄 상태에 있지 않고, 바르고 경건한 의지만 있으면 신자들이 매일이라도 영성체하기를 권했다. 그 이후 이 권고는 영적 지도의 일반적인 규범이 되었다.

제21장

영성체를 위한 준비

성체를 모시기 전날 밤부터 하느님을 사랑하는 마음을 가짐으로써 영성체 준비를 시작해야 합니다.

아침에 일찍 일어날 수 있도록 평소보다 이른 시간에 잠자리에 드십시오. 한밤중에 잠이 깰 때에는 거룩한 말을 가슴과 입술에 담으십시오. 그러면 그대의 영혼은 그대가 자는 동안에도 지켜 주시고, 그대가 받을 준비만 되어 있다면 얼마든지 수많은 은총을 주시려는 천상의 배필이신 주님을 맞이할 준비를 갖추게 될 것입니다.

아침이 되면 그대가 바라는 축복을 주시리라 기대하며 기쁜 마음으로 일어나십시오. 일어난 뒤에는 죄를 고백하고 완전한 신뢰와 겸손한 마음으로 그대를 영원한 생명으로 인도

해 주는 하늘의 이 음식을 받으러 나아가십시오. 그리고 "주님, 제 안에 주님을 모시기에 합당치 않사오나, 한 말씀만 하소서. 제가 곧 나으리이다." 하는 기도를 바친 뒤에는 가만히 입을 열어 믿고 소망하며 사랑하는 마음으로 그분을 영하십시오.

필로테아 님, 꿀벌이 꽃에서 하늘의 이슬과 땅의 가장 감미로운 즙을 모아 꿀을 만들듯이, 사제는 천상에서 제대 위로 내려오신, 하느님의 외아들이시며 지상에 사는 인류 중에서 가장 아름다운 꽃으로 피어나신 동정 성모님의 아들이신 구세주를 그대의 입을 통해 그대의 영혼에 감미로운 음식으로 나누어 줍니다.

성체를 영한 뒤에는 진정한 마음으로 구원의 임금님을 찬미하고, 그분께서 그대 안에 계시며 그대에게 최상의 행복을 찾아 주신다는 것을 깨닫고 그대의 모든 개인적인 일들을 아뢰십시오. 환영하는 마음으로 주님을 모시고 그분이 당신과 함께 계심이 드러날 수 있도록 행동하십시오.

성체를 영하는 목적은 무엇보다도 먼저 하느님의 사랑 안에서 그대를 강하게 하고자 하는 것입니다. 하느님께서는 가장 소중한 사랑을 그대에게 주시니, 그대도 이 사랑을 의식하고 소중하게 받아 모셔야 합니다. 주님께서는 이 성사를 통해 스스로 당신을 낮추시어 우리의 음식이 되시고, 우리 영혼 안에 들어오시어 우리와 한마음이 되십니다.

세상 사람들이 그대에게 자주 성체를 영하는 이유를 물으면 하느님을 사랑하는 법을 배우기 위해서라고 하십시오. 결점을 없애기 위해, 근심에서 벗어나기 위해, 고통 중에 위로받고 나약한 자신을 강하게 하기 위해 성체를 모시는 거라고 대답하십시오. 완벽한 사람은 모든 완벽함의 원천이시며 근원이신 분께 가지 않는다는 비난에 대비하기 위해, 강한 사람은 약해지지 않기 위해, 약한 사람은 강해지기 위해, 아픈 사람은 치유받기 위해, 건강한 사람은 아프지 않기 위해 성체를 영한다고 말하십시오. 그대는 불완전하고 나약하고 병들어 있으므로 완전하시고 강하시며 치유자이신 주님을 자주 모셔야 한다고 말하십시오. 세상사에 매여 있는 사람도 여유가 있을 때마다 자주 성체를 영해야 한다고 대답하십시오. 특히 과중한 업무에 시달리는 사람일수록 도움이 필요하고 많은 양분을 섭취해야 하므로 자주 성체를 모셔야 한다고 말해 주십시오.

필로테아 님, 그대의 영적 지도 신부의 지시에 따르면서 될 수 있는 대로 자주 성체를 영하십시오.

산토끼들은 흰 눈 속에 있기에 겨울 산속에서 더욱더 하얗게 보이는 것입니다. 이와 마찬가지로 아름답고 선하시며 가장 순수하고 거룩한 성체성사를 늘 흠숭하며 그대 안에 모시면, 그대 또한 사랑스럽고 순수하며 거룩하게 될 것입니다.

제3부

수덕

修德

제1장

덕행의 선택 1

여왕벌이 날 때에는 거느리고 있는 수많은 일벌에 둘러싸여 비행을 합니다. 이와 마찬가지로 사랑도, 사령관이 병사들을 다루듯이, 다른 모든 미덕들을 이끌고서 우리 마음속으로 들어옵니다. 그러나 사랑이 그 미덕들을 언제 어디서나 동등하게 다루는 것은 아닙니다. 도덕적으로 훌륭한 사람은 '제때에 열매를 내는, 시냇가에 심겨져 있는 나무'(시편 1,3 참조)와 같다고 했습니다. 영혼에 물을 주어 새롭게 해 주면, 사랑은 제때에 맞춰 튼실한 열매인 덕이 생겨나게 합니다. 성경에서 "때에 맞지 않은 말은 초상집에 풍악과 같다."(집회 22,6) 하고 말했듯이, 어떤 사람이 덕을 깊이 연구하여 실천하면서 이를 남에게 똑같이 강요하는 것은 매우 잘못된 생각입니다. 그러한 사람은 고대 철학자들 중 염세주의자는 항상 울었고, 낙관주의자들은 언제나 웃었다고 주장하는 사람과 같습니다. 게다가 그들은 자신과 같은 덕을 지니지 않은 사람들을 비방하거나 멸시하기도 합니다. 바오로 사도는 "기뻐하는 이들과 함께 기뻐하고 우는 이들과 함께 우십시오."(로마 12,15)라고 강조했고, 사랑은 인내하고 애정이 깊으며, 도량이 넓고 신중하며 남을 생각한다(1코린 13,1-13 참조)고 가르쳤습니다.

덕 중에는 특별한 경우를 위한 덕 외에도 앞에서 언급한 모든 부분에 영향을 미치는 보편적인 덕이 있습니다. 예를 들면, 용맹, 관대, 경외의 덕은 실천할 기회가 비교적 드물지만 온순, 절제, 정직, 겸손과 같은 덕은 우리의 모든 행위에 많은 영향을 끼치는 덕입니다. 비록 이 덕들보다 더 고귀한 덕들이 있지만, 이것들이야말로 우리 일상에서 매일매일 실천해야 하는 덕입니다. 설탕이 소금보다 더 달콤하게 느껴지지만 소금이 더 자주 쓰이는 것과 같은 이치입니다. 그러므로 우리는 우리의 삶에 필요한 이 덕들을 갖추고자 끊임없이 노력해야 합니다.

그리고 우리가 선호하는 덕보다 우리에게 필요한 덕을 선택해야 합니다. 바울라 성녀는 영적 위안을 풍성히 받고자 혹독한 고행을 했습니다. 그러나 윗사람에게 복종할 의무도 있었기에 예로니모 성인은 그녀가 주교의 지시를 어기고 과도하게 금육과 금식을 한 것을 꾸짖었습니다. 열두 사도는 자신들의 본연의 임무가 복음을 전하고 기도와 말씀 봉사에 전념하는 것이었으므로 가난한 사람들에게 음식을 배급하는 일이 훌륭한 애덕 실천임을 알면서도 그 일에 전념하는 것은 옳지 않다고 했습니다(사도 6,1-7 참조). 사람들은 각자 자기 처지에 맞는 독특한 자질을 길러야 합니다. 주교로서의 자질, 군인으로서의 자질, 주부로서의 자질, 과부가 된 사람이 지녀야 할 자질은 각각 다릅니다. 물론 사람은 누구나 덕을 길러야 하지만, 그 덕이 모두에게 동일할 수는 없습니다. 모름지기 자신에게 합당한 자질과 덕을 길러야 합니다.

우리의 소명과 관계없는 덕 중에서 먼저 택할 것은 훌륭한 덕이지 남의 이목을 끄는 덕이 아닙니다. 혜성은 보통 별보다 크게 보여 쉽게 우리의 시선을 사로잡습니다. 그러나 혜성이 크게 보이는 이유는 지구와의 거리가 가깝기 때문이지 실제로 다른 별보다 크고 뛰어나서가 아닙니다. 이와 마찬가지로 세상 사람들은 감각적이며 물질적인 성향을 지닌 덕을 선호합니다. 그래서 사람들은 대부분 물질적 도움을 정신적 도움보다 높이 평가합니다. 이러한 영향 때문인지 수행자들 중에는 고복苦服 착용, 금식, 맨발 수행, 매질과 같은 고행을 온유, 친절, 겸손과 같은 훨씬 고결한 내적 고행보다 더 선호하는 사람들도 있습니다.

필로테아 님, 쉽게 사람들의 눈에 띄고 존경을 받는 덕이 아닌 최선의 덕을, 가장 훌륭하고 고귀한 덕을 택하십시오. 특히 일정한 덕을 택하여 꾸준히 수행하는 것이 그대의 신심에 유익합니다. 이는 다른 덕을 무시해서가 아니라 목표를 갖고 일관되게 수행하려는 것입니다.

알렉산드리아의 주교 요한 성인의 전기를 보면, 올리브 관을 쓰고 태양보다 빛나는 공주복을 입은 소녀가 어느 날 주교에게 나타나 "나는 임금님의 맏딸이에요. 그대가 나의 친구가 되어 준다면 임금님 대전에 인도해 드리지요."라고 했답니다. 성인은 이 말을 듣고 하느님께서 그에게 요구하시는 것은 가난한 이들에 대한 사랑이라는 것을 깨닫고 그 뒤로 이 덕을 실천하여 마침내 '자선가 성 요한'이라고 불리게 되었습니다.

알렉산드리아의 에울로지오는 하느님께 특별히 봉사하려고 생각했으나, 은둔 생활을 할 용기도 없었고 장상에게 순종해야 하는 수도원 생활을 할 자신도 없었습니다. 그래서 자기 집에 나환자를 데려와서 주인을 모시는 하인처럼 그를 공경하고 돌보면서 살기로 결심했습니다. 그러나 얼마 뒤에 에울로지오도 나환자도 서로 싫증을 느껴 헤어지고 싶은 유혹에 빠졌습니다. 그들이 안토니오 성인에게 조언을 청하자 성인은 "아들들아, 너희는 서로 떠나지 마라. 너희 두 사람은 머지 않아 하느님 대전에 나가게 된다. 그때 천사가 너희 두 사람이 갈라진 것을 알게 되면 너희는 영화로운 화관을 잃을 것이다."라고 말했다고 합니다.

루도비코 성인 임금은 병원을 방문하여 자신이 직접 병자들을 간호하는 것을 특권으로 여겼습니다. 아시시의 프란치스코 성인은 청빈을 가장 중요하게 여겨 '애인'이라고 불렀습니다. 도미니코 성인은 설교에 열중하여 자신이 세운 수도회가 '설교 수도회'라는 별칭을 얻게 되었습니다. 대 그레고리오 성인은 아브라함을 본받아 기쁜 마음으로 순례자들을 대접하여 순례자 차림을 하신 주님을 모셨습니다. 토빗은 죽은 사람들을 매장하는 애덕을 실천했고(토빗 1,17-20 참조), 헝가리의 엘리사벳 성녀는 왕비의 신분임에도 모욕을 참아 냈습니다. 제노바의 가타리나 성녀는 남편을 잃은 뒤부터 병원에서 봉사 활동을 했습니다. 교부 카시아노가 전하는 바에 따르면, 한 신심 깊은 소녀가 아타나시오 성인에게 인내의 덕을 쌓는 방법을 묻자, 성인은 변덕이 심하고 늘 불평을 일삼는 한 노파의 시중을 들게 함으로써 그 소녀가 온유와 인내의 덕을 닦을 수 있도록 했다고 합니다.

하느님의 종들 중에는 병자를 간호하거나 빈민을 돕는 사람들도 있고, 어린이들에게 신앙 교육을 시키거나 죄인들을 교회의 품으로 인도하는 일을 하는 사람도 있습니다. 또 교회를 세우거나 제대를 꾸미는 일로 봉사하는 사람들이 있는가 하면 사람들 사이의 분쟁을 조정하며 평화를 위해 애쓰는 사람들도 있습니다. 다양한 바탕에다 금실 은실 등 갖가지 고운 비단실을 수놓아 아름다운 꽃무늬를 만드는 사람처럼, 특별한 신심 수행을 하는 사람은 자신의 영적 바탕에 여러 가지 덕들로 수를 놓아 자기 영혼을 아름답게 꾸미는 것입니다.

어떤 죄를 범할 위험에 처해 있을 때에는 이를 막을 수 있는 덕을 쌓고자 노력해야 합니다. 이 방법으로 우리는 악을 이길 수 있고 동시에 모든 덕을 키울 수 있습니다. 교만이나 분노 같은 유혹에 빠질 위험이 있을 때에는 겸손과 온유의 덕을 키워야 하며, 동시에 기도와 성사들과 같은 종교적 수행을 하고 신중, 사려, 절제, 온유와 같은 덕을 쌓아야 합니다. 멧돼지는 어금니를 다른 이빨들에 갈아 댐으로써 날카롭게 만든다고 합니다. 이와 마찬가지로 자신에게 특별히 필요한 덕을 닦으려는 사람은 다른 덕들의 도움이 필요하므로 함께 갈고 닦아야 합니다. 특히 욥은 인내의 덕을 쌓음으로써 많은 유혹과 싸워 다른 덕들을 발휘할 수 있었습니다. 나지안조의 그레고리오 성인은 나그네를 따뜻하게 대접하는 덕을 실천함으로써 크나큰 영광을 입은 아브라함의 예를 들면서, 한 가지 덕에 충실하면 동시에 많은 덕을 기를 수 있다고 말했습니다. 그러나 그것은 사랑의 마음으로 실천할 때에만 가능한 일입니다.

제2장
덕행의 선택 2

　아우구스티노 성인은, 신심 생활을 처음 시작하는 사람들이 하기 쉬운 실수가 완덕에 이른 사람들에게는 결점이 될 수 있겠지만, 이는 장차 그 사람이 진보할 수 있는 계기와 바탕이 될 것이므로 오히려 환영할 만한 일이라고 했습니다. 예를 들어, 이제 막 죄에서 벗어난 사람들에게서 볼 수 있는 죄에 대한 과도한 두려움과 양심의 가책은 초심자들에게는 장려할 만한 심성이며 앞으로 깨끗한 양심을 지니게 될 징조입니다. 그러나 신심이 진보한 사람들에게는 이런 것들이 오히려 장애가 됩니다. 그러므로 이러한 경향이 있는 사람들은 마음속에 사랑이 자라게 하여 그 사랑으로 점차 죄에 대한 과도한 두려움을 없애고자 노력해야 합니다.

영적 지도를 처음 시작할 무렵, 베르나르도 성인은 영적 지도를 청하는 사람들에게 육신을 위하는 일을 그만두고 영혼에 유익한 일만 하라고 매우 엄격하게 가르쳤습니다. 그들에게 고해성사를 줄 때 작은 잘못도 몹시 나무랐으며, 완덕에 이르고자 하는 초심자에게도 완벽을 요구했습니다. 그러나 이것은 도리어 그들의 용기를 꺾고 좌절하게 만들어 덕을 계속 쌓으려는 의지마저 포기하게 만들었습니다.

필로테아 님, 이 위대한 성인이 그렇게 한 이유는 성덕에 대한 열정 때문이었습니다. 이러한 열정 역시 훌륭한 덕입니다. 그러나 그의 열정에는 비판의 여지가 있었습니다. 그래서 주님께서는 그에게 나타나시어 이를 꾸짖으시고 그의 영혼에 온유함과 자상한 마음을 심어 주셨습니다. 그 뒤 베르나르도 성인은 전혀 다른 사람이 되어 지나치게 엄격했던 자신의 행동을 부끄러워하고 모든 이에게 관대하고 친절하게 대하여 바오로 사도처럼 '모든 이에게 모든 것omnibus omnia'인 사람이 되었습니다.

예로니모 성인은 그의 영적 딸인 바울라 성녀의 전기를 쓰면서, 그녀가 고행에 너무 집착하여 에피파니오 성인의 충고도 무시했으며, 그녀가 사랑했던 사람들의 죽음을 너무 애통해한 나머지 건강마저 잃었다고 기록한 뒤 다음과 같이 결론을 내렸습니다. "이 글을 읽는 사람들 중에는 내가 그녀를 칭찬하지 않고 비난한다고 생각하는 사람이 있을 것이다. 그러나 나는 한 점 부끄러움 없이 그녀와 내가 섬기는 예수님 앞에서 사실 그대로를 기록했다. 내 글은 그녀에 대한 전기일 뿐, 찬양의 글이 아니다. 내가 지적한 그녀의 결점은 다른 사람들에게는 아름다운 덕으로 비칠 수도 있을 것이다." 예로니모 성인의 이 말은 바울라 성녀의 결점이 초심자에게는 미덕으로 여겨질 수 있다는 뜻입니다. 완덕의 경지에 가까이 도달한 사람들의 결점이 아직 그 경지에 도달하지 못한 사람들에게는 아름다운 덕으로 여겨질 수 있는 법입니다.

회복기에 있는 병자의 다리가 붓는 것은 병세가 호전되어 체내 노폐물이 없어지는 데 따른 일시적인 현상으로 좋은 증세에 속합니다. 그러나 건강하던 사람의 다리가 갑자기 붓는 현상은 혈액 순환 장애와 체력 감소로 말미암은 나쁜 증세입니다.

필로테아 님, 비록 결점이 다소 있다 해도 덕을 기르고자 노력하는 사람을 좋게 생각해야 합니다. 성인들도 역시 그랬기 때문입니다. 우리에게 결점이 있다 해도 충실하고 신중하게 덕을 기르는 데 힘쓰고 성경의 가르침을 따르며, 우리 자신의 지혜를 과신하지 말고 하느님께서 보내 주신 지도자의 가르침에 따라야 합니다.

많은 사람들이 덕이라고 믿는 것이 실제로는 덕이 아닌 경우가 있습니다. 이 점에 대해 잠시 언급하겠습니다. 영성 서적 중에는 여러 가지 신비 상태인 황홀경, 탈혼, 신비적 일치, 공중 부양, 모습 변화 등에 대해 기술한 책들이 있습니다. 그러한 책들은 영혼을 순전한 지적 관상으로 이끌어, 육체적인 생활에 거의 얽매이지 않고 초자연적인 생활을 할 수 있다는 기대를 하게 합니다.

필로테아 님, 이러한 신비 상태는 절대로 덕이 아닙니다. 이것은 하느님께서 덕에 대한 상으로 주시는 것입니다. 더 정확하게 말하면 하느님께서 천국에서 누릴 수 있는 영생의 기쁨을 사람들이 갈망하게 하시려고 잠시 보여 주시는 것입니다. 우리는 이런 은총을 얻으려는 원의를 가져서는 안 됩니다. 이러한 특수한 은총이 우리의 유일한 목적, 곧 하느님을 섬기고 하느님을 사랑하는 데 반드시 필요한 것은 아닙니다. 그리고 무엇보다도 이러한 은총은 우리의 노력이나 의지로 얻을 수 있는 것이 아니고, 하느님께서 주시는 것입니다. 게다가 우리의 현재 목적은 올바른 사람, 경건하고 신심 깊은 사람이 되는 데 있으므로 무엇보다도 이 목적을 이루고자 노력해야 합니다. 그러면 하느님께서 이를 기뻐하시어 우리에게 천사와도 같은 완전함을 주실 것입니다. 그러나 그때까지 주님께서 우리에게 수행하기를 명하시는 인내, 친절, 극기, 겸손, 복종, 청빈, 정결, 온유, 충실, 열성과 같은 덕을 쌓고자 겸손하게 그리고 헌신적으로 노력해야 합니다.

그대가 지닌 높은 지위를 기꺼이 다른 사람에게 양보하십시오. 그렇게 높은 지위는 하느님을 섬기는 사람에게는 가치가 없습니다. 그분의 나라에서 접시 닦이, 짐꾼 등과 같은 하찮은 일꾼으로 일하는 것에 만족하십시오. 훗날 하느님께서 우리를 당신의 신하로 부르시지 않겠습니까?

필로테아 님, 영광의 임금이신 하느님께서는 당신 종들에게 지위에 따라 상을 주시지 않고 그들이 행하는 사랑과 겸손을 보시고 상을 주십니다. 사울 임금은 자기 아버지의 암나귀를 찾으러 갔다가 사무엘을 만나 겸손하게 조언을 청함으로써 이스라엘의 임금이 되었고(1사무 9장 참조), 레베카는 아브라함의 낙타에게 물을 마시게 해 줌으로써 이사악의 아내가 되었으며(창세 24장 참조), 보아즈의 하인들의 뒤를 따라 겸손하게 이삭을 줍던 룻은 보아즈의 눈에 띄어 그의 도움을 받다가 마침내 그의 아내가 되었습니다(룻 2-3장 참조). 그런 특별한 은총을 받았다고 믿는 사람은 잘못된 생각과 실수를 하기 쉽습니다. 그래서 스스로를 천사처럼 생각하는 사람들이 흔히 선량하지도 않을뿐더러 생각과 행동은 그렇지 못하면서 말만 앞세우는 경우가 많습니다. 그러나 그런 사람들을 절대로 비방하거나 경멸해서는 안 됩니다. 그저 다른 사람이 받은 큰 은총에 대해 하느님을 찬미하는 동시에, 겸손하고 낮은 자세로 무력한 우리 자신에게 합당한 길을 걸어가도록 하십시오. 우리가 이 길을 충실하고 겸손하게 걸어가다 보면 언젠가는 하느님께서 우리를 더 높은 곳으로 들어 올려 주실 것입니다.

제3장

인내

성경에서는 "여러분이 하느님의 뜻을 이루어 약속된 것을 얻으려면 인내가 필요합니다."(히브 10,36)라고 말했고, 주님께서는 "너희는 인내로써 생명을 얻어라."(루카 21,19) 하고 말씀하셨습니다.

필로테아 님, 우리에게 영혼이 있는 것은 크나큰 행복입니다. 우리가 인내심을 많이 가질수록 우리는 더욱더 완전하게 우리 영혼을 지킬 수 있습니다. 주님께서 당신 수난으로 우리를 구하셨으니, 우리도 온갖 불의와 고생과 불행을 인내하고, 고통과 비애를 견뎌 냄으로써 우리 영혼의 구원이 성취된다는 진리를 잊어서는 안 됩니다.

그대는 특정한 고통이나 불의만이 아니라 하느님께서 내

려 주시는 모든 것을 인내해야 합니다. 사람들 중에는 전쟁에서 부상을 당하거나 포로로 잡히는 일, 신앙으로 말미암아 박해를 당하는 일, 올바른 주장 때문에 어려움에 빠지는 일 등 명예스러운 고통만을 잘 참는 사람이 있는데, 이는 명예를 중시하기 때문입니다. 진정으로 인내심이 강한 하느님의 종은 명예와 관계없이 모든 고통을 감수합니다. 그런 사람은 악인에게 조롱과 비난과 괴롭힘을 당해도 전혀 흔들리지 않습니다. 훌륭한 사람이나 친구, 친척에게 무시당하는 것을 참는 것이야말로 진정한 인내입니다.

예전에 엄격한 수도회 소속의 한 유명한 설교자가 대중 앞에서 설교하던 중에 가롤로 보로메오 성인을 몹시 비난한 일이 있었습니다. 나는 다른 모든 비난보다도 유명한 설교자가 쏟아붓는 온갖 비난을 오랫동안 견뎌 온 위대한 성인의 온유함을 더욱 존경합니다. 파리보다 벌에 쏘이는 것이 더 아픕니다. 이와 마찬가지로 훌륭한 사람이나 믿었던 사람에게서 받는 비난과 공격은 다른 이로 말미암아 받는 고통보다도 훨씬 더 견디기가 힘듭니다. 그러나 이는 흔히 있는 일입니다. 그리고 때로는 훌륭한 두 사람이 서로 의견이 달라 서로를 비난하거나 괴롭히는 일도 있습니다.

그대는 큰 고통뿐만 아니라 이에 따르는 부수적인 어려움까지도 인내해야 합니다. 그에 따르는 불편함은 참지 못하면서 고통을 받아들일 준비가 되어 있다고 믿는 사람들을 흔히 볼 수 있습니다. 예를 들면, "친구에게 손 벌리지 않고 자식들을 키울 수 있다면 가난해도 좋다."라고 말하는 사람도 있고, "사람들이 내 탓으로 가난하게 되었다고 생각하지만 않는다면 가난해도 괜찮다."라고 말하는 사람도 있습니다. 그리고 어떤 사람에게 비방을 받아도 다른 사람들이 그 사람의 말을 믿지 않는다면 얼마든지 참아 낼 수 있다고 말하는 사람도 있습니다. 또는 불행의 전체가 아닌 그 일부만을 감수하겠다는 사람도 있습니다. 예를 들면, 아픈 것은 참을 수 있으나 치료 받을 돈이 없거나 남에게 폐를 끼치는 것은 싫다고 말하는 사람도 있습니다.

필로테아 님, 병 자체를 참는 것뿐만 아니라 하느님의 뜻에 따르겠다는 마음에서 병으로 말미암은 고통과 불편도 함께 참고 견디는 것이 참된 인내이며, 이는 다른 모든 경우에도 마찬가지입니다.

지금 불행하다면 하느님께서 허락하시는 모든 방법으로 이를 극복하고자 노력하십시오. 이러한 노력을 하지 않으면 하느님을 시험하는 것이 됩니다. 그러나 최선을 다한 뒤에는 온전히 인내하는 마음으로 하느님의 처분을 기다리십시오.

만일 그렇게 해서 불행이 물러갔다면 겸손한 마음으로 하느님께 감사드리고, 그대에게 닥친 불행이 주님의 거룩한 뜻에서 생긴 것이라면 이를 인내하고 하느님을 찬미하십시오.

나지안조의 그레고리오 성인은 다음과 같이 강조했습니다. 그대가 저지른 잘못 때문에 사람들에게 비난을 받게 되면, 그러한 비난을 받아도 마땅함을 겸손하게 고백하고, 만일 그 비난이 오해에서 비롯된 것이라면 이를 부인하고 조용히 해명하십시오. 이는 진실을 드러내고 남들에게 덕을 기르게 하려는 것입니다. 그러나 그대가 정직하게 해명을 했음에도 여전히 비난을 받게 되어도 결코 괴로워하거나 다시 해명하려 하지 말고, 진실로 겸손한 마음을 가지십시오. 이렇게 하는 것이 그대의 명예를 보존하는 동시에 그대 마음의 평화와 온유와 겸손을 지키는 길입니다.

다른 사람이 그대를 괴롭히더라도 노여워하지 마십시오. 일반적으로 자기애가 강하면 더욱 상처를 받습니다. 그러면 죄를 짓기 쉽습니다. 특히 쉽게 흥분하고 화를 잘 내는 사람에게는 화를 내지 마십시오. 상처를 치유받거나 정신적으로 위로받고자 누군가에게 자기 고통을 호소하고 싶거든, 성품이 온화하고 하느님을 사랑하는 사람에게 하는 것이 좋습니다. 그렇지 않으면 위로를 받기는커녕 오히려 갈등만 더 커지게 될 뿐입니다. 박힌 가시를 뽑아내는 것이 아니라 더 깊이 박히게 하는 결과만 낳게 됩니다.

병들거나 걱정이 있거나 타인에게 상처를 입어도 불평하지 않고 참는 사람들 중에는 소심하고 나약한 사람으로 보일까 봐 두려워서 참는 사람도 있습니다. 이런 사람들은 은근히 다른 사람들이 자신들을 동정하고 걱정해 주거나 심한 고통도 씩씩하게 견딘 것을 칭찬해 주기를 바라기도 합니다. 이러한 것도 인내이기는 하지만 거짓된 것이고 사실은 교묘한 허영심에 불과한 것입니다. "그들의 행위는 하느님께 영광을 드리는 행위가 아니다."라고 한 바오로 사도의 말씀 그대로입니다. 진정으로 인내심 있는 사람은 고통을 말하지 않고 남에게 동정을 구하지도 않으며, 자신의 문제를 단순히 있는 그대로 말하고 자신의 괴로움이나 슬픔을 과장하지 않습니다. 만일 다른 사람이 사실과 다른 것에 대해 걱정해 줄 때에는 그렇지 않다고 사실을 밝힙니다.

신심 수행을 방해받을 때에는(방해는 반드시 있기 마련입니다.) 다음과 같은 주님의 말씀을 염두에 두는 것이 좋습니다.

"해산할 때에 여자는 근심에 싸인다. 진통의 시간이 왔기 때문이다. 그러나 아이를 낳으면, 사람 하나가 이 세상에 태어났다

는 기쁨으로 그 고통을 잊어버린다."(요한 16,21)

그대 영혼에 잉태되신 분은 세상에서 가장 귀하신 아기 예수 그리스도이십니다. 예수님께서 그대 영혼에서 태어나실 때까지 그대는 산고를 겪어야 합니다. 그러나 이 고통이 지나면 아기를 낳은 기쁨이 영원할 것이니 용기를 내십시오. 그분은 진정으로 그대를 위해 태어나실 것입니다. 그분이 사랑으로 당신 마음에 오시면 당신의 행동은 그분을 닮게 됩니다.

아플 때에는 그대의 아픔과 고통과 약함을 모두 주님께 바치고, 그대의 고통으로 그대를 위해 견디신 주님의 수난에 동참하게 해 주시기를 간구하십시오. 주님께서 그대를 사랑하시어 쓸개를 맛보신 것을 기억하며, 의사의 말을 듣고 약과 음식을 복용하고, 다른 조치도 취하여 주시기를 기도하십시오. 하느님의 거룩하신 뜻에 따르려면 무기력함과 나약함에 빠져서는 안 됩니다. 하느님의 영광을 위해 그리고 그분의 나라에 들어가기 위해 죽음도 두려워해서는 안 됩니다. 꿀벌은 꿀을 만드는 동안 매우 쓴 것을 먹는다고 합니다. 이와 마찬가지로 우리가 역경을 견디며 고난의 빵을 먹지 않는다면 우리는 겸손과 인내와 같은 진정한 덕의 꿀을 모을 수 없습니다. '백리향초百里香草'라는 작고 쓰디쓴 풀꽃에서 채취된 꿀이

제일 감미로운 것처럼, 가장 비통하고 비천한 고통 중에서 행한 덕이 가장 훌륭한 것입니다.

알몸으로 십자가에 달려 사람들에게 온갖 모욕과 조롱을 받으시고 비탄과 슬픔에 짓눌리신 예수 그리스도를 바라보며, 그대가 주님을 위해 받는 그 어떤 고통도 그대를 위해 주님께서 견디신 고통에 비하면 아무것도 아님을 깨닫고, 주님을 위해 온갖 고통을 감수한 옛 순교자들이 그대가 받는 고통보다 더욱 심한 고통을 견뎌냈고 또 오늘날에도 수많은 사람들이 그런 고통을 견디고 있다는 사실을 잊지 마십시오. "위로해 줄 사람도 없고 도와줄 사람도 없으며, 견디기 힘든 괴로움과 참혹한 고통 속에서 끊임없이 죽음을 맛보고 있는 사람들에 비하면, 나의 고통은 장미의 가시에 찔린 것에 불과하다."라고 말할 수 있어야 합니다.

제4장

외적 겸손

예언자 엘리사는 겸손하고 가난한 한 과부에게 빈 그릇을 많이 빌려다가 그 안에 기름을 가득 채우라고 지시했습니다(2열왕 4,3-4 참조). 우리 마음에 하느님의 은총을 담으려면 빈 그릇처럼 우리 마음을 비워야 합니다. 우리 마음을 교만으로 채워서는 안 됩니다. 독수리는 날카로운 소리와 예리한 눈초리로 겁을 주어 다른 새들을 쫓아냅니다. 그래서 비둘기들은 다른 새들보다 독수리 곁에서 사는 것을 좋아한다고 합니다. 이처럼 겸손은 사탄을 쫓고 우리에게 성령의 은총을 고이 간직하게 합니다. 바로 이 때문에 모든 성인들과 특히 성인들의 임금이신 주님과 모후이신 성모님께서는 겸손을 다른 덕보다도 귀하게 여기셨습니다.

자신에게 없는 것을 있는 것처럼 구는 것은 허영입니다. 허영 때문에 별 가치가 없는 것을 마치 대단한 것처럼 떠벌리게 됩니다. 가문의 명예 같은 것은 내가 아니라 조상으로부터 비롯된 것이며 타인들의 평가에 따라 이루어진 것입니다. 값비싼 옷과 아름다운 새털을 꽂은 모자로 치장하는 것을 자랑으로 여기면서 다른 이들을 업신여기는 사람들이 있습니다. 이 얼마나 어리석은 짓입니까? 또한 양쪽 끝을 뾰족하게 올려붙인 콧수염, 빗질한 턱수염, 화사하게 파마한 머리, 부드러운 손을 자랑하고, 자신의 춤 솜씨와 음악 실력, 좋은 목소리를 자랑스럽게 뽐내는 사람들이 있습니다. 그러나 이렇게 하찮은 것에 가치를 두고, 이를 통해 존경받으려고 애쓰는 일은 부질없는 짓이 아니겠습니까? 겉핥기로 아는 지식을 내세워 사람들을 굴복시키고 그들에게 존경받기를 바라는 사람도 있습니다. 이런 사람을 '학자티를 내는 사람'이라고 합니다. 어떤 사람은 자신이 매우 아름답다고 믿고서 모든 사람이 자신의 외모에 반했다고 착각하는 사람들도 있습니다. 그러한 생각들은 헛되고 어리석으며 하찮은 것입니다.

정말 가치 있는 것을 향유를 통해 알아봅시다. 향유를 증류했을 때 그릇 밑바닥에 가라앉는 것이 바로 귀한 향유의 원료입니다. 어떤 사람이 현명하고 학식이 있으며 어질고 귀한 사람인지 알고 싶으면, 그의 삶이 겸손하고 온화한지를 보면 됩니다. 그렇다면 그 사람은 참된 현인이고 귀인입니다. 이와는 반대로 겉으로 그 덕을 드러내려는 사람의 행위는 거짓된 것입니다. 폭풍과 천둥 번개에 시달린 조개는 겉보기에는 진주를 속에 품고 있는 것처럼 보이지만 그 안에는 진주 알맹이가 없습니다. 이처럼 교만하게 자기 과시를 일삼는 사람의 덕은 곧 텅 빈 것으로 드러나게 됩니다.

명예나 지위는 사람들의 발에 밟히면 밟힐수록 곱게 피어나는 사프란 꽃과 같은 것입니다. 아름다움이란 그것에 집착하지 않을 때 더욱 매력이 있는 것입니다. 스스로를 아름답다고 하면 매력을 잃게 되며, 학식을 자랑하면 신뢰를 잃고 현학자로 전락하고 맙니다. 그리고 자신의 지위나 신분, 칭호를 지나치게 내세우면 사람들로부터 반감과 비난을 살 뿐입니다.

전혀 의식하지 못하는 가운데 얻은 명예가 진정으로 가치 있는 것입니다. 명예를 억지로 얻으려고 하는 것은 부질없는 짓입니다. 공작새가 자기의 아름다움을 과시하려고 거만하게 날개를 높이 치켜세우면 보기 흉한 부분까지 드러내 보이게 됩니다. 연꽃 향기는 멀리서 잠시 맡으면 매우 상쾌하지만, 가까이에서 오랫동안 맡으면 오히려 머리가 아프고 어지러워집니다. 이처럼 명예도 애써 구하지 않고 그저 음미하기만 하면 향기롭지만 그것에 집착하거나 탐닉하려 하면 악취를 풍기기 십상입니다.

덕을 쌓으려고 노력하는 것은 선을 향한 첫걸음이지만, 명예를 얻으려고 노력하는 것은 멸시와 수치를 향하는 첫걸음입니다. 인격이 훌륭한 사람은 지위나 명예, 격식 같은 사소한 일에는 마음을 쓰지 않습니다. 할 일이 많은데 이런 일 때문에 마음을 쓰는 것은 정신을 더럽히는 것이기 때문입니다. 진주 목걸이를 가진 사람은 조개껍데기로 만든 가짜 구슬은 목에 걸지 않습니다. 이와 마찬가지로 덕을 닦는 사람은 가짜 구슬과 같은 명예에 신경 쓰지 않습니다.

페루에서 오는 여행자들이 금과 은 외에도 진기한 원숭이와 앵무새를 가지고 오는 이유는 그것들이 그리 비싸지도 않고 운송비도 많이 들지 않기 때문입니다. 덕을 수행하는 사람도 자기의 지위나 명예에 집착하지 않는다면 자연스럽게 지위와 명예를 얻을 수 있습니다. 걱정이나 분쟁, 반감 등과 연루되지 않으면 명예와 지위를 유지할 수 있습니다.

제5장
내적 겸손

필로테아 님, 이제 좀 더 심오한 뜻의 겸손에 대해 말해 보겠습니다. 내가 지금까지 말한 것을 실행하는 것은 겸손에 대해서라기보다는 세상을 살아가는 지혜에 대한 것이라고 하는 것이 더 맞을 것입니다.

자기 만족과 허영에 빠질까 두려워서 하느님께서 자신에게 베푸신 은총에 대해 생각하지 않는 사람들이 있는데, 이는 잘못된 생각입니다. '천사적 박사'라고 불리는 토마스 아퀴나스 성인의 가르침대로 하느님의 사랑을 깨닫는 참된 방법은 하느님께서 베푸시는 은혜를 생각하는 것입니다. 하느님의 은혜를 깊이 깨달을수록 우리는 하느님을 열렬히 사랑하게 됩니다. 그리고 우리 각자에게 내리시는 특별한 은혜는 일반적인 은혜보다 각자에게 더욱 적합한 것이므로 더욱더 깊이 생각해야 합니다.

자비로우신 하느님 앞에서 풍성한 은총을 생각하는 것보다 더 겸손한 것은 없으며, 공의로우신 하느님 앞에서 우리가 지은 수많은 죄를 깨닫는 것보다 더 겸손한 것 또한 없습니다. 하느님께서 우리를 위해 하신 일과 우리가 하느님께 해 드린 일이 무엇인지 성찰해 보십시오. 우리 죄를 곰곰이 성찰하듯이 하느님의 은총도 낱낱이 헤아려 봅시다. 우리가 잘났기 때문에 좋은 성품을 지닌 것이 아니라는 사실을 잊지만 않는다면, 하느님의 은총을 안다고 해서 우리가 교만해질 염려는 없습니다. 나귀가 임금의 진귀한 보물이나 향수를 등에 싣고 있다 해도 나귀는 냄새나는 동물에 불과합니다. 바오로 사도는 "그대가 가진 것 가운데에서 받지 않은 것이 어디 있습니까? 모두 받은 것이라면 왜 받지 않은 것인 양 자랑합니까?"(1코린 4,7)라고 말했습니다.

그대가 받은 은혜를 깨달으면 감사한 마음이 들게 되어 겸손해집니다. 만일 하느님께서 그대에게 베푸신 은총을 생각하는데도 교만한 마음이 조금이라도 든다면, 그대가 하느님의 은총을 저버린 결점투성이의 나약한 인간임을 성찰하는 것이 가장 좋은 치료제가 될 것입니다. 우리가 행하는 모든 일을 하느님께서 알고 계심을 생각하면, 우리가 이룬 모든 일들이 우리 자신의 능력이 아니라 전능하신 하느님의 섭리에 의한 것임을 깨닫게 될 것입니다. 그러므로 우리가 성취한 일들로 말미암아 기쁨을 억누를 수 없을지라도 그 영광은 모든 행위의 근원이신 하느님께로 돌려야 합니다. 성모님께서도 하느님께서 당신에게 위대한 일을 행하심을 고백하시면서 당신을 낮추시고 하느님을 찬미하셨습니다.

"내 영혼이 주님을 찬송하고 내 마음이 나의 구원자 하느님 안에서 기뻐 뛰니 그분께서 당신 종의 비천함을 굽어보셨기 때문입니다."(루카 1,46-48)

우리는 우리 자신이 죄인이며 세상의 쓰레기 같은 존재라는 말을 가끔 하지만, 이 말을 들은 사람이 그 말을 퍼뜨리면 대단히 화를 내곤 합니다. 우리가 사람들을 피해 숨는 행위 이면에는 다른 사람들에게 주목받고 그들이 찾아와 주기를 바라는 마음이 있기도 합니다. 자진해서 식탁 말석에 앉아 겸허한 체하지만 그 마음 한구석에는 누군가에게 자기를 상석으로 모시게 하려는 의도가 숨어 있기도 합니다. 참으로 겸손한 사람은 자신을 비하하지도 않고, 또 자신이 겸손하다고 과시하지도 않습니다. 그는 자신의 겸손함을 숨기려 할 뿐만 아니라 다른 덕들도 드러내지 않으려고 노력합니다. 겸손한 사람은 누군가가 자기에게 거짓말을 하거나 속여도 모른 체하며, 누군가가 자신에 대해 험담을 해도 자신을 그 아래 두고 숨어 지낼 것입니다.

필로테아 님, 나의 의견은 다음과 같습니다. 우리는 겸손을 말로 드러내지 말아야 하며, 어쩔 수 없이 말로 표현해야 할 경우에는 말하는 것에 부합하는 마음을 가져야 합니다. 시선을 내리기에 앞서 마음을 낮추고, 기쁜 마음으로 말석에 가고 싶지 않으면 상석을 사양하는 척하지 마십시오.

이 원칙에 다음 사항을 덧붙이겠습니다. 때때로 사양할 줄 알면서도 다른 사람에게 예의상 상석을 양보하는 일이 있습니다. 하지만 이것은 허위도 위선도 아닙니다. 솔직하지 않은 것처럼 보이겠지만 이는 그 사람에 대해 경의를 표현하는 것입니다. 그 사람을 진심으로 존경하지 않는데도 이러한 경의를 표한다고 해서 나쁜 것은 아닙니다. 어느 정도 과장된 경어를 쓰는 것도 마찬가지입니다. 진정으로 겸손한 사람은 다른 사람에게서 "당신은 쓸모없는 사람이야!"라는 말을 들어도 결코 마음에 담아 두지 않습니다. 그런 말을 들어도 부인하지 않는 이유는 자신도 스스로를 그렇게 생각하기 때문입니다.

사람들 중에는 다음과 같은 이유로 신심 생활을 하지 않으려는 이들이 많습니다. 묵상 기도는 성덕을 지닌 사람이나 하는 것이며 자신은 그럴 자격이 없다는 사람, 또는 자신은 그럴 만한 사람이 못 돼서 성체를 자주 모실 용기가 나지 않는다는 사람, 자신의 나약함과 단점을 고백하면 그리스도교를 욕되게 하는 것이라고 말하는 사람, 능력이 없다는 핑계로 하느님과 이웃을 위해 자신의 능력을 발휘하기를 꺼리는 사람, 좋은 일을 하면 교만해질 수도 있고 다른 사람들을 돌보다 보면 자신은 텅 비게 될 거라고 말하는 사람들이 있습니다. 이 모든 것은 핑계에 불과합니다. 거짓된 겸손일 뿐 아니라 악의가 숨어 있는 겸손이기도 합니다. 다시 말해서 그들은 이러한 핑계로 은근하고도 교묘하게 하느님의 은총을 헐뜯고, 겸손을 구실 삼아 자기애와 교만과 나태를 그럴듯하게 위장하려는 것입니다.

하느님께서는 이사야 예언자를 통해 아하즈 임금에게 "너는 주 너의 하느님께 너를 위하여 표징을 청하여라. 저 저승 깊은 곳에 있는 것이든, 저 위 높은 곳에 있는 것이든 아무것이나 청하여라."(이사 7,11)라고 하셨습니다. 그러자 아하즈는 "저는 청하지 않겠습니다. 그리고 주님을 시험하지 않으렵니다."(이사 7,12) 하고 말했습니다. 오, 이 얼마나 불행한 사람입니까! 그는 겸손의 가면을 쓰고 하느님을 매우 공경하는 척하면서 자애로우신 하느님께서 주시는 은총을 받지 않으려 했습니다. 하느님께서 우리에게 은총을 주시려 할 때 이를 거절하는 것은 교만에 불과합니다.

우리에게는 하느님의 은총을 받을 의무가 있습니다. 하느님께 순종하고 어떠한 일이 있어도 그분의 거룩하신 뜻에 따르는 것이 참된 겸손입니다. 하느님의 거룩하신 뜻은 우리가 완덕에 이르고, 하느님과 일치하며, 최선을 다하여 하느님을 본받으려는 데 있습니다. 자신을 믿는 교만한 사람은 아무것도 책임지려 하지 않지만 겸손한 사람은 자신의 무력함을 알고 오히려 용감해집니다. 그가 용감해지는 이유는, 하느님께서 우리의 나약함을 통해 당신의 전능을 드러내시기를 좋아하시고 또한 우리의 고통을 보시고 그분의 자비를 드러내시는 것을 좋아하신다는 것을 알고 더욱더 그분께 의지하기 때문입니다. 그러므로 우리는 우리를 인도하시고 우리에게 유익한 지시를 내리시는 하느님의 명령을 겸손하고 경건한 마음으로 받아들이고 따라야 합니다.

자기가 모르는 것을 알고 있다고 생각하는 것처럼 어리석은 일은 없습니다. 자기가 모르고 있다는 것을 알면서도 아는 척하는 것은 쓸데없는 허세에 불과합니다. 내 경우에는 내가 알고 있는 것에 대해 일부러 아는 척하기도 싫고 그렇다고 일부러 모르는 척하기도 싫습니다. 사랑을 실천하려면 그들을 지도하는 데 필요한 것뿐만 아니라 그들을 위로해 주는 데 유익한 것들을 흔쾌히 가르쳐 주어야 합니다. 모든 덕을 지키고자 이미 받은 은총을 숨기는 것이 겸손이지만, 사랑을 실천할 때에는 덕을 기르고 완성하고자 그 은총을 드러내야 합니다.

티로스라는 섬에 있는 어떤 꽃은 밤이 되면 꽃잎을 접고 아침이 되어야 햇살과 더불어 아름다운 꽃잎을 활짝 펴기 때문에 섬사람들은 이 꽃을 '밤에 잠을 자는 꽃'이라고 말합니다. 이와 마찬가지로 겸손도 우리가 지닌 다른 모든 덕과 능력을 숨기고 있다가 사랑을 실천하는 데 필요할 때에는 그것을 드러냅니다. 애덕은 인간 세계의 덕이 아니고 천상의 덕이며, 윤리덕倫理德이 아니라 향주덕向主德입니다. 다시 말해서 애덕은 모든 덕을 비추는 태양과 같은 것입니다. 그러므로 만일 겸손이 애덕을 손상시키는 일이 있으면 그것은 분명 거짓된 겸손입니다.

나는 현명한 체하지 않으며 어리석은 척하지도 않습니다. 왜냐하면 현명한 체하는 것이 겸손을 거스르는 행위라면, 어리석은 사람처럼 행세하는 것은 순수와 진실을 거스르는 행위입니다. 위대한 삶을 살다 간 하느님의 종들 중에는 세상 사람들에게 멸시를 받으려고 일부러 어리석은 사람처럼 행세한 사람들이 있습니다. 그러나 그들을 모방해서는 안 됩니다. 그들이 그렇게 행동한 데에는 그들만의 특별한 이유가 있기 때문이며 그것이 우리에게도 적용되는 것은 아니기 때문입니다.

다윗이 임금으로서 위엄을 내세우지 않고 계약 궤 앞에서 춤을 춘 것은 어리석은 사람처럼 행동하려고 한 것이 아니라, 단순히 그의 마음속에 있는 무한하고 특별한 기쁨의 표현이었습니다. 이 광경을 본 미칼이 그의 행위를 비웃었습니다. 그러나 다윗 임금은 하느님께 축복받은 데 대한 자신의 감정을 솔직하게 밝히면서 하느님을 위해서라면 멸시받아도 좋다고 말하면서 조금도 부끄러워하지 않았습니다(2사무 6장 참조). 참된 신심 수행 때문에 사람들이 그대를 멸시한다면, 그것은 그대의 잘못이 아니라 그 사람들의 잘못이니 안심하고 다윗 임금을 본받아 그 복된 멸시를 받게 된 것을 겸손한 마음으로 기뻐하십시오.

제6장
겸손과 비천함

 필로테아 님, 한 걸음 더 나아가 그대가 언제 어디서나 비천함에 힘쓰기를 당부합니다. 그대는 비천함이 무슨 뜻이냐고 묻겠지요. 라틴어에서는 비천함이 겸손이고 겸손이 비천함을 의미합니다. 성모님께서 "내 마음이 나의 구원자 하느님 안에서 기뻐 뛰니 그분께서 당신 종의 비천함을 굽어보셨기 때문입니다. 이제부터 과연 모든 세대가 나를 행복하다 하리니 전능하신 분께서 나에게 큰일을 하셨기 때문입니다."(루카 1,47-49) 하고 노래하신 것은, 하느님께서 성모님의 겸손과 비천함을 기뻐하시어 성모님께 충만한 은총을 베푸셨다는 뜻입니다.
 그러나 겸손과 비천함 사이에는 다소 차이가 있습니다. 비천함이란 원래 우리의 평가와 관계없이, 우리 자신의 작고 보잘것없음을 나타내는 말이고, 겸손이란 자신이 비천한 존재임을 기쁜 마음으로 인식하는 것입니다. 또한 완전한 겸손은 자신의 비천함을 인식할 뿐 아니라, 한 걸음 더 나아가 이를 실천하고 사랑하는 덕입니다. 내가 그대에게 겸손을 권하는 이유는 우리가 겸손해야 무기력해지거나 나태해지지 않기 때문입니다. 또한 하느님께 영광을 돌리고 다른 사람을 존경하는 마음을 갖게 되기 때문입니다. 그대가 이를 잘 이해할 수 있도록 예를 들어 설명하겠습니다.

우리가 겪는 고통에는 비천한 것과 영광스러운 것이 있습니다. 후자는 많은 사람이 감수하지만 전자의 경우 이를 받아들이는 사람이 드뭅니다. 수도자가 다 해진 옷을 입고서 추위에 떨고 있으면 세상 사람들은 그를 존경하고 안쓰러워하지만, 이와 달리 가난한 사람이 그러고 있으면 그를 멸시합니다. 수도자가 장상으로부터 엄한 질책을 받거나, 아이가 아버지에게 꾸지람을 듣고 이를 공손히 받아들이는 경우에는 극기나 순명, 현명과 같은 좋은 말을 듣습니다. 그러나 이와 반대로 군인이나 귀부인이 다른 사람들의 비난을 감수한다면, 비록 그 행위가 하느님의 사랑을 위한 것이라 해도 사람들로부터 비겁하다는 소리를 듣습니다. 팔에 종기가 난 사람은 종기로 말미암은 아픔만 참으면 되지만, 얼굴에 종기가 난 사람은 사람들로부터 혐오와 반감을 사는 고통까지 감수해야 합니다. 내가 그대에게 가르쳐 주고 싶은 것은 우리가 단지 인내를 통해 고통을 극복해야 할 뿐 아니라 겸손을 통해 비천함을 소중히 여길 줄 알아야 한다는 것입니다.

덕 중에는 사람들이 비천하게 보는 덕과 영광스럽게 생각하는 덕이 있습니다. 세상 사람들은 인내, 순진, 순박, 겸손 같은 덕은 시시하게 여기고, 이와는 달리 신중, 용기, 관대함 등은 높이 평가합니다. 때로는 같은 덕에서 나온 행위인데도, 한편은 보잘것없는 것으로 여기고 다른 한편은 귀한 것으로 여깁니다. 이를테면, 자선을 행하는 것이나 타인으로부터 받은 모욕을 용서하는 것은 모두 애덕에서 나온 것인데도, 사람들은 전자를 높이 평가하고 후자를 경시합니다. 많은 젊은이들이 사치스러운 옷을 입고 모임에서 잡담을 주고받으며 함께 어울리지 않는 이들을 비웃고 가식적이며 고상한 척한다고 헐뜯습니다. 이러한 비난을 기꺼워하는 사람은 비천함을 사랑하는 사람입니다.

병자를 방문하는 것을 예로 들어 보겠습니다. 만일 가난한 병자를 방문하라는 명을 받으면 그 일이 세상 사람들이 기피하는 비천한 일이므로 나는 이를 기쁜 마음으로 수행합니다.

그러나 신분이 높은 병자를 방문하라고 하면 공로도 적고 은총도 적게 받으므로 그리 기쁘지만은 않습니다.

길거리에서 넘어지면 아프기도 하거니와 창피함마저 느낍니다. 이것이 우리가 받아들여야 할 비천함입니다. 우리는 신심 생활 중에 이와 비슷한 일을 겪을 때 창피함을 견디고 수용해야 합니다. 실수를 했을 때, 비록 그것이 고의가 아니었다 해도, 창피한 생각을 마음에 담아 두는 것은 겸손에 역행하는 것이 됩니다. 예를 들면, 어리석은 행동이나 실수 같은 것은 미리 정신 차리고 조심해야겠지만, 일단 실수를 한 뒤에는 타인으로부터 비난을 받아도 이를 겸손한 마음으로 받아들여야 합니다. 또한 만일 홧김에 험한 말을 하여 하느님을 거스르고 이웃에게 죄를 범했으면, 진심으로 뉘우치고 그 잘못을 고치고자 최선을 다해야 합니다. 그리고 그 결과에 따른 수모와 멸시를 감수하고, 죄와 멸시를 분리할 수 있다면 죄는 진심으로 버려 버리고, 멸시는 겸손하게 마음속에 소중히 간직해야 합니다.

이처럼 악에 따르는 멸시는 감수할지라도 그 원인이 되는 악은 정당하고 올바른 방법으로 바로잡아야 합니다. 예를 들면, 얼굴에 보기 흉한 종기가 생기면 창피함 때문이 아니라 병을 고치고자 종기를 치료하려고 애쓸 것입니다. 만일 내가 잘못을 했어도 타인에게 해를 끼치지 않은 경우에는 구태여 변명하지 않겠습니다. 실수를 했지만 내가 비천해졌을 뿐이기 때문입니다. 이와는 달리 사려 깊지 못하거나 어리석은 탓으로 남에게 손해를 끼쳤을 때에는 진심으로 용서를 청하고 잘못을 바로잡고자 노력해야 합니다. 때로는 애덕을 실천하고자 비천함을 받아들이지 말아야 할 때도 있습니다. 이런 경우에는 다른 사람이 나쁜 영향을 받지 않도록 그들 앞에서는 받아들이지 않는다 해도 마음속으로는 더욱 깊이 받아들여야 합니다.

필로테아 님, 그대가 비천함 중에서 어떤 것이 가장 훌륭한 것이냐고 묻는다면 나는 분명하게 이렇게 말하겠습니다. 우리 영혼에 가장 유익하고 하느님께서 가장 만족하시는 비천함은 우연히 또는 자연적으로 생기는 것이라고 말입니다. 왜냐하면 이것은 우리가 선택하는 것이 아니라 하느님께서 주시는 것을 받는 것이기 때문입니다. 하느님께서 선택하신 것은 언제나 우리 자신이 선택한 것보다 훨씬 더 좋습니다. 만일 하느님께서 나에게 선택하라고 하신다면, 나는 최대의 비천함을 최상의 비천함으로 택할 것입니다. 우리의 의지와 취향은 많은 덕들을 훼손시키기 때문에 최상의 비천함이란 우리의 개인적인 성향과 반대되는 종류의 것입니다. 그러나 그것은 우리의 소명과 맞아야 합니다. 시편 저자처럼 "하느님 집 문간에 서 있기가 악인의 천막 안에 살기보다 더 좋습니다."(시편 84,11) 하고 말할 수 있는 은총을 주님께서 베풀어 주신다면 얼마나 좋겠습니까!

사랑하는 필로테아 님, 우리에게 이 덕을 주실 수 있는 유일한 분은 우리를 높은 곳으로 인도하시려고 '사람들의 우셋거리, 백성의 조롱거리'(시편 22,7)로 사시다 돌아가신 우리 주님뿐이십니다.

지금까지 내가 말한 것들이 실천하기가 매우 어려운 것으로 생각되겠지만, 이를 실천하면 꿀처럼 감미로울 것입니다.

제7장

겸손 실천과 명성 보존

칭찬, 존경, 영광은 일반적인 덕을 지닌 사람이 아니라 뛰어나게 훌륭한 덕을 지닌 사람이 받는 것입니다. 대체로 우리는 훌륭한 사람을 보면 그를 칭찬하며 다른 사람들에게 알립니다. 그리고 그를 존경하는 마음을 표현합니다. 나는 영광이란 많은 사람들에게 받는 칭찬과 존경이 어우러진 것이라고 봅니다. 존경과 칭찬이 보석과 같은 것이라면, 영광은 거기서 나오는 광채입니다. 겸손은 다른 사람보다 호의적이고 높은 평가를 받으려는 마음을 갖지 않게 해 주고 칭찬과 존경과 영광을 추구하지 않게 해 줍니다.

그러나 "이름은 큰 재산보다 값지고 명성은 은보다 금보다 낫다."(잠언 22,1)라는 말씀은 겸손을 거스르는 것이 아닙니다.

왜냐하면 명성이란 자신이 다른 사람보다 우월하다는 평가가 아니라 '올바른 생애'에 따른 일반적인 평가이기 때문입니다. 그러나 명성 추구가 애덕을 실천하려는 것이 아니라면 겸손에 저촉됩니다. 명성은 사회 성립의 근본 요소 중 하나이고, 명성이 없다면 우리는 쓸모없을 뿐만 아니라 사회에 해를 끼칠 염려가 있습니다. 그러므로 애덕은 우리로 하여금 명성을 중시하고 추구하도록 요구하며 겸손은 이를 허용합니다.

나뭇잎은 단지 보기만 좋기 때문이 아니라 열매가 익을 때까지 나무를 보호해 주기 때문에 가치가 있는 것입니다. 명성도 그 자체로는 그다지 소용이 없어 보이지만 우리의 삶을 아름답게 꾸며 주고, 우리의 덕, 특히 나약한 사람의 덕을 지켜 주므로 매우 유익한 것입니다. 명성에 어긋나지 않게 행동해야 할 필요성 때문에 우리는 관대한 성향을 유지할 힘을 얻습니다.

필로테아 님, 오직 하느님을 기쁘게 해 드리고자 명성을 지키십시오. 하느님만이 우리 모든 행위의 궁극적인 목적이시기 때문입니다. 마치 과일을 오래 저장하려면 설탕에 재어 적당한 용기에 담아 두어야 하듯이, 우리의 덕을 지켜 주는 주된 재료인 하느님의 사랑에 명성을 함께 이용해야 합니다.

그러나 명성에 지나치게 집착하거나 몰두하는 것은 좋지

않습니다. 명성에 지나치게 민감한 사람은 조금만 아파도 약을 먹는 사람과 같습니다. 그들은 건강을 지키려고 하지만 사실 건강을 해치고 있는 것입니다. 이와 마찬가지로 너무 소심하게 자신의 명성을 지키려고 하는 사람은 오히려 명성을 잃기 쉽습니다. 왜냐하면 명성에 집착하는 사람은 변덕이 심하고 화를 잘 내며 성미가 까다롭게 되어 사람들로부터 비난을 받게 되기 때문입니다.

명성에 집착하지 않았는데도 다른 사람들로부터 비난이나 모함을 당할 때, 이에 대응하지 않는 것이 과민하게 반응하여 반박하거나 화를 내는 것보다 훨씬 더 효과적입니다. 비방은 무시해 버리면 점점 소멸되지만, 분노로 대응하면 비난받는 내용을 인정하는 셈이 됩니다. 악어는 자기를 무서워하는 사람들에게만 덤벼든다고 합니다. 비방도 이와 같습니다.

명성을 잃을까 지나치게 두려워하는 것은 명성의 바탕이 되는 올바른 삶에 대해 자신감이 없다는 증거입니다. 나무로 만든 다리가 있는 마을 사람들은 홍수의 조짐만 보여도 불안해하지만 돌로 만든 다리가 있는 마을 사람들은 대홍수도 걱정하지 않습니다. 이처럼 신앙심이 견고한 사람은 악평이라는 홍수를 두려워하지 않지만 신앙심이 약한 사람은 다른 사람이 자신의 명성에 흠을 낼까 봐 전전긍긍합니다.

필로테아 님, 많은 사람들로부터 명성을 얻으려고 하는 사람은 오히려 명성을 잃을 것이며, 염치없고 사악한 악인에게 자신의 명성을 자랑하려는 사람 역시 명성을 잃게 될 것입니다. 명성은 결국 덕을 지닌 사람이라는 것을 나타내는 표지에 지나지 않습니다. 그러므로 그대는 언제 어디서나 덕을 중요시해야 합니다. 예를 들면, 사람들이 그대가 신심을 수행하는 것을 보고 그대를 위선자라고 폄하하고, 그대가 원수를 용서하는 것을 보고 비겁한 사람이라고 매도할지라도 이를 무시해 버리십시오. 그것들은 어리석은 자들의 비방에 불과합니다. 그런 비방 때문에 당장 명성에 흠이 가는 일이 있더라도 옳은 일을 포기해서는 안 됩니다.

열매가 나뭇잎보다 더 귀한 것처럼 내적이고 영적인 이익은 외적인 이익보다 훨씬 귀합니다. 우리는 명성을 소중히 여겨야 하지만 우상처럼 떠받들어서는 안 됩니다. 선인에게 잘 보이려는 것은 좋지만 악인에게 잘 보이려고 해서는 안 됩니다. 머리카락을 뿌리째 뽑아 버리면 다시 나기 어렵지만, 이를 자르고 다듬어 주면 잘 자랍니다. 그러므로 시편 저자가 말한 '날카로운 칼과 같은 혀'(시편 52,4 참조)를 가진 독설가로부터 그대의 명성이 깎이는 일이 있어도 조금도 상심하지 마십시오. 그 명성은 전보다 더 아름답고 견고하게 자라날 것입니다. 반대로 악덕이나 비열과 같은 악행 때문에 명성을 잃는 다면, 그것은 명성이 뿌리째 뽑힌 것이 되므로 회복하기 어렵습니다. 그러나 명성의 뿌리인 온유와 정직이 남아 있다면 명성은 반드시 회복될 것입니다.

헛된 야망과 무익한 습관과 교제로 말미암아 명성에 흠이 간다면 그것들을 완전히 버려야 합니다. 명성은 그런 허무한 쾌락보다 훨씬 더 귀중한 것입니다. 그러나 그대가 경건한 행위와 신심 수행으로 말미암아 비난받고 모함받는다면 조금도 신경 쓰지 말고 그들이 비난하도록 그냥 두십시오. 그런 사람들은 달을 보고 짖어 대는 강아지와도 같습니다. 그들이 그대의 인품에 관해 악평을 퍼뜨림으로써 그대의 명성이 한순간 깎인다 해도, 얼마 지나지 않아 다시 회복될 것입니다. 포도나무의 곁가지를 쳐 줌으로써 열매가 한층 더 풍성하게 맺히듯이 독설의 칼날은 오히려 그대의 명성을 두텁게 할 것입니다.

언제나 순수하고 신뢰하는 마음으로 십자가 위에 계시는 예수 그리스도를 바라보십시오. 신중하고 지혜롭게 주님을 섬기십시오. 주님께서 그대의 명성을 보호해 주실 것입니다. 간혹 명성이 실추되는 일이 있다면, 이는 주님께서 우리에게 겸손을 주시려고 시련을 겪게 하시는 것입니다. 거룩한 겸손은 세상의 어떠한 명성보다 더 귀중합니다.

이유 없이 타인으로부터 비방을 받으면 먼저 그 모함에 대해 조용히 해명하십시오. 그래도 그들이 완고하게 우긴다면 끝까지 겸손하게 해명하십시오. 그러나 그대의 명성과 영혼을 지켜 줄 가장 확실한 피난처는 하느님밖에 없습니다. 우리도 "영광을 받거나 모욕을 당하거나, 중상을 받거나 칭찬을 받거나 우리는 늘 그렇게 합니다."(2코린 6,8)라고 말한 바오로 사도를 본받아 하느님을 섬기고, 시편 저자처럼 "당신 때문에 제가 모욕을 당하고 수치가 제 얼굴을 뒤덮고 있기 때문입니다."(시편 69,8)라고 말할 수 있게 되기를 바랍니다.

그러나 어떤 죄악에 관계된 모함을 받았을 경우에는 침묵을 지켜서는 안 됩니다. 이 모함에서 정당하게 벗어날 수 있다면 이를 강하게 부인해야 합니다. 그리고 사람들로부터 신뢰를 받는 어떤 사람의 명성이 크게 훼손되어 많은 이들에게 나쁜 영향을 끼치는 경우에는, 신학자들의 견해에 따르면, 명성을 회복하고자 노력해야 합니다.

제8장

온유와 분노

성교회에서 사용하는 성유는 사도 시대부터 올리브유와 발삼 향액을 섞어서 만들어 왔습니다. 성유는 여러 가지를 상징하며, 특히 주님에게서 빛을 발하고 주님께서 아끼시던 중요한 두 가지 덕을 상징합니다. 주님께서는 이 덕을 통해 우리를 당신께로 이끄시고 우리로 하여금 당신의 표양을 따르도록 하십니다.

"나는 마음이 온유하고 겸손하니 내 멍에를 메고 나에게 배워라."(마태 11,29)

겸손은 하느님께서 마음에 들어하시는 삶을 살게 하고, 온유는 이웃들의 마음에 드는 삶을 살게 합니다. 앞서 언급했듯이 올리브유와 혼합될 때 밑으로 가라앉는 향액은 겸손을 나타내고, 위에 떠 있는 올리브유는 항상 위에 떠서 모든 덕을 감싸는 온유와 친절을 상징합니다. 온유와 친절은 실로 사랑의 꽃이라고 할 수 있습니다. 그래서 베르나르도 성인은 인내뿐 아니라 온유와 친절의 덕을 갖추어야 완덕에 이를 수 있다고 말했습니다.

필로테아 님, 온유와 겸손으로 이루어진 신비로운 향유를 그대 마음 한가운데에 보존하고자 노력하십시오. 간교하게도 마귀는 사람들이 자기 양심을 살피지 못하게 하고, 사람들로 하여금 이 두 가지 덕을 지닌 사람처럼 보인다는 것만으로 만족하게 만듭니다. 이런 사람들은 스스로를 온유하고 겸손한 사람이라고 믿지만 실제로는 그렇지 않습니다. 다른 사람이 그들에게 대들거나 비판할 때 그들이 교만하게 이를 반박하고 화를 내는 것을 보면, 그들의 온유와 겸손이 과장되고 거짓된 것임을 쉽게 알 수 있습니다. '바오로 사도의 영약靈藥'이라는 약이 있는데, 이 약을 먹으면 독사에게 물려도 해를 입지 않는다는 얘기까지 있습니다. 이와 같이 참된 겸손과 온유의 덕을 지닌 사람은 다른 사람으로부터 무시를 당해도 아파하거나 괴로워하지 않습니다. 우리의 허물을 따끔하게 지적하는 사람이나 우리를 적대시하는 사람들로부터 비난을 받을 때 교만하게 반박하고 화를 낸다면, 우리의 겸손과 온유가 참된 것이 아니고 가식적인 것임을 드러내는 것입니다.

요셉 성조는 형제들을 이집트에서 아버지 집으로 돌려보낼 때 "길에서 너무 흥분하지들 마십시오."(창세 45,24) 하며 그들을 타일렀습니다.

필로테아 님, 나도 그대에게 이와 똑같은 말을 하겠습니다. 이 '눈물의 골짜기'는 영원한 행복의 집을 향해 가는 여정에 불과합니다. 길에서 서로 싸우지 말고 우리 형제이며 친구인 이웃들과 다정하고 평화롭게 걸어가야 하지 않겠습니까? 나는 그대에게, 될 수 있는 대로 어떠한 일에도 분노를 터뜨리지 말 것을 당부합니다. 그대 마음에 분노를 일게 하는 어떠한 구실도 만들지 마십시오. 야고보 사도는 예외를 두지 않고 "사람의 분노는 하느님의 의로움을 실현하지 못합니다."(야고 1,20)라고 분명히 말했습니다.

우리는 우리가 지도해야 할 사람들의 잘못을 끊임없이 그리고 단호하게 바로잡아야 합니다. 그러나 온유하고 차분하게 해야 할 것입니다. 성난 코끼리를 달래는 데는 어린양보다 더 나은 것이 없고, 탄환의 관통을 막는 데에는 방탄복보다 더 나은 것이 없습니다. 사리와 이치에 맞는 말이라도 화를 내며 질책하면 순수하게 이성적으로 타이르는 충고에 비해서 그 효과가 적습니다.

임금이 평화로이 나라를 순방하면 백성은 이를 영광으로 알고 크게 기뻐하지만, 무장한 군대를 이끌고 돌아다닐 때에는 비록 그 목적이 안녕과 질서를 위한 것이라 해도 이를 달가워하지 않음은 물론이고 군대로 말미암은 폐해까지 겪게 됩니다. 아무리 엄중한 군율로 병사들을 통제해도 백성에게 괴로움을 주는 소동이 일어나기 마련이기 때문입니다. 모든 것을 이성적으로 평화롭게 처리하면, 처벌이나 훈계가 엄격해도 백성은 이를 흔쾌히 받아들이고 준수합니다. 그러나 분노로 다스리면(아우구스티노 성인은 이것을 '이성이 인솔하는 병정'이라고 말했습니다.) 사랑보다는 공포가 만연하고 이성 자체가 경멸과 무시를 당할 것입니다. 아우구스티노 성인은 프로후투로에게 보낸 편지에서 다음과 같이 말했습니다. "정당하고 사소한 분노라 해도 우리 마음 안에 들어오게 해서는 안 된다. 일단 들어온 것을 내쫓는 일은 쉽지 않기 때문이다. 작은 씨앗 하나가 자리를 잡고 싹이 트면 자라서 큰 나무가 되는 것처럼 분노도 사람의 마음 안에 들어와 터를 잡으면 제거할 수 없게 된다." 분노는 해가 저물어 밤이 되면 미움으로 변하기 때문에 이를 쉽게 물리칠 방법을 찾기 어렵습니다. 또한 분노를 터뜨리는 사람은 자신의 분노가 잘못된 것인 줄도 모르고 끝없이 그릇된 생각을 하게 됩니다.

그러므로 자신의 분노를 정당화하지 말고 절대로 화를 내지 않는 법을 배우는 것이 좋습니다. 우리의 그릇된 성향과 나약함으로 말미암아 분노의 충동을 느끼면 주저하지 말고 신속하게 이를 몰아내십시오. 마치 뱀이 어느 틈이든 머리만 들이밀면 결국에는 온몸이 그 틈으로 들어갈 수 있듯이, 조금이라도 방심하면 분노가 마음속으로 기어들어 와 그 마음을 지배하게 됩니다.

필로테아 님, 분노를 느끼는 순간 과격하거나 거칠게 대응하지 말고, 평정을 유지하면서 신중하게 처신하십시오. 마치 회의 중에 "시끄러워요. 조용히 하세요!"라고 고함치는 사람들의 목소리가 장내를 더 소란하게 만드는 것처럼, 화를 내면 전보다 더 마음이 혼란스러워집니다. 마음이 불안한 상태에서는 결코 자신을 통제할 수 없습니다.

백발이 된 아우구스티노 성인이 청년 주교 아욱실리오에게 한 다음과 같은 조언을 따르십시오.

"그대는 다만 그대의 본분만 이행하라. 그대가 분노하여 소리치고 싶을 때에는 진노하신 주님께 '주님, 저를 불쌍히 여기소서!' 하고 기도했던 (시편 6편 참조) 시편 저자를 본받아 주님께서 오른손을 펴시어 그대의 분노를 가라앉게 해 주시기를 간구하라."

분노 때문에 그대의 마음이 흔들릴 때에는 호수 한복판에서 폭풍을 만났던 사도들처럼 주님께 도움을 청해야 합니다. 주님께서 잠잠하라고 명하시면 분노가 사라지고 마음에 평화가 찾아올 것입니다. 그러나 거듭 말하지만 분노를 극복하려고 바치는 기도는 격렬하게 하지 말고 온화하고 차분하게 하십시오. 이것이 분노에 대처하는 가장 좋은 방법입니다. 그대를 화나게 한 사람에게 즉시 온유하게 대하십시오. 거짓말을 했을 때에는 곧바로 사실을 밝히는 것이 상책인 것처럼 화를 냈을 때에는 그 즉시 분노와 반대되는 온유한 행동을 하는 것이 가장 좋은 방법입니다.

또한 그대의 마음이 분노할 일 없이 평온할 때에도 온유와 친절의 덕을 쌓고자 항상 따뜻하고 부드럽게 말하고 행동하십시오. 아가서에 나오는 여인은 입술에만 생청이 있는 것이 아니라 혀 밑, 가슴속에도 꿀과 젖을 간직하고 있었습니다(아가 4,11 참조). 이처럼 우리가 말로만 다른 사람에게 온유한 것으로는 부족하며, 온 마음과 영혼까지 모두 온유해야 합니다. 집 밖에서는 사람들에게 천사처럼 대하면서 집안 식구들에게는 모질게 대하는 사람들의 마음에는 온유함이 없습니다. 잘 알지 못하는 사람들에게뿐만 아니라 가족과 친구들에게도 항상 온유하고 친절하게 대해야 합니다.

제9장

자신에 대한 관용

온유를 기르는 방법 중 하나는 스스로를 소중히 여기고 자신과 자기 결점에 대해 너그러워지는 것입니다. 물론 잘못을 하면 불쾌하고 괴로운 것은 당연하지만, 그렇다고 지나치게 기분 나빠하거나 화를 내서는 안 됩니다. 많은 이들이 화를 낸 뒤 화를 냈다는 사실 때문에 화를 내며, 속상해한 뒤 그 때문에 또 슬퍼하고, 언짢은 말을 한 뒤에 공연히 그런 말을 했다고 자책하는데, 이는 큰 잘못입니다. 이런 식으로 하면 마음이 끊임없이 불안해지고 늘 분노에 젖어 있게 됩니다. 비록 두 번째 분노로 처음 분노가 사그라진다 해도 다음에 새로운 분노를 일으키는 구실이 됩니다. 그 외에도, 자신에 대한 분노와 짜증은 자신의 불완전함을 수치스럽게 생각하는 자존심에서 생긴 것이며, 그 자존심은 우리를 교만으로 이끕니다.

그러므로 우리는 자신의 실수를 조용하고 침착하게 그리고 확실하게 멀리해야 합니다. 법관은 감정에 이끌리지 않고 이성적으로 판단해야 죄인에게 올바른 판결을 내릴 수 있습니다. 만일 분노에 이끌려 판결하면, 그 판결은 법에 의거한 것이 아니라, 법관의 사사로운 감정에 따른 것이 되고 맙니다. 우리가 죄를 뉘우칠 때에도 조급하게 굴 것이 아니라 차분하고 확실하게 통회해야 합니다. 감정적인 통회는 우리 죄의 경중이 아니라 우리의 감정과 성향에 영향을 받습니다. 예를 들면, 정덕을 쌓는 데 힘쓰는 사람은 이것을 거스르는 사소한 잘못에도 질색하며 자책하지만, 타인을 모함한 죄나 비방한 죄는 대수롭지 않게 여기는 경향이 있습니다. 이와는 반대로 비방을 큰 죄로 여기는 사람은 남을 비난하지 않으려고 신경을 곤두세우지만, 정덕을 거스르는 잘못은 대수롭지 않게 생각합니다. 이런 현상은 자기 양심을 이성으로 판단하지 않고 감정으로 판단하고 행동하기 때문에 생기는 것입니다.

필로테아 님, 아버지가 자식을 꾸짖을 때 화를 내기보다 점잖고 사리에 맞게 훈계하는 편이 훨씬 더 효과가 있듯이, 어떤 죄를 범했을 때에도 자신을 너무 심하게 자책하거나 분노하기보다 조용히 마음을 가라앉히고 그 잘못을 보속하겠다는 결심을 세워야 합니다. 이때 생기는 통회의 심정은 과격한 후회나 자책보다 마음속에 더 깊게 스며들 것입니다.

예를 들면, 그대가 허영에 빠지지 않겠다고 굳게 결심했으면서도 허영에 빠졌을 때 '그렇게 굳게 결심하고도 또 허영에 빠지다니 내 자신이 정말 한심하고 부끄러워 죽겠다. 나는 정말 구제 불능이로구나. 하느님께 불충했으니 어떻게 하늘을 우러러본단 말인가!' 하며 그대를 들볶는 대신, 오히려 불쌍하게 여기고 '가련한 내 영혼아, 허영에 빠지지 않겠다고 결심했으면서도 빠져 버렸구나. 어서 용기를 내어 일어나 다시는 이 구렁에 빠지지 않도록 하느님께 자비를 청하자! 하느님께서 나를 보호해 주시니 이제부터는 정신을 똑바로 차리자.' 하며 부드럽게 그대 자신을 타이르십시오. 또한 다시 죄를 범하지 않겠다고 굳게 결심하고, 고해 사제의 지도에 따라 이를 실천에 옮길 방법을 모색하십시오.

이처럼 부드럽게 타이르는 방법만으로는 부족하다는 생각이 들 때에는 자신을 엄하게 질책하고 훈계하는 방법을 쓰십시오. 그러나 엄한 질책 뒤에는 자비롭고 거룩하신 하느님을 신뢰함으로써 그대 마음을 달래십시오. 자기 영혼이 시들고 타락해 가는 것을 깨달은 시편 저자가 "내 영혼아, 어찌하여 녹아내리며 어찌하여 내 안에서 신음하느냐? 하느님께 바라

라. 나 그분을 다시 찬송하게 되리라, 나의 구원, 나의 하느님을."(시편 43,5) 하고 노래하며 자신을 달랬던 것처럼 하십시오.

만일 불행하게도 죄를 범해 넘어진다면 고요히 그대 마음을 달래어 다시 일으키십시오. 그리고 그대의 무력함을 깊이 깨닫고 하느님 앞에 겸손되이 자신을 낮추십시오. 그러나 좌절한 일에 대해 당황하지 마십시오. 병이 들면 몸이 쇠약해지는 것은 자연스러운 일입니다. 그저 다시 용기를 내어 하느님의 말씀을 저버린 죄를 깊이 뉘우치십시오. 그리고 하느님의 자비하심을 믿으며 부족한 덕을 기르고자 다시금 노력하십시오.

제10장

열성과 노심초사

일상생활에서의 조심성과 열성은 걱정이나 노심초사와는 완전히 다른 것입니다. 천사들은 우리를 구원의 길로 인도하고자 애쓰지만 마음을 졸이거나 초조해하지 않습니다. 조심성과 열성은 하늘에서 내려 주신 애덕의 결과이지만, 걱정과 초조함은 하늘나라의 행복과 상반되는 것입니다. 대체로 조심성과 열성은 마음의 평화와 고요함과 공존할 수 있으나 걱정과 초조함은 그럴 수 없습니다.

필로테아 님, 매사에 신중하고 성실해야 합니다. 하느님께서는 그대가 맡은 일에 최선을 다하기를 바라십니다. 그러나 걱정하고 애태우지 않도록 노력하십시오. 불안해하거나 초조해하면 이성의 판단력이 흐려지고 올바르게 일을 수행하는 데 방해가 됩니다.

  주님께서는 마르타를 타이르실 때 "마르타야, 마르타야! 너는 많은 일을 염려하고 걱정하는구나."(루카 10,41) 하고 말씀하셨습니다. 만일 마르타가 그저 열심히 일만 했다면 마음이 산란해지지 않았겠지만, 불안한 나머지 걱정하고 너무 조바심을 내다가 주님께 이런 책망을 들은 것입니다.

  넓은 평야를 거쳐 유유히 바다로 흘러가는 강물은 큰 배가 화물을 싣고 왕래하게 하며, 소리 없이 땅 위에 내리는 비는 밭의 농작물과 목장의 풀을 자라게 해 줍니다. 그러나 해안가로 갑자기 밀어닥치는 해일이나 성난 파도는 교통을 마비시키고 논밭을 황폐화시킵니다. 서둘러 급하게 하는 일은 절대로 제대로 되는 법이 없습니다. 솔로몬 임금도 "발걸음을 서두르는 자는 길을 그르친다."(잠언 19,2)라고 말했습니다. 잘되는 일은 늦게 시작해도 뒤처지지 않습니다. 벌들 중에는 부산하게 날아다니지만 밀랍을 만들 뿐 꿀은 만들지 못하는 것들이 있습니다. 마음을 졸이며 초조하고 분주하게 날뛰는 사람은 일을 많이 하지도 못하고 잘하지도 못합니다.

  파리가 골치 아픈 이유는 실질적인 해를 입히기 때문이 아니라 그 수가 많아 성가시기 때문일 것입니다. 큰 일거리보다 작은 일거리가 많으면 번거롭기만 합니다. 그러므로 맡겨진 일들은 차분하게 한 가지씩 해 나가도록 해야 합니다. 한꺼번에 순서 없이 마구잡이로 하려 하면 일에 치이고 심신만 피로해질 뿐 아무것도 이룰 수가 없습니다.

일을 할 때에는 모든 것을 하느님의 섭리에 맡기십시오. 그대가 계획한 일의 성취 여부는 하느님의 섭리에 달려 있습니다. 그러므로 그대는 하느님을 신뢰하고 하느님의 섭리에 따르려고 노력해야 합니다. 또한 그 결과가 어떻든 그대 자신을 위해 가장 유익한 것이라고 굳게 믿어야 합니다.

그대는 한 손으로는 아버지 손을 잡고 다른 한 손으로는 울타리에 달린 딸기나 오디를 따는 어린아이처럼 행동하십시오. 한 손으로 세상의 재화를 벌어들이는 일을 하면서도 다른 한 손은 하늘의 아버지의 손을 꼭 잡아야 합니다. 그러면서 그대가 하는 일이 과연 하느님 아버지께서 기뻐하실 일인지 아닌지를 알고자 자주 하느님을 우러러보아야 합니다. 세상의 재화를 많이 얻으려고 그대를 지키고 보호하시는 하느님의 손을 놓아 버려서는 안 됩니다. 만일 하느님 아버지께서 그대의 손을 놓으시면, 그대는 끝없는 나락으로 떨어지고 말 것입니다.

필로테아 님, 세상일을 하는 중에도 언제나 정신적인 여유를 가지고 하느님의 일을 생각하십시오. 넓은 바다를 항해하는 사람들이 희망의 항구를 향해 노를 저어 갈 때 높은 하늘을 쳐다보듯이, 아주 중요한 일을 맡아 온 정신을 집중해야 할 때에 자주 하느님을 우러러보십시오. 그러면 하느님께서는 그대와 더불어, 그대 안에서, 그대를 위해 섭리하시어, 그대의 노력이 알찬 결실을 맺게 해 주실 것입니다.

제11장

순명

 우리를 완덕에 이르게 하는 것은 오직 애덕의 힘이지만, 이 애덕을 얻으려면 순명, 정결, 청빈이라는 세 가지가 필요합니다. 순명은 우리 마음을, 정결은 우리 몸을, 청빈은 우리 소유물을 하느님에 대한 사랑과 봉사를 위해 봉헌하는 것입니다. 이 세 가지 덕은 십자가 영성의 가지들로서, 네 번째 가지인 겸손보다 앞서는 것입니다. 나는 수도자들의 공식 서원 덕목으로서 세 가지 덕에 대해 설명할 생각은 없습니다. 그것은 수도자들에게 국한된 것이기 때문입니다. 또 개인적인 서원의 입장에서 이 세 가지 덕을 언급할 생각도 없습니다. 많은 공로와 은총을 받고자 덕을 쌓으려고 서원하지만, 서원을 한다고 우리가 완덕에 이르는 것은 아닙니다. 덕을 실천해야 완덕에 이르는 것입니다. 특히 공식 서원은 완덕의 길에 이르고자 하는 것이지만, 완덕을 얻으려면 이 덕들을 실천해야 합니다. 따라서 '완덕의 길'과 '완덕'은 구별해야 합니다. 모든 성직자와 수도자는 '완덕의 길'을 가고 있지만 안타깝게도 모두가 완덕에 도달한 것은 아니라는 사실은 분명합니다.

필로테아 님, 우리는 각자의 처지에 따라 이 세 가지 덕을 실천하도록 노력합시다. 비록 완덕에 이르지는 못할지라도, 이 덕을 실천하면 주님께서는 우리가 완덕의 길을 갈 수 있게 해 주실 것입니다. 물론 모두 다 같은 모양으로 이 세 가지 덕을 실천해야 하는 것은 아니지만, 각자 다른 방법으로 이 덕을 실천할 의무는 있는 것입니다.

순명에는 두 종류가 있습니다. 하나는 필수적인 것이고, 또 다른 하나는 자발적인 것입니다. 필수적인 순명은 교회의 장상(교황, 주교, 주임 신부와 그의 대리자)이나 국가의 장상(통치권자) 또는 부모에게 순명하는 것을 말합니다. 이것을 필수적이라고 하는 이유는 우리에게는 하느님께서 정해 주신 장상에게 복종할 의무가 있기 때문입니다. 따라서 우리는 그들의 지시와 지도에 따르고 그들에게 순명해야 합니다. 특히 수도 생활에서는 개인적인 일, 예를 들면, 식사나 휴식 같은 것까지도 장상의 지시에 따라야 합니다. 이런 경우의 순명은 훌륭한 덕행은 아니지만 순명하지 않으면 해롭습니다. 수도 생활에서는 심지어 자신이 자유롭게 행할 수 있는 사소한 일까지도 장상의 지시에 따라야 합니다. 순명은 아름다운 덕이므로 원하지 않는 어렵고 괴로운 일까지도 순명해야 합니다. 마음에 내키지 않는다고 불평하지 말고 즐거운 마음으로 순명하십시오. 특히 주님을 사랑하는 마음으로 순명해야 합니다. 주님께서는 우리를 사랑하시어 십자가 죽음에 이르기까지 성부께 순명하셨습니다(필리 2,8 참조). 베르나르도 성인의 말대로 주님께서는 순명을 위해 당신의 생명까지 버리셨습니다.

장상에게 쉽게 순명하는 법을 배우려면, 동료들의 뜻을 존중하고, 악한 일이 아닌 한 투정을 부리거나 이의를 제기하지 말고 자기 의견을 양보하는 법을 배우십시오. 또한 아랫사람이 바라는 것이 도리에 어긋나지 않는다면 권위를 내세워 강제로 명령하지 말고 그가 바라는 것을 들어주어야 합니다. 주님께서 세우신 윗사람에게 순명하는 것을 어려워하고 괴로워하는 사람이 수도 생활을 시작했다고 해서 순명의 덕을 쉽게 닦을 수 있으리라는 생각은 잘못된 것입니다.

자발적 순명이란 다른 사람의 지시가 아닌 자신의 자유 의지로 순명하는 것을 말합니다. 주교나 부모는 자신이 택한 사람이 아니지만 고해 사제나 영적 지도 신부는 자신이 선택한 사람입니다. 예수의 데레사 성녀는 공식적으로 자신의 수도회 장상에게 순명 서원을 했고, 사적으로는 고해 사제인 그라시안 신부에게 순명하겠다고 서원했습니다. 이러한 순명은 개인의 자유로운 선택이므로, 이를 자발적 순명이라고 합니다.

우리는 각자 자신이 속해 있는 사회와 교회의 권위자의 지시에 따라야 합니다. 예를 들면, 국가와 사회 질서를 위해 임금에게, 교회에서는 주교와 사제에게, 가정에서는 부모에게 순종해야 하며, 자기 영혼에 관한 것은 영적 지도 신부와 고해 사제의 지도에 따라야 합니다.

그대의 영적 지도 신부의 지도에 따라 신심 수행을 하십시오. 그 지도를 통해 수행의 효과를 높이고 동시에 순명의 덕을 쌓을 수 있기 때문입니다. 순명하는 사람은 참으로 축복받은 사람입니다. 하느님께서는 그들을 결코 잘못된 길로 이끄시지 않으실 것입니다.

제12장

정결

정결은 모든 덕 중에서 백합꽃과 같은 것이며 인간을 천사와 비슷하게 만드는 덕입니다. 모든 사물의 아름다움은 깨끗함에서 비롯됩니다. 사람이 깨끗하다는 것은 곧 정결하다는 의미입니다. 정결이란 품행이 단정하여 명예에도 흠이 없음을 말합니다. 간단히 말해서 정결은 몸과 마음이 결백한 덕으로서 다른 덕과 구별되는 독특한 빛을 지니고 있습니다.

정결은 정당한 결혼 이외에 육체적 쾌락을 누리는 것을 절대로 용납하지 않습니다. 결혼은 육체의 감각적인 욕정을 보상하는 신성한 제도입니다. 그러므로 인간은 결혼 생활에서도 바르고 아름다운 의지를 지녀야 합니다. 다시 말해서 육체적인 향락에 다소 그늘은 있을지라도 이것을 지배하는 의지에는 하나의 오점이 있어서도 안 됩니다.

순결한 마음은 더러운 물은 한 모금도 삼키지 않는 진주조개와 같아서 하느님께서 규정하신 결혼 생활에 따른 결합 외에는 어떤 유혹에도 눈길조차 주지 않습니다. 모든 무익하고 의심스러운 온정과 쾌락에 마음을 써서는 안 됩니다.

필로테아 님, 정결 덕의 제1단계는 금지되어 있는 쾌락, 즉 혼외의 쾌락이나 결혼 생활 내에서도 자연의 법칙을 거스르는 쾌락은 결코 받아들이지 않는 것입니다. 정결 덕의 제2단계는 허락된 쾌락일지라도 과도하게 누리지 않는 것입니다. 정결 덕의 제3단계는 정당한 쾌락일지라도 그것에 애착하지 않는 것입니다. 결혼의 신성한 제도의 목적을 이루기 위해서는 필요한 쾌락을 누려야 하지만, 이것에 집착해서는 안 됩니다.

정결은 모든 사람에게 매우 필수적인 덕입니다. 남편이나 아내를 잃고 홀로된 사람에게는 현실과 미래의 유혹을 뿌리칠 뿐만 아니라, 지난날의 결혼 생활에서 정당하게 누리던 쾌락과 연관되어 뇌리에 떠오르는 공상까지도 물리칠 수 있는 강한 정덕이 필요합니다. 아우구스티노 성인은 젊었을 때 경험한 육체적 쾌락을 완전히 끊어 버린 아리피오라는 사람의 정덕을 극찬했습니다. 흠이 없는 과일은 짚이나 모래 또는 나뭇잎 속에 묻어 저장할 수 있지만, 부실한 것은 꿀이나 설탕에 담가 잼을 만드는 것 외에 달리 보존할 방법이 없습니다. 이와 같이 흠이 전혀 없는 정결을 지켜 나갈 방법은 여러 가지가 있지만, 일단 쾌락을 경험한 사람들은 꿀과 설탕 역할을 하는 참되고 올바른 신심을 지녀야만 정결을 지킬 수 있습니다.

결혼하지 않은 사람들은 쾌락에 대한 상상을 피하고 순결한 마음을 보존할 수 있도록 정덕을 닦고 온갖 호기심을 물리쳐야 합니다. 이런 것은 동물적 쾌락에 불과하기 때문입니다. 젊은이들은 정결이 무엇과도 비교할 수 없을 정도로 귀하고 소중한 것임을 명심해야 합니다. 부나비가 불을 보고, 그 빛에 홀려 주위를 맴돌다가 불 속으로 뛰어들 듯이, 연애의 불꽃에 휩쓸린 젊은이들은 그릇된 판단과 여러 가지 망상에 빠져 결국에는 쾌락 속에 몸을 던져 자신을 망치고 맙니다. 그들은 불꽃의 아름다움에 끌려 불 속으로 날아든 부나비보다 더 어리석습니다. 부끄러운 짓인 줄 알면서도 어리석게 동물적 향락의 유혹을 극복하지 못했기 때문입니다.

결혼한 사람들도 언제나 하느님을 생각하며 정결을 지켜야 합니다. 그리고 오직 하느님을 통해서만 자신의 행복과 기쁨을 추구해야 합니다. 또한 하느님의 뜻에 따라 교회에서 규정한 거룩한 혼인의 상태를 유지해야 함을 기억하십시오.

결혼 생활에서도 정결을 대단히 중시해야 한다는 진리를

제대로 인식하지 못하는 사람들이 많습니다. 결혼 생활에서의 정결은 성욕을 완전히 끊는 것이 아니라 그 정도正道를 지키는 것입니다. 그러나 '화를 내도 그것 때문에 죄를 범하지 마라.'는 훈계가, 단지 '화를 내지 마라.'는 훈계보다 더 지키기 어렵듯이, 어느 정도 욕망을 허용하면서 절제하기란 처음부터 단절하는 것보다 훨씬 더 어렵습니다. 물론 혼인성사는 성욕의 불꽃을 다스리는 특이한 힘이 있습니다. 그러나 우리에게 허용된 성욕을 나약한 인간성 때문에 정도를 벗어난 쾌락의 도구로 남용하면 방탕에 빠지기 쉽다는 것을 유념해야 합니다.

부자가 가난해서가 아니라 탐욕 때문에 다른 사람의 재물을 갈취하듯이, 결혼한 사람이 들불 번지듯 타오르는 비루한 욕정에 끌려다니다 보면, 혼인의 정당한 목적과 울타리를 벗어나 육욕에서 육욕으로 전전하게 됩니다. 극약을 사용하는 것은 언제나 위험합니다. 극약이 일정한 분량을 넘거나 그 밖의 주의 사항을 등한시하면, 무서운 독성이 몸속에 퍼져 목숨이 위태로워집니다. 이와 마찬가지로 욕정을 다스릴 수 있도록 하느님께서 혼인성사를 통해 지정하신 성욕은 축복의 양약이지만, 이를 주의하지 않고 과용할 때에는 큰 위험을 초래하는 독약이 됩니다.

장기간의 치료가 필요한 고질병을 비롯하여 여러 가지 사정 때문에 부부가 오랫동안 별거해야 할 경우가 적지 않습니다. 그러므로 결혼 생활에는 두 가지 정덕이 필요합니다. 첫째는 앞에서 설명한 대로 별거 기간 동안 정결을 철저하게 지키고, 둘째는 평소 동거 중에도 절제하는 일입니다. 시에나의 가타리나 성녀는 환시 중에 신성한 결혼을 더럽힌 죄로 지옥에서 몹시 벌을 받고 있는 많은 영혼을 보았다고 합니다. 성녀는 그들이 지옥에서 벌을 받는 이유는 지상에서 정결을 어겨 혼인의 숭고한 목적을 더럽힘으로써 양심이 마비되어 죄의 상태에 머물러 있었기 때문이라고 말했습니다. 이와 같이 정결은 모든 사람에게 필수적인 것입니다.

성경에서는 "모든 사람과 평화롭게 지내고 거룩하게 살도록 힘쓰십시오. 거룩해지지 않고는 아무도 주님을 뵙지 못할 것입니다."(히브 12,14)라고 강조했습니다. 그는 성덕이 곧 정결을 의미한다고 했습니다.

필로테아 님, 우리는 정결하지 않으면 하느님을 볼 수 없고, 마음이 순결하지 않으면 하느님의 거룩한 장막 안에 살 수 없습니다. 주님께서는 "행복하여라, 마음이 깨끗한 사람들! 그들은 하느님을 볼 것이다."(마태 5,8)라고 말씀하셨습니다.

제13장
정결 보존

　순결을 잃을 위험이 있는 곳에는 한순간도 머물지 말고 빨리 그 자리를 떠나야 합니다. 매우 작은 잘못이라도 방치해 두면 자신이 미처 깨닫지 못하는 사이에 점점 커지므로, 위험이 있는 것은 처음부터 피하는 것이 상책입니다.

　인간의 육체는 유리그릇처럼 서로 부딪치면 깨질 위험이 있습니다. 아무리 신선하고 잘 익은 과일도 힘을 주어 누르면 곧 상해 버리는 것과 같습니다. 필로테아 님, 장난이든 애정 표현을 위해서든 이성끼리는 신체적인 접촉을 절대로 하지 마십시오. 그 접촉이 악의가 없는 가벼운 것이라 해도 그것을 계기로 정덕이 훼손될 수 있습니다.

　정결의 근원은 마음에 있지만 그 대상은 육체입니다. 그러므로 육체의 모든 관능과 이에 대한 생각으로 말미암아 정결을 잃게 됩니다. 부정한 것을 보고, 듣고, 말하고, 냄새 맡고, 만지면서 즐기는 관능 행위는 정결을 거스르는 행위입니다. 바오로 사도는 "여러분 사이에서는 불륜이나 온갖 더러움이나 탐욕은 입에 올리는 일조차 없어야 합니다."(에페 5,3) 하고 말했습니다. 꿀벌은 썩은 고기 근처에는 결코 가지 않을 뿐만 아니라 그 악취까지도 몹시 싫어하여 멀리 날아가 버립니다. 아가서에 나오는 여자는 자신의 연인이 눈부시게 희고 붉으며 만인 중에 뛰어난 사람이고, 그의 머리는 금 중에서도 순금, 머리채는 종려나무 가지와 같고 검기가 까마귀와 같다고 찬양합니다. 또한 그의 눈은 시냇가의 비둘기, 뺨은 발삼 꽃밭, 입술은 몰약이 떨어지는 백합꽃, 팔은 보석 박힌 금방망이, 몸통은 청옥으로 덮인 상아 예술품, 모습은 레바논의 향백나무처럼 빼어나다고 노래합니다(아가 5,10-16 참조). 경건한 사람은 그녀의 연인처럼 손이나 입술, 귀, 눈은 물론 그 정신까지도 정결해야 합니다.

부도덕한 행위를 하지 않고도 정결을 잃는 경우도 있다는 것을 기억해야 합니다. 모든 악한 생각과 경솔하고 어리석은 행동은 정결을 지키려는 마음을 약하게 하거나 정결을 더럽힙니다.

이유 여하를 막론하고 그대는 품행이 단정하지 않은 사람과 절대로 교제하지 마십시오. 행동이 신중하지 않은 사람 중에는 추잡한 짓을 일삼는 사람들이 많습니다. 어떤 짐승이 아몬드를 핥으면 아몬드에서 쓴맛이 나는 경우도 있다고 합니다. 이와 마찬가지로 남녀를 불문하고 부정한 사람들의 말을 들으면 듣는 사람의 정덕은 손상됩니다. 그들은 눈과 입김에 독사처럼 독을 품고 있습니다. 그러므로 그대는 덕이 높고 순결한 사람과 교제하며, 자주 하느님의 뜻을 생각하고 읽어야 합니다. 하느님의 순결한 말씀을 기쁜 마음으로 받아들이면 순결한 사람이 됩니다. 그래서 다윗은 하느님의 말씀을 정욕의 격정을 풀어 주는 황옥에 비유했습니다.

그대는 영적인 묵상과 영성체를 함으로써 언제나 예수 그리스도를 그대 곁에 가까이 모셔야 합니다. 왜냐하면 아뉴스 카스투스(agnus castus, 정결한 어린양)라는 풀 위에 누운 사람은 누구든지 정결해지기 때문인데, 그래서 만일 참으로 천진무구한 바로 그 어린양이신 주님 위에서 그대가 쉰다면 머지않아 그대 영혼은 온갖 부정을 씻고 깨끗해질 것입니다.

제14장

풍요와 가난한 마음

"행복하여라, 마음이 가난한 사람들! 하늘나라가 그들의 것이다."(마태 5,3)

"그러나 불행하여라, 너희 부유한 사람들! 너희들은 이미 위로를 받았다."(루카 6,24)

예수님께서 말씀하신 부유한 사람들이란 재물을 모으는 데 혈안이 되어 있거나 재물에 집착하는 사람을 가리킵니다. 반면에 마음이 가난한 사람들은 굳이 재물을 모으려 하지 않고 재물에 집착하지 않는 사람을 말합니다. 바다제비는 물결치는 바다 위에 둥근 보금자리를 짓고 둥지 꼭대기에 작은 출

입구 하나만 내는데, 이 둥지는 매우 견고하여 거센 파도가 밀어닥쳐도 둥지 안으로 물이 들어오는 일 없이 바다 위를 떠다닌다고 합니다.

필로테아 님, 그대도 이처럼 마음을 하늘로 향하게 하고, 재물이나 세속의 허무한 일들이 그대 마음에 들어오지 못하게 하십시오. 재산이 많다 해도 그것에 집착하지 말고 언제나 이를 초월해야 하며, 재물의 노예가 되지 말고 오히려 재물을 다스리는 사람이 되어야 합니다. 하찮은 세상의 재물에 얽매여서는 안 됩니다.

독약을 갖는 것과 독약에 중독되는 것은 전혀 다릅니다. 약사는 필요에 따라 처방할 극약을 갖고 있지만 그 약에 중독되지는 않습니다. 그 이유는 그 약이 약국에는 있지만 약사의 몸속에는 없기 때문입니다. 이처럼 그대도 재물에 중독되지 않고도 그 재물을 소유할 수 있습니다. 재물은 집 안과 지갑에 넣어 두되 그대 마음속에는 절대로 쌓아 두지 마십시오. 재물이 있지만 그것에 집착하지 않는 그리스도인은 참으로 행복한 사람입니다. 이 세상에서 재물을 유익하고 바르게 써서 후세를 위한 청빈의 공로를 쌓을 수 있기 때문입니다.

필로테아 님, 유감스럽게도 대다수 사람들은 자신이 인색하다고 생각하지 않고, 자신이 재물을 모으는 데 마음을 쓰고 있다는 사실을 인정하려 들지 않습니다. 그들은 자신에게는 부양해야 할 자녀가 많다거나 일정한 재산을 유지하는 것이 현명한 일이라는 것을 구실로 삼아서 재물을 아무리 많이 소유하고 있어도 만족을 느끼지 못하며 더 많은 재물을 모아야 한다고 끊임없이 주장합니다.

지독한 구두쇠는 자신의 인색함을 인정하지 않을 뿐 아니라 자신의 인색함을 합리화하려고 양심마저 속이기도 합니다. 인색은 일종의 유별난 열병과 같아 심하면 심할수록 사람을 무감각하게 만들기 때문입니다. 모세는 떨기나무 한가운데서 솟아오르는 불꽃을 보았습니다. 그가 보니 떨기가 불에 타는데도 그 떨기는 타서 없어지지 않았습니다. 이와 마찬가지로 탐욕의 불길이 구두쇠 주위에서 활활 타올라도 그는 조금도 뜨거움을 느끼지 못합니다. 그는 이 세상 재물을 시원한 청량음료처럼 생각하고, 재물에 대한 끝없는 갈증을 당연하고도 온당한 것이라고 느낍니다.

그대가 재물을 모으는 데 부정한 수단을 쓰지 않는다 해도, 재물을 모으는 데 오랫동안 노심초사하면 탐욕의 죄를 짓고 있는 것입니다. 단지 물만을 원하는 것이라 해도 계속해서 마실 것을 찾는 사람은 열병이 있기 때문입니다.

필로테아 님, 다른 사람이 소유하고 있는 것을 자기 것으로 만들고 싶어 하는 욕심은 온당한 행위가 아닙니다. 이러한 욕심은 결국 이웃의 이익을 빼앗아 자기 것으로 만들려고 안달하게 합니다. 올바른 방법으로 자기 재산을 지키려는 사람이 온갖 수단과 방법을 동원하여 자기 소유로 만들려는 사람보다 더 정의로운 사람입니다. 우리가 소유하고 있는 것을 타인이 욕심내는 것을 싫어하듯이 우리도 다른 사람의 소유물을 욕심내어 가로채려 해서는 안 됩니다. 그러한 욕구 자체가 불의한 것은 아니지만 애덕을 거스르는 행위임에는 틀림없습니다. 이스라엘 임금인 아합이 나봇의 포도밭을 탐내자, 그의 아내 이제벨은 나봇을 모함하여 죽임으로써 남편 아합이 그 포도밭을 차지하게 했습니다. 이것은 아합의 탐욕에서 비롯된 죄였습니다(1열왕 21장 참조). 정당하게 포도밭을 소유하고 있던 나봇을 죽게 한 아합은 탐욕 때문에 하느님께 죄를 범한 것입니다.

친애하는 필로테아 님, 물건의 주인이 처분하기로 결정할 때까지 결코 그 물건을 탐내지 마십시오. 그래야만 정의에 어긋나지 않을 뿐 아니라 애덕을 행할 수 있습니다. 소유하고 있는 재물에 집착하여 자나 깨나 신경을 쓰고, 혹시 이것을 잃게 되지나 않을까 근심한다면, 그대에게 다소간의 탐욕의 열병이 있다는 증거입니다. 건강한 사람이라 해도 이 열병에 걸리면 일종의 쾌감을 주는 물을 마시려 듭니다. 어떤 물건을 귀중히 여기면 그것을 소유하고 싶어지기 마련입니다.

필로테아 님, 그대가 재산을 잃고 몹시 애통해하며 슬퍼한다면, 그것은 재산에 대한 미련이 있기 때문입니다. 슬퍼하고 한탄하는 것은 잃어버린 물건에 대한 집착 때문일 것입니다.

욕심을 부려 그대 것이 아닌 것을 차지하려고 하지 마십시오. 또한 자기 소유물에 너무 집착하지 말고, 손해를 입어도 크게 한탄하지 마십시오. 그러면 그대는 부유하면서도 재산에 마음을 쓰지 않고, 마음이 가난한, 축복을 받은 사람이 되어 천국이 당신 것이 될 것입니다.

제15장
부유한 환경 속에서 가난한 마음을 지니는 방법

화가 파라지우스는 아테네 사람들의 여러 가지 자세와 표정을 기묘하게 그렸습니다. 화를 내는 사람과 심술을 부리고 변덕스러운 사람, 이와는 대조적으로 경건하고 어진 사람과 자비로운 사람, 겸손한 사람과 교만한 사람, 소심한 사람들을 한 폭의 그림에 모두 담았다고 합니다.

필로테아 님, 나는 그대의 마음 안에 부귀와 청빈, 세상 재물에 대한 깊은 배려와 그것을 초월하고 버릴 줄 아는 마음을 동시에 그려 넣고 싶습니다. 그대의 재산을 유익하게 사용하고자 노력하십시오. 임금의 정원사는 자기 집 정원보다 왕궁의 정원을 더 정성 들여 손질하고 꾸밉니다. 그 이유는 임금의 정원을 훌륭하게 꾸며 임금에게 칭찬을 받으려는 것입니다.

필로테아 님, 우리가 소유하고 있는 재산은 우리의 것이 아닙니다. 우리의 유익을 위해 하느님께서 주신 것입니다. 그러므로 세상사에 성실하게 매진하는 것은 하느님의 거룩한 뜻에 맞는 일입니다. 이기심 때문에 재산을 모으려고 일하는 세상 사람들과 달리 우리는 하느님의 사랑을 위해 일해야 합니다. 이기심 때문에 일하면 초조와 불안, 근심으로 가득 차서 일하게 됩니다. 이와 반대로 하느님의 사랑을 위해 일하면 세속적인 일도 고요하고 평화로운 마음으로 하게 됩니다. 그러므로 우리는 차분한 마음으로 재물을 관리하고 늘리는 데 힘써야 합니다. 하느님의 사랑을 위해 재산을 늘리는 행위는 주님의 거룩한 뜻에 어긋나지 않습니다.

그러나 이기심에 속아서는 안 됩니다. 때때로 이기심은 하느님의 사랑이라는 가면을 쓰고 우리를 잘못된 길에 들게 합니다. 이런 잘못된 길로 들어서지 않으려면, 그리고 현세의 재물에 대한 염려가 탐욕으로 변하는 것을 방지하려면 하느님께서 우리에게 주신 부를 누리며 살면서도 진정으로 청빈하게 살아야 합니다.

그대는 재산 중 일부를 언제든지 기꺼이 포기하고 가난한 이들에게 나누어 줄 줄 알아야 합니다. 가진 것을 가난한 이들에게 많이 나누어 줄수록 그대는 청빈하게 사는 것입니다.

하느님께서는 후세에서뿐만 아니라 현세에서도 그대의 자선 행위를 보상해 주십니다. 현세에서 자선만큼 그대를 부유하게 만드는 것은 없습니다. 하느님께서 보상해 주시어 부유하게 될 때까지 그대는 잠시 가난한 사람이 되는 것입니다. 오, 자선 행위로 이루어지는 거룩한 가난이여!

가난을 사랑하고 가난한 사람들을 사랑하십시오. 그대는 가난한 이들을 사랑함으로써 진정으로 가난한 사람이 됩니다. 성경 말씀대로 우리는 사랑하는 사람들과 같아지기 때문입니다. 사랑은 사랑하는 이를 동화시킵니다. "누가 약해지면 나도 약해지지 않겠습니까?"(2코린 11,29)라는 바오로 사도의 말씀처럼 "우리 중 누군가 가난해지면 나 역시 가난하게 되지 않겠습니까?" 하고 말할 수 있을 것입니다. 바오로 사도의 참된 사랑은 그를 사랑하는 사람까지 바오로 사도와 똑같은 사람으로 변화시켰습니다. 그대가 진정으로 가난한 이들을 사랑한다면, 그대는 가난한 그들과 함께함으로써 그들처럼 가난해져야 합니다. 또한 그들을 자주 찾아 나서야 합니다. 그들을 그대의 집에 초대하고, 방문하는 일을 낙으로 삼아야 합니다. 기쁜 마음으로 그들과 대화하며, 어디에서 그들을 만나든지 언제나 밝은 마음으로 맞이해야 합니다. 함께 있을 때에는 그들을 친한 친구처럼 대하고 스스럼없이 말을 주고받으며, 부족함이 없을 정도로 그대 재산을 나누어 주십시오.

필로테아 님, 한 걸음 더 나아가 그대가 청빈의 길을 걷고 싶으면 가난한 이들만큼 가난해지는 것에 만족하지 말고 그들보다 더 가난해져야 합니다. 이와 같이 되려는 데 최상의 방법은 무엇일까요? '하인은 상전보다 뛰어나지 못한 법'이라는 말대로 그대 스스로 가난한 이의 하인이 되어 그들을 그대의 상전처럼 모시는 것입니다. 그들이 병들어 누워 있을 때 그들의 하인이 되어 음식을 만들고 세탁을 해 주며 병상에서 시중을 드십시오. 이러한 봉사는 한 나라의 통치권자가 되는 것보다 더 영광스러운 일입니다.

루도비코 성인 임금은 내가 지금까지 말한 것을 열과 성을 다해 실천한 분입니다. 그는 모든 면에서 매우 훌륭하고 위대한 임금이었습니다. 그는 빈민들을 보살폈으며, 그들의 식탁에서 직접 시중을 들었습니다. 또한 거의 매일 빈민 세 사람을 자기 식탁에 초대하여 함께 식사했으며, 그들이 남긴 음식을 겸손한 마음으로 먹을 때가 한두 번이 아니었다고 합니다. 그리고 병원에 입원한 환자들을 방문할 때에는 문둥병, 매독과 같은 가장 혐오스러운 병에 걸린 병자를 먼저 보살폈습니다. 그러면서 그들 앞에서 모자를 벗고 무릎을 꿇어 그들 안에 계시는 구세주를 흠숭했습니다. 또한 부모가 자식을 돌보듯 그들을 보살폈습니다. 헝가리의 공주인 엘리사벳 성녀도 평소에 빈민들과 어울렸고, 시녀들과 함께 있을 때에는 가난한 처녀들의 옷을 입기를 좋아했습니다. 그녀는 진실로 부유한 가운데 가난했으며, 가난 속에서 부유했던 것입니다.

필로테아 님, 이분들은 고귀한 신분임에도 가난과 청빈의 부를 쌓은 분들입니다. 주님께서는 세상 심판 때 가난한 이들과 이분들에게 다음과 같이 선언하실 것입니다.

"행복하여라, 가난한 사람들! 하느님의 나라가 너희 것이다."
(루카 6,20)

"너희는 내가 굶주렸을 때에 먹을 것을 주었고, 내가 목말랐을 때에 마실 것을 주었으며, 내가 나그네였을 때에 따뜻이 맞아들였다. 또 내가 헐벗었을 때에 입을 것을 주었고, 내가 병들었을 때에 돌보아 주었으며, 내가 감옥에 있을 때에 찾아주었다."(마태 25,35-36)

살아가면서 부족함을 느끼지 않는 사람은 거의 없습니다. 가령 귀한 손님이 왔는데 대접할 준비가 되어 있지 않을 때가 있습니다. 제대로 대접할 만한 음식이 없을 수도 있고 마땅히 입을 옷이 없는 경우도 있을 것입니다. 또는 시골에서 하룻밤 묵게 되었는데 방이 더럽고 침대도 마음에 들지 않으며 음식도 만족스럽지 않을 때도 있을 것입니다. 아무리 부자라도 부족한 것이 있기 마련이고, 필요한 것이 없어 곤란할 때가 있는 법입니다. 필로테아 님, 그럴 때에는 기쁜 마음으로 그 부족함을 인내해야 합니다.

폭풍우, 홍수, 화재, 흉년, 도난, 소송 등의 재난으로 큰 손해를 입으면, 이때가 바로 청빈을 실천할 수 있는 좋은 기회입니다. 그대는 평온한 마음으로 재난에서 오는 불편을 견디어 내고 극복해야 합니다. 에사우의 손에는 털이 많았고, 아버지 이사악 앞으로 갔을 때 야곱의 손 역시 털투성이였습니다. 그러나 야곱의 털은 피부에서 자란 털이 아니라 염소 가죽의 털이었습니다(창세 27장 참조). 야곱의 털은 뽑아도 아플리 없었지만, 에사우의 털은 피부에서 자란 것이므로 강제로 뽑으면 무척이나 아팠을 것입니다. 이와 마찬가지로 재물이 우리 마음에 뿌리 깊게 박혀 있으면, 폭풍우나 도둑이나 소송인 등에게 재산을 빼앗길 때 얼마나 큰 분노와 고통을 느끼겠습니까? 그러나 이와 달리 하느님의 거룩한 뜻에 따라 재산을 관리하고 지킨다면, 타인에게 재산을 빼앗긴다 해도 그 일 때문에 마음의 평정을 온전히 잃지는 않을 것입니다. 이것이 인간과 동물의 차이입니다. 짐승의 옷(털)은 살에 붙어 있어 마음대로 벗을 수 없으나 사람의 옷은 언제든 벗어 버릴 수 있는 것입니다.

제16장
가난 중의 정신적인 부유

필로테아 님, 그대가 진정으로 가난한 사람이 되려면 정신적으로 더욱 가난해져야 합니다. 필요한 덕을 갖추는 데 그대가 놓인 환경을 이용하고, 청빈의 보화를 참으로 가치 있는 것으로 변화시킬 줄 알아야 합니다. 청빈은 현세에서는 사람의 시선을 끌지 못하지만, 실제로는 형언할 수 없을 정도로 아름답고 빛나는 보석처럼 귀한 것입니다.

그대에게는 선량한 동료들이 있으니 실망하지 마십시오. 우리 주님이신 예수님과 성모님 그리고 사도들과 수많은 성인들께서 모두 가난한 생활을 하셨고, 풍족한 경우에도 재물에 연연해하지 않으셨습니다. 성인들 중에는 부유한 집에서 태어났으면서도 주위 사람들의 반대를 무릅쓰고 가난과 고생을 거듭 체험하고서 수도원이나 병원에서 거룩한 청빈 생활을 해 온 분들이 적지 않습니다. 예를 들면, 성 알렉시오 팔코니에리, 성녀 바울라, 놀라의 성 바울리노, 성녀 안젤라 등 많은 이들이 청빈하게 살려고 부단히 노력했습니다.

필로테아 님, 그대가 요청하거나 애를 쓰지 않았는데도 이처럼 귀한 청빈의 덕이 그대에게 다가오고 있습니다. 이제 가난한 환경에서 태어나시어 가난한 삶을 사시다가 가난하게 돌아가신 예수 그리스도의 사랑스러운 동반자로서 그분의 삶을 본받으십시오.

필로테아 님, 가난에는 그대에게 장점이 되는 두 가지 큰 특징이 있습니다. 그중 하나는 그대가 가난을 선택하는 것이 아니라 그대 자신의 의지와는 상관없이 하느님께서 당신의 거룩한 뜻으로 그대를 가난하게 만드신다는 것입니다. 그러니 우리가 사랑하는 마음으로 하느님의 거룩한 뜻을 받아들인다면, 하느님께서는 매우 기뻐하실 것입니다. 우리가 자신을 비우고 작아질수록 하느님의 것은 더욱 커지기 마련입니다. 하느님의 거룩한 뜻을 기쁘게 받아들이면 가난의 고통은 그만큼 정화됩니다.

가난의 두 번째 특징은 실제로 가난하다는 것입니다. 사람들로부터 사랑과 관심, 칭송과 보살핌을 받는 가난은 순수한 가난이라고 말할 수 없습니다. 이와는 달리 사람들로부터 실제로 멸시와 천대를 받을 정도로 빈곤하게 사는 것이 진정한 의미의 가난입니다. 세상 사람과 수도자의 가난을 비교하면, 세상 사람들의 가난은 일반적으로 두 번째 특징의 가난에 속하는데, 그들이 스스로 선택한 것이 아니라 환경으로 말미암은 것이므로 그들도 어쩔 수가 없습니다. 그들의 가난은 남의 주의를 끌지 못하기 때문에 수도자의 가난보다 한층 더 가난하게 보입니다. 이와는 다른 수도자의 가난을 그대에게 추천하는 이유는 그 가난이 수도자 자신의 서원과 의지에 따른 것이기 때문입니다.

필로테아 님, 우리는 가난을 불평하거나 한탄해서는 안 됩니다. 한탄하는 것은 가난을 싫어한다는 증거가 됩니다. 우리가 가난을 싫어하면 우리는 이미 청빈의 정신을 잃고 욕망으로 가득 찬 사람이 될 수밖에 없습니다.

그대의 가난함을 부끄러워하거나 도움을 청하는 것을 부끄러워해서는 안 됩니다. 그대는 남이 주는 것을 겸손하게 받고, 거절당하더라도 이를 온순하게 받아들이십시오. 이때는 성모님께서 사랑하시는 아기 예수님을 품에 안으시고 이집트로 피난 가시던 고난의 여정을 묵상하십시오. 그때 성모님께서는 사람들로부터 얼마나 많은 경멸을 당하고 얼마나 혹독한 가난을 견디어 내셨겠습니까? 그대가 성모님을 본받아 생활할 수 있다면 그대는 가난한 가운데에서도 참으로 부유한 사람이 될 것입니다.

제17장
해롭고 그릇된 우정

사랑은 사람의 정서 중 첫째가는 것이며, 우리의 마음을 움직이는 주체입니다. 사랑은 모든 것의 중심으로서 우리를 사랑 가득한 사람으로 바꾸어 놓습니다.

필로테아 님, 올바르지 않은 애정에 일부러 매이지 마십시오. 그것은 그대를 비윤리적인 사람으로 만들기 때문입니다. 인간의 모든 애정 중에서 우정이 가장 위험한 요소를 가지고 있습니다. 다른 애정은 정신적인 교류 없이도 성립하지만, 우정은 상호 교류가 있어야 하기 때문입니다.

사랑이라고 해서 모두 다 우정이 되는 것은 아닙니다. 첫째, 자기가 사랑을 받지 않고도 남을 사랑할 수 있습니다. 이런 경우에 사랑은 있지만 우정은 없습니다. 우정이란 서로의 사랑이므로 상호 작용이 없으면 이루어지지 않습니다. 둘째, 우정은 상호 작용일 뿐만 아니라 사랑하는 두 사람이 의식하고 있어야 합니다. 이것이 없으면 사랑이라 해도 우정은 아닙니다. 셋째, 서로 선한 마음으로 교제를 해야 우정의 기초가 다져집니다.

교제하는 방법과 사람에 따라 우정도 변화합니다. 주고받는 마음이 그릇되고 허무한 것일 때에는 그 우정도 마찬가지입니다. 주고받는 마음이 보화처럼 진실하고 귀중할 때에는 그 우정도 참되고 귀중한 것이 됩니다. 이 보화가 귀중할수록 우정 또한 훌륭한 것이 됩니다. 좋은 꽃에서 채집한 꿀이 좋은 꿀인 것처럼, 훌륭한 교제의 기초 위에 세워진 우정은 고귀합니다. 폰트 지방 헤라클레아에서 자라는 가시연꽃에서 채집한 꿀에는 지독한 독이 있어 그것을 먹으면 이성을 잃는다고 합니다. 이와 마찬가지로 주고받는 우정이 그릇되고 사악한 경우에 그 우정은 독이 됩니다.

주고받는 우정이 육체적인 쾌락을 목적으로 할 경우에는 우정이라고 말할 가치가 없는 동물적인 교제에 지나지 않습니다. 만일 혼인을 통해 본능적 만족 외에 아무것도 주고받는 것이 없다면, 부부간에 참된 우정이 있다고 볼 수 없습니다. 그러나 부부 사이에는 생활, 일, 재산, 애정 또는 신의가 있기 때문에 그 우정은 참되고 거룩한 우정입니다.

관능적 쾌락에 목적을 둔 교제나 감각적이고 저속한 감정들은 우정이라고 불리기에 부끄러울 정도로 가치가 없습니다. 관능적 쾌락이란 시각의 즐거움, 청각의 즐거움, 촉각의 즐거움 같은 것으로서, 주로 오관에 말미암은 직접적인 쾌락을 말합니다.

세상 사람들이 칭찬하는 관능적인 매력이란 저속하고 헛된 재주나 성질 같은 것입니다. 젊은 남녀들의 대화 내용을 들어 보십시오. 그들은 아무런 거리낌도 없이 이렇게 말합니다. "저 사람은 참 멋진 사람이야. 몸매도 날씬하고 춤도 잘 추고, 여러 가지 재주도 많고 아는 것도 많은 팔방미인이야. 게다가 잘생겼고 옷도 잘 입고 노래도 잘 부르며 말도 잘해." 그들은 허풍쟁이에 불과한 사람도 멋진 사람으로 여깁니다. 그들의 교제는 모두 관능적인 것에 기초를 둔 것으로서, 이러한 우정 역시 관능적이고 공허한 것이며 우정이라기보다 허영에 가까운 것입니다. 요즈음 젊은이들의 사교 모임에서는 머리 모양과 옷차림 등의 외모와 언변을 중시합니다. 이런 것들은 허영에 가득 찬 것이므로 머지않아 양지에 쌓였던 눈처럼 녹아 흔적도 없이 사라지게 될 것입니다.

제18장

연애

    남녀가 장래에 결혼할 의사도 없이 저속한 연애 행각을 벌이면, 그것은 애정의 유희에 불과하며, 순수한 애정과는 비교할 수도 없을 정도로 불순한 것입니다. 그런 천박하고 경멸스러운 이끌림은 때때로 서로에게 올가미를 씌우고 어리석은 유희로 말미암아 곤란하고 비참한 지경에 빠져 헤어날 수 없게 합니다. 어떤 사람들은 아무런 목적도 없이 일시적인 매력에 끌려 쾌락에 빠지기도 합니다. 또 어떤 사람들은 허영에 빠져 다른 이의 마음을 사로잡는 데서 기쁨을 느끼기도 합니다.

    하지만 그런 모든 것들은 사악한 것이며 부질없고 어리석으며 허영으로 가득 찬 것입니다. 이러한 연애 행각이 부질없고 사악한 이유는 그것이 육욕의 죄로 치달아 상대의 사랑을 도둑질하고 하느님과 아내나 남편에게 속한 마음을 빼앗아 가기 때문입니다. 이러한 행동이 어리석은 이유는 거기에는 사랑의 뿌리도 이성도 없기 때문입니다. 또한 그것이 허무한 이유는 아무런 이익이나 만족도 없이 단지 시간만 낭비하고 명예만 손상될 뿐이기 때문입니다.

나지안조의 그레고리오 성인은 허영에 들뜬 부인들에게 이 문제에 대해 매우 적절한 가르침을 준 적이 있습니다. 성인이 부인들에게 한 다음의 간단한 훈계는 남자들에게도 해당되는 교훈입니다.

"여러분의 타고난 미모는 여러분 각자의 남편을 위한 것입니다. 새를 잡으려고 그물을 치듯이, 여러분이 미모의 그물로 많은 남자들을 유혹한다면 어떤 일이 일어나겠습니까? 여러분은 자신을 칭찬하는 사람을 좋아하게 될 것입니다. 여러 번 곁눈질로 주고받다가 눈이 맞으면 미소를 보내고, 결국 연모의 말을 주고받게 됩니다. 처음에는 도둑질하듯 귓속말로 나누다가, 얼마 되지 않아 친숙해지면 더욱 대담한 말을 주고받을 것입니다. 결국 그런 상황에 있는 젊은 남녀는, 분명히 말하건대, 위험에 놓여 있는 것입니다. 마치 자석에 끌린 쇳조각이 다른 쇳조각을 끌어들이듯이 이러한 어리석은 일은 연속해서 일어날 것입니다."

그런 사랑을 하는 것은 올가미에 걸리는 것입니다. 환상에 불과한 그런 사랑의 즐거움은 그리 오래가지 않습니다.

마음에 품은 작은 연정의 불씨는 작다고 대수롭지 않게 여기는 사이에 엄청난 불길이 되어 놀랍게도 그대의 마음을 태우고 그대의 결심을 재灰로 만들며, 마침내 그대의 명예와 체면을 연기 속에 사라지게 만들 것입니다. 집회서 저자가 "뱀에게 물린 마술사와 들짐승에게 가까이 간 자들을 모두 누가 동정하겠느냐?"(집회 12,13) 하고 부르짖었듯이, 나도 이렇게 말하겠습니다. "오! 어리석은 사람아, 너는 넋을 잃었구나. 연애를 네 마음대로 쉽게 할 수 있을 줄 알았더냐? 너는 한순간의 유희로 그치려 했지만 뱀 같은 애욕은 너를 마구 물어뜯을 것이다. 사람들이 너를 얼마나 비난하는지 아느냐? 네가 연애를 장난감처럼 생각하고 방심한 나머지 품속에 그 위험한 뱀을 집어넣었기 때문에 네 영혼도 명예도 모두 잃게 되었다고 말하며 너를 비웃을 것이다."

오, 이렇듯 영혼의 가장 중요한 것을 위험에 놓이게 하는 것은 얼마나 어리석은 짓입니까?

필로테아 님, 하느님께서 사람을 사랑하시는 것은 사람의 의지 때문이며, 그 의지를 사랑하시는 것은 사람의 애정 때문입니다. 아! 그렇다면 우리는 하느님의 사랑을 받는 데 필요한 자격도, 하느님을 사랑하는 마음도 갖추지 못하고 있지 않습니까? 우리는 어리석게도 부질없고 허무한 애정 행각에 사랑을 낭비하고 있습니다. 우리를 창조하시고 보존하시며 구원하셨기에 우리의 사랑을 독차지하셔야 마땅할 주님께서는 우리의 어리석은 사랑의 낭비에 대해 얼마나 엄하게 꾸짖으시겠습니까?

호두나무는 주변에 있는 포도밭에 피해를 줍니다. 호두나무는 덩치가 커서 많은 면적을 차지하고 땅속 양분을 마구 흡수하여 주변 식물들의 성장을 방해하기 때문입니다. 또한 나뭇잎이 넓고 무성하여 주위 풀들이 자라는 데 필요한 햇빛을 가립니다. 게다가 호두를 따려는 사람들이 주위 풀들을 짓밟아 망가뜨립니다. 애정 행각도 영혼에게 이와 똑같은 피해를 줍니다. 먼저, 영혼의 모든 에너지를 고갈시켜서 다른 선행을 쌓을 여력이 부족해지게 만듭니다. 그다음에는 애정 행각에서 오는 쾌락과 욕정이 기승을 부려 시간 낭비, 유혹, 방종, 시기심 등을 발생시키고 그 결과, 마음이 짓밟히고 망가집니다. 다시 말해서 애정 행각은 하느님에 대한 사랑을 소멸시킬 뿐만 아니라 하느님에 대한 두려움까지 상실케 하여 우리의 정신을 나약하게 만듭니다.

제19장
진실한 우정

필로테아 님, 순수한 마음으로 모든 사람을 사랑하십시오. 사람들과 우정을 나눌 때에는 오로지 그대와 덕을 나눌 수 있는 사람을 선택하십시오. 서로 나누는 덕이 훌륭하면 훌륭할수록 그 우정은 완전해집니다. 함께 나누는 것이 학문이라면, 그 우정은 훌륭한 우정이 됩니다. 이보다 한 단계 더 올라가 수덕을 목적으로 삼고 신중, 분별, 용기, 정의를 나눈다면, 그 우정은 한층 더 훌륭해집니다. 마지막으로 그대의 목적을 애덕, 신심, 그리스도교의 완덕에 둔다면, 하느님께서도 그 우정이 매우 소중하다는 것을 아실 것입니다. 그 훌륭한 사랑은 하느님에게서 나와 하느님께로 향하며, 하느님과 연결되어 영원히 하느님 안에서 계속되기 때문입니다. 지상에서나 하느님 나라에서나 이런 사랑을 나눌 수 있다면 이 얼마나 기쁜 일입니까! 영원무궁한 내세에서나 맺을 수 있는 친교를 현세에서 배운다면 이 얼마나 복된 일입니까!

내가 말하려는 것은 단순히 모든 사람을 향한 우리의 의무로서의 사랑에 대한 것이 아닙니다. 신심과 영적 희망을 함께 나누며 마음을 하나로 모으는, 영혼을 결합시키는 영적 우정에 대해서 말하려는 것입니다. 이런 축복을 받은 사람이 "보라, 얼마나 좋고 얼마나 즐거운가, 형제들이 함께 사는 것이!"(시편 133,1) 하고 큰 소리로 외치는 것도 당연합니다. 신심의 향기는 한 사람의 마음에서 다른 이의 마음으로 끊임없이 흘러들 것입니다. 이 우정에 비하면 다른 모든 우정은 그림자와도 같고, 이 우정이 신심의 황금이라면 다른 우정은 유리에 지나지 않습니다.

그러므로 그대는 이 우정 외에 다른 우정을 맺는 데 연연하지 마십시오. 그러나 그대의 친척과 친지, 그대가 몸담고 있는 조직과 이웃과의 자연적인 우정은 그대로 지속시켜야 합니다. 여기서는 다만 그대가 특별히 선택할 우정에 대해 말하는 것일 뿐입니다.

특별히 한 사람과 친해지면 마음이 한쪽으로 쏠려 정신이 산란해지고 질투를 유발하게 되므로 이런 우정은 삼가야 한다고 말하는 사람이 있을 것입니다. 그러나 이것은 잘못된 생각입니다. 특별한 우정, 과도한 애착이 수도 생활에 해가 되므로 이를 금지한 수도 생활 지침을, 세속의 신심 생활에 적용해서 말했기 때문입니다. 엄격한 규율 속에서 생활하는 수도자들은 각자의 수행을 통해 자신의 신심을 가꾸어 나가는 것을 목적으로 하므로 다른 사람들과 특별한 우정을 맺을 필요가 없습니다. 그러나 세상에서 살아가면서 신심을 수행하는 사람들은 거룩하고 특별한 우정을 맺을 필요가 있습니다. 왜냐하면 우정을 통해 서로 격려하고 도우며, 선을 향해 함께 나아갈 수 있기 때문입니다. 평야를 걸어갈 때에는 서로 손을 잡을 필요가 없지만, 미끄러운 산길을 오를 때에는 손을 잡아 끌어 주어야 넘어지지 않습니다. 그렇듯이, 험난한 길이 많은 이 세상에서는 서로 도움을 주고받는 우정이 필요합니다. 세상 사람들의 목적은 제각기 다르고 그들의 심성이나 정신도 서로 다릅니다. 그래서 현명한 분별력이 필요합니다. 이것은 마치 악에서 선을 가려내고 염소 떼에서 양을, 말벌 떼에서 꿀벌을 가려내는 데 필요한 능력과 같습니다.

성경에 기록되어 있듯이, 주님께서 사도 요한, 라자로, 마르타, 막달레나를 특별히 사랑하신 것은 아무도 부정할 수 없는 사실입니다. 또한 우리는 베드로 사도가 마르코 복음사가

와 베드로닐라를 사랑했고, 바오로 사도가 티모테오와 테클라를 사랑한 사실을 알고 있습니다. 나지안조의 그레고리오 성인은 위대한 바실리오 성인과의 친교를 크게 자랑하여 다음과 같은 글을 남겼습니다.

"우리 두 사람은 몸은 다르지만 마음은 하나다. 우리는 각 사물 안에 모든 것이 잠재해 있다는 철학자의 말을 믿지는 않지만 우리 두 사람이 서로의 마음 안에 있다는 것을 확신한다. 우리 두 사람은 동일한 목적을 가지고 있다. 희망찬 미래를 위해 오늘을 열심히 살면서, 죽기 전에 이 세상에서 이미 현세를 초월하는 것이다."

아우구스티노 성인의 증언에 따르면, 암브로시오 성인은 뛰어난 덕을 지닌 모니카 성녀를 존경했고, 모니카 성녀 역시 암브로시오 성인을 하느님의 사절처럼 알고 공경하며 사랑했다고 합니다.

다음 사실들은 이미 널리 알려진 것이지만 다시 한번 강조하겠습니다. 성 예로니모, 성 아우구스티노, 나지안조의 성 그레고리오, 성 베르나르도와 그 외에 하느님의 위대한 종들은 특별한 우정을 맺고 있었지만, 그로 말미암아 그들의 완덕은 조금도 손상되지 않았습니다. 바오로 사도는 이방인들의 부도덕을 지적하면서 그들을 무정한 사람들, 곧 우정을 모르는 자들이라고 질책했습니다. 토마스 아퀴나스 성인도 다른 철학자와 더불어 우정을 하나의 덕목으로 가르쳤는데, 이것은 개인 간의 특별한 우정을 의미합니다. 왜냐하면 토마스 아퀴나스의 말대로 모든 사람과 완전한 우정을 맺기는 불가능하기 때문입니다. 완덕은 단순히 우정을 맺는 데 있는 것이 아니라 선하고 거룩하고 진실한 우정을 맺는 데 있습니다.

제20장

진실한 우정과 그릇된 우정의 차이점

필로테아 님, 다음 내용은 매우 중요한 교훈입니다. 헤라클레아에서 생산되는 꿀은 독성이 매우 강한데, 얼핏 보기에는 보통 꿀과 대단히 흡사하여 자주 착오를 일으킵니다. 이 꿀을 구분하지 않고 같이 사용하면 매우 위험합니다. 다른 꿀을 섞는다 해도 일반 꿀이 헤라클레아 꿀의 독성을 제거하지 못합니다. 우정도 마찬가지입니다. 특히 이성 간의 우정을 나누는 이들은 이유를 불문하고 마귀의 유혹에 빠지지 않도록 상당한 주의를 기울여야 합니다. 마귀는 서로 사랑하는 이들을 기만하는 경우가 많습니다. 마귀는 처음에는 건전한 우정을 유지하게 내버려 두지만, 우리가 방심하면 경박한 애정이 스며들게 하고, 다음에는 감각적 사랑을, 그리고 마침내는 욕정을 침입시킵니다. 영적 우정 관계에서도 항상 이 점을 유념하지 않으면 위험합니다. 물론 영적 우정을 나누는 사람들은 매우 결백하고 순수해서 이를 오염시키려는 마귀의 수법을 곧바로 알아채므로 마귀의 간계에 빠질 위험이 적습니다. 그러나 마귀는 재간을 부려 우리가 깨닫지 못하는 사이에 그릇된 생각이 스며들게 합니다.

헤라클레아 꿀과 다른 꿀을 분별할 때 사용하는 방법을, 세속 우정과 선하고 거룩한 영적 우정을 식별할 때 적용해 보십시오. 당도가 높은 헤라클레아에서 추출한 꿀은 다른 꿀과 비교해 단맛이 훨씬 더 강합니다. 일반적으로 세속 우정에는 꿀처럼 지나치게 달콤한 말, 열정적인 속삭임, 아름다운 모습과 우아한 자태, 그 밖에 육감적인 매력 등이 있습니다. 그러나 거룩하고 영적인 우정은 담백하고 단순하며, 거기에는 모든 덕의 유일한 바탕이신 하느님의 은총을 찬미하는 대화만 있을 뿐입니다.

헤라클레아 꿀을 먹으면 머리가 어지럽듯이, 그릇된 우정은 정신을 어지럽히고 순결과 신심을 저버리게 합니다. 솔직하고 신중하게 바라보는 시선과 온화하고 순수한 태도, 하느님 나라에 대한 동경과 염원, 영성적인 친교, 하느님께서 충분히 사랑받지 못하시는 데 대한 안타까움 등은 진실한 우정을 나누고 있다는 확실한 증거입니다.

헤라클레아 꿀이 시각을 흐려 놓듯이 세속적 우정은 사람들의 판단력을 흐리게 합니다. 그러므로 그러한 사람들은 악행을 저지르면서도 그것을 선행이라고 생각합니다. 그들은 구차한 핑계로 자기 행실을 진실이라 호도하고 광명을 싫어하며 암흑을 좋아합니다. 그러나 참된 우정은 언제나 밝은 것을 바라보고, 광명을 피해 숨지 않으며 올바른 사람들 앞에 나서기를 좋아합니다. 뒷맛이 쓰디쓴 헤라클레아 꿀처럼 그릇된 우정은 추잡한 언행을 하게 하고, 다른 사람을 비난하고 모함하게 하며, 비애와 혼란에 빠지거나 질투를 하게 하여 죄악으로 떨어지게 합니다. 그러나 순수한 우정은 상대에게 충실하고, 예의 바르고 정중하며, 친절하게 대하고, 하늘나라에서의 축복받은 우정의 형태인 완전하고 순수한 일치를 추구합니다.

성모님께서는 사람의 모습으로 나타난 천사에게까지 경계심을 늦추지 않으셨습니다. 천사가 혼자 있는 그분에게 극찬하는 말을 했기 때문입니다.

오! 구세주님, 지극히 순결하신 동정녀께서는 사람의 모습을 한 천사도 경계하셨는데, 저희는 왜 부정한 이들의 관능적이고 인간적인 찬사를 경계하지 않는지 모르겠나이다.

제21장

그릇된 우정을 피하는 길

 어리석은 애착과 경박하고 바람직스럽지 못한 성향을 지닌 무리들에 대항하는 방책은 유혹을 느끼는 순간에 자신의 정신을 다른 방향으로 전환하여 헛된 생각들을 몰아내는 것입니다. 작은 여우들(아가 2,15 참조)이 가까이 다가오지 못하도록 신속하게 구세주의 십자가 곁으로 달려가 그분의 가시관을 그대 마음에 씌워야 하며, 음란한 무리와는 어떠한 타협도 해서는 안 됩니다. 자기 자신을 과신한 나머지 "어디 들어 보자. 나는 그들의 어떤 감언이설도 결코 받아들이지 않을 자신이 있다. 이야기는 들어 주겠지만 절대 마음속에 받아들이지는 않겠다."라는 식으로 응해서는 안 됩니다.

 필로테아 님, 나는 하느님의 이름으로 그대에게 당부합니다. 이런 경우에는 아예 귀를 막아야 합니다. 마음과 귀는 서로 연결되어 있습니다. 높은 산허리를 타고 떨어지는 물줄기의 흐름을 가로막기가 불가능하듯, 일단 귀에 들어온 달콤한 사랑의 말을 마음속으로 들어오지 못하게 하기란 매우 어려운 일입니다. 아르키메데스는 염소는 숨을 코로 쉬지 않고 귀로 쉰다고 했지만, 아리스토텔레스는 이를 부정했습니다. 누구의 말이 사실인지 모르겠지만, 우리 마음은 귀로 숨을 쉬는 것이 분명합니다. 곧 마음은 혀로써 자기 생각을 드러내고 귀를 통해 다른 사람의 사상을 흡수합니다. 그러므로 어리석은 감언이설에 넘어가지 않도록 주의를 기울여야 합니다. 그렇지 않으면 우리 마음은 어느 틈엔가 그 독기를 들이마시게 될지 모릅니다. 경박한 말에는 절대로 귀 기울이지 마십시오. 그러고자 한다면 무례한 행동을 해도 괜찮습니다.

그대는 이미 그대의 마음과 사랑을 하느님께 바쳤음을 잊지 마십시오. 그러니 하느님을 모독하는 짓은 조금도 하지 마십시오. 끊임없이 새로운 결심과 맹세를 반복하면서 하느님께 간구하십시오. 그러면 주님께서는 그대를 구원해 주시고, 그대가 오직 주님만을 사랑하면서 살도록 당신 사랑으로 그대를 보호해 주실 것입니다.

일단 애욕의 함정에 빠지면 그곳에서 벗어나기가 대단히

어려워집니다. 엄위하신 하느님 앞에 나아가 그대의 나약과 허영 때문에 저지른 죄를 뉘우치고 다시는 죄를 범하지 않겠다고 굳게 다짐하십시오. 이를 위해 상대에 대한 연정을 과감히 끊고, 그대가 그에게 한 어리석은 다짐과 언약을 버리십시오. 흔들리는 그대의 마음을 굳게 다잡고 다시는 그러한 애정유희를 즐기지 않겠다고 결심하십시오.

이 결심을 이행하려면 상대방과 결별하는 것이 가장 좋은 방법입니다. 독사에게 물린 사람은 전에 독사에 물린 상처로 앓고 있는 사람과 함께 있으면 그 상처를 쉽게 치료할 수 없다고 합니다. 이와 마찬가지로 실연의 상처를 받은 사람이 자신과 똑같은 상처가 있는 사람과 가까이 지내면 애욕에서 벗어나기 어렵습니다. 여행은 비애나 사랑으로 말미암은 불안을 해소하는 데 매우 큰 효과가 있습니다. 암브로시오 성인의 저서 《회개》 제2권에는 다음과 같은 이야기가 있습니다. 한 청년이 어떤 여인과 오랫동안 빠져 있던 어리석은 연정에서 벗어나고자 여행을 다녀왔습니다. 세월이 흘러 고향으로 돌아와 그 여인을 만났는데 그녀가 "벌써 나를 잊으셨나요? 나는 전과 다름없는데요." 하고 말하자 그 청년은 "그래요? 그러나 나는 옛날의 내가 아닙니다."라고 대답했다고 합니다. 이것은 여행이 바람직한 변화를 가져온 예입니다. 아우구스티노 성인도 친구의 죽음에 대한 슬픔을 잊으려고 그가 죽은 곳을 떠나 카르타고로 갔다고 합니다.

그러면 상대방과 이별하기가 불가능하다는 생각이 들 때에는 어떻게 해야 할까요? 그럴 때에는 은밀한 말이나 은근한 눈길 또는 미소 등 불결한 욕정을 불러일으키는 모든 유혹을 피해야 합니다. 어쩔 수 없이 그 사람을 만나야 할 경우에는 간결하고도 분명하게 그와 절교하겠다는 당신의 단호한 결심을 밝혀야 합니다. 부질없는 연애의 함정에 빠진 사람에게 나는 큰 소리로 말하겠습니다. "끊어라, 버려라."라고 말입니다. 어리석은 교제를 서서히 해결하려고 해서는 안 됩니다. 그 자리에서 단절해야 합니다. 매듭을 푸는 것이 아니라 완전히 끊어 버려야 합니다. 이런 교제의 줄을 아깝게 여기지 말고 하느님을 향한 거룩한 사랑을 위해 그릇된 애욕의 정을 단호히 끊어 버려야 합니다. 부끄러운 정욕의 사슬을 일단 끊어 버렸다 해도 다소간의 미련이 남아 있지는 않은지 살펴보십시오.

필로테아 님, 그대가 범한 죄를 철저히 미워하면, 그런 일은 또다시 일어나지 않을 것입니다. 그러면 그대의 감정에는 하느님에 대한 순결한 애덕만 있을 뿐 과거의 욕정과 관련된 어떠한 생각도 그대 가슴속에 남아 있지 않을 것입니다. 그러나 철저하게 뉘우치지 못한 탓으로 그대 마음에 다소 나쁜 경향이 여전히 남아 있을 경우에는, 내가 이미 가르쳐 준 방법대로 그대 영혼 안에 은둔소를 만들고 될 수 있는 대로 그 안에 머물러 하느님만 생각하십시오. 과거에 대한 모든 애착을 끊고, 진심으로 이를 거부하고, 평상시보다 더 많은 신심 서적을 읽고, 자주 고해성사를 보며 성체를 영하십시오. 또한 그대가 당하고 있는 모든 유혹과 시련을 겸손하고 진솔한 마음으로 그대의 지도 신부에게 고백하고, 진실하고 사려 깊은 친구들에게 자문을 구하십시오. 그대가 이러한 수행을 충실히 계속하면, 하느님께서는 틀림없이 그대를 모든 정욕의 사슬에서 해방시켜 주실 것입니다.

무정하게 관계를 끊는 것은 무례하고 은혜를 모르는 행위가 아닌가 하는 생각이 들지도 모릅니다. 그러나 하느님께서 기뻐하신다면 인간에 대한 배은망덕도 각오해야 합니다.

필로테아 님, 그것은 절대로 배은망덕한 행위가 아닙니다. 오히려 그대가 절교한 사람을 위해서는 큰 선행이 됩니다. 두 사람이 함께 사슬에 묶여 있었으나 그대가 사슬을 끊음으로써 상대의 사슬도 끊어 주는 셈이 되기 때문입니다. 비록 그대의 친구가 그 순간에는 고마움을 알지 못하겠지만 언젠가는 이를 깨닫고 그대와 함께 하느님께 다음과 같은 감사의 노래를 부르게 될 것입니다.

"그들을 어둡고 캄캄한 곳에서 이끌어 내시고, 그들의 사슬을 끊어 주셨다. 주님께 감사하여라, 그 자애를 사람들을 위한 그 기적들을."(시편 107,14-15)

제22장
우정에 관한 다른 교훈

친구 간에 우의를 돈독하게 하려면 친밀한 교제가 있어야 합니다. 친밀한 교제가 없으면 우정이 싹트지도, 유지되지도 못합니다. 친구 사이에는 우정과 함께 서로의 애정, 경향, 성격의 교환을 통해 자연스레 다른 여러 가지 것들이 마음에서 마음으로 흘러갑니다. 이때 우정은 마음의 문을 완전히 개방하기 때문에 상대의 경향과 성격 등이 선악을 구별함도 없이 마음속으로 마구 흘러듭니다. 꿀벌이 투구꽃에서 꿀뿐만 아니라 독즙까지 함께 채집하듯이 말입니다.

필로테아 님, 귀중한 것과 가치 없는 것을 분별하고자 하는 데 '지혜로운 환전상이 되라.'는 금언을 잊지 마십시오. 모든 사람에게는 결점이 있기 마련입니다. 그러나 친구와 사귈

때 우정과 함께 결점까지 받아들일 이유가 어디 있겠습니까? 물론 친구에게 결점이 있어도 그를 사랑해야 하지만, 그의 결점까지 사랑하고 받아들여서는 안 됩니다. 우정이란 선의 교환이지 악의 교환이 아니기 때문입니다. 강가에서 사금을 채취하는 사람들이 황금과 모래를 분리하여 금은 취하고 모래는 강가에 버리듯이, 우정을 나눌 때에도 친구의 선한 점만 받아들이고 결점의 모래는 분리하여 버리십시오.

나지안조의 그레고리오 성인이 전하는 바에 따르면, 바실리오 성인을 따르는 사람들 중 많은 이들은 성인의 외적인 버릇, 곧 생각에 잠기어 열중하는 듯한 느린 말투와 수염 모양은 물론, 몸짓까지도 흉내 냈다고 합니다. 친구를 존경하거나 그의 환심을 사고자 자신의 부모와 남편, 아내, 자녀들까지 그와 인연을 맺게 하는 동시에 여러 가지 어리석고 나쁜 습관까지도 나누어 갖는 것을 우리는 주변에서 흔히 볼 수 있습니다. 하지만 이것은 옳지 않은 일입니다. 남의 결점까지 더하지 않아도 우리 각자에게는 이미 많은 결점들이 있습니다. 그리고 우정을 나누는 데 그런 것들이 필요하지도 않습니다. 오히려 서로의 결점을 없애도록 도와주는 것이 참다운 우정입니다. 결점 있는 친구에게도 온유하고 친절하게 대해야 하지만 그의 결점을 좋게 말하거나 따라가서는 안 됩니다.

결코 친구의 죄를 따라가거나 부추기지 마십시오. 친구의 파멸을 보고도 그 죄의 종기를 수술해 주지 않고, 그 영혼이 죽는 것을 방치하는 것은 지극히 잔인하고 지독한 짓입니다. 진정한 우정은 죄악에 빠져 있는 친구를 방관하지 않습니다. 불도마뱀이 불 속에 들어가면 불이 꺼지듯이, 우정 안에 죄가 개입되면 그 우정은 파괴되고 맙니다. 친구의 죄악이 일시적인 것이라면 우정 어린 충고로 죄에서 벗어나게 할 수 있지만 그 죄가 상습적인 경우에는 우정이 사멸될 수밖에 없습니다.

우정은 참된 덕의 기초 위에서만 유지됩니다. 우정 때문에 죄를 범한다는 것은 있을 수 없는 일입니다. 친구가 우리에게 죄를 짓게 한다면 그 사람은 더 이상 친구가 아닙니다. 그것은 우리의 영혼을 죽이는 행위이므로 그와의 우정을 끊어 버리는 것이 마땅합니다. 악인과 나누는 우정은 거짓된 우정임이 분명합니다. 사랑하는 사람이 악인일 때 우정 역시 악한 것으로 전락되기 쉽습니다. 왜냐하면 악한 사람을 닮아 가기 때문입니다.

상인들 간에 현실적 이익을 목적으로 결성된 조합은 우정의 모조품입니다. 이러한 친교는 사랑을 위해서가 아니라 이익 때문에 이루어진 것입니다.

마지막으로 우정에 대한 거룩한 성경 말씀을 제시하겠습

니다. 이것은 그리스도교 신앙생활을 뒷받침하는 두 개의 큰 기둥으로서 집회서 저자인 시라와 야고보 사도의 말씀입니다.

"주님을 경외하는 이는 자신의 우정을 바르게 키워 나가니 이웃도 그의 본을 따라 그대로 하리라."(집회 6,17)

"절개 없는 자들이여, 세상과 우애를 쌓는 것이 하느님과 적의를 쌓는 것임을 모릅니까?"(야고 4,4)

제23장
외적 고행

 필로테아 님, 어느 작가는 흠집 없는 살구씨에 글자를 새겨 땅에 심으면, 그 나무에서 열린 살구에는 그 글자가 새겨진다고 표현하였습니다. 나는 자신을 새롭게 하려고 할 때 머리 모양이나 옷차림을 비롯한 외모를 먼저 바꾸려고 할 것이 아니라 내면부터 새롭게 해야 한다고 생각합니다. 주님께서는 이렇게 "마음을 다하여 나에게 돌아오너라."(요엘 2,12), "너의 마음을 나에게 다오."(잠언 23,26) 하고 우리에게 말씀하고 계십니다. 말은 행위의 원천이고 행위는 마음의 반영입니다. 하늘에 계신 우리의 짝이신 주님께서는 우리 영혼에게 "인장印章처럼 나를 너의 가슴에, 인장처럼 나를 너의 팔에 지녀라."(아가 8,6 참조) 하고 말씀하십니다. 진정 그렇습니다. 예수 그리스도를 마음속에 간직하는 사람은 머지않아 그의 모든 외적 행위에서 이를 드러낼 것입니다.

필로테아 님, 나는 무엇보다 먼저 그대의 마음에 거룩한 예수님의 이름을 새겨 주려고 합니다. 살구씨에 새긴 글자가 열매에도 박힌다고 표현하였듯이, 그대의 행위에는 구원의 글자가 각인될 것입니다. 사랑하올 예수님께서 그대 마음속에 사시면 그분은 그대의 모든 행위 안에서 사시며, 그대 몸의 곳곳에서 당신의 모습을 드러내실 것입니다. 그러므로 그대도 바오로 사도처럼 "이제는 내가 사는 것이 아니라 그리스도께서 내 안에 사시는 것입니다."(갈라 2,20) 하고 말하게 될 것입니다. 한 사람의 마음을 정복한 이는 그 사람 전부를 차지한 것입니다. 그러나 거룩한 신심과 더불어 외적 행위의 근원인 마음을 어떻게 표현해야 할지 알아야 합니다. 이를 위해 두세 가지 주의해야 할 점을 알려 드리겠습니다.

그대가 금식을 하려 한다면, 이따금 성교회에서 규정한 날이 아닌 다른 날에도 금식을 하는 것이 좋습니다. 일반적으로 금식의 효과는 정신을 하느님께로 향하게 하고, 육욕을 억제하며 덕을 닦게 함으로써 하늘나라에 공을 쌓는 것입니다. 또한 금식재 외에 식탐을 절제하고 온갖 육체의 감각을 성령의 가르침에 따르도록 하는 것도 중요합니다. 이렇게 하면 비록 실제로 금식을 하는 날이 적어도 마귀는 우리가 금식을 할 수 있음을 알고 우리를 두려워할 것입니다. 수요일, 금요일, 토요일은 초대 교회의 신자들이 금식을 한 날이므로, 그대도 영적 지도 사제의 판단에 따라 이날 금식을 하는 것이 좋을 것입니다.

예로니모 성인은 레다 부인에게 보낸 편지에서 "나는 특히 젊은 사람들이 오랫동안 과도하게 금식을 하는 것을 좋게 생각하지 않습니다. 내가 경험한 바에 따르면, 어린 당나귀가 굶주리면 도중에 지쳐 다른 곳으로 가려고 하듯이 젊은이들도 과도하게 금식을 하면 오히려 제멋대로 굴기 쉽습니다."라고 말했는데, 나도 성인의 말씀에 동의합니다. 젊은이들에게 너무 자주 금식을 하게 하면 금식이 끝나자마자 몸을 보신한다는 이유로 식탐에 빠질 위험이 있습니다. 너무 살이 찌거나 너무 마른 사슴은 위험이 닥쳤을 때 재빨리 피신할 수 없듯이, 우리도 과식이나 금식으로 몸이 허약한 상태에서는 유혹에 빠지기 쉽습니다. 너무 살이 찌거나 빠지면 의지가 약해집니다. 그래서 많은 사람들이 중용을 잃고 과도한 금식이나 매질, 고복 착용 등의 고행을 하면서 귀중한 세월을 헛되이 보냅니다. 베르나르도 성인도 과도하게 고행한 것을 후회했습니다. 가혹할 정도로 몸을 혹사하고 나면 나중에 몸을 돌보느라 그만큼 더 애를 써야만 합니다. 그것보다 처음부터 자기 상황에 알맞은 수행을 하는 것이 현명한 수행 방법일 것입니다.

그대가 하느님의 영광을 위해 반드시 일해야 한다면 금식을 하는 것보다 일을 하는 것이 좋습니다. 이것이 성교회의 판단입니다. 성교회는 하느님과 이웃을 위해 일해야 하는 사람들에게는 법으로 규정된 금식재까지도 면제해 주고 있습니다. 금식을 하는 사람보다 병자를 돌보고 죄수를 방문하며 고해성사를 주고 강론을 하며 가난한 이를 돕고 기도하는 사람들이 훨씬 더 훌륭합니다. 왜냐하면 똑같은 고행이라도 전자는 자신만의 수행을 목적으로 하는 반면에 후자는 이웃 사랑을 위해 여러 가지 유익한 일을 하는 것이기 때문입니다. 일반적으로 미래를 위해 적당히 체력을 보존해 두는 것이 현재의 일에 필요 이상의 체력을 소모하는 것보다 낫습니다. 체력이 있으면 필요할 때 그 힘을 발휘할 수 있지만, 일단 소모된 힘은 필요할 때에 언제든 보충할 수 있는 것이 아니기 때문입니다.

우리는 구세주 예수 그리스도께서 제자들에게 "어떤 고을에 들어가든지 너희를 받아들이면 차려 주는 음식을 먹어라." (루카 10,8) 하신 말씀을 새겨들어야 합니다. 나는 일부러 제일 맛없는 음식을 골라 먹는 것보다 식성에 맞건 맞지 않건 가리지 않고, 차려진 대로 먹는 것이 한층 더 바람직한 행위라고 믿습니다. 일부러 맛없는 음식을 골라 먹는 것이 큰 고행처럼 보이겠지만, 가리지 않고 차려진 대로 먹는 것은 자기가 좋아하는 음식을 포기하는 것이므로 자신의 의지를 꺾는 것입니다. 이와 같은 방법으로 자신의 욕구를 다스리면 사람들의 눈에 유별나게 보이지도 않고 남에게 폐를 끼치지도 않으며, 예의를 지킬 수도 있습니다. 고행을 이유로 일부러 육류 음식을 거부하고 다른 요리로 바꾸어 달라고 하는 사람, 접시마다 검사하고 잔소리를 하며 점잔을 빼는 사람의 고행은 경멸스러운 행동일 뿐입니다.

베르나르도 성인은 기름을 물이나 포도주로 잘못 알고 마셔 고생한 적이 있다고 합니다. 그러나 이것이 일부러 쓴 풀을 섞은 물을 마시는 것보다 더 훌륭한 고행입니다. 왜냐하면 성인이 마실 것에 연연하지 않았다는 증거가 되기 때문입니다. 무엇을 먹고 마시느냐에 대한 무관심이야말로 "차려 주는 음식을 먹어라."라고 하신 주님의 거룩한 말씀을 완전하게 실천하는 것이 됩니다. 다만 나는 몸에 해롭거나 정신을 둔하게 하는 음식, 예를 들면, 너무 맵거나 자극적인 음식을 피하고 있습니다. 또한 하느님께 영광이 되는 일을 하고자 기운을 차려야만 할 경우에는 음식을 가려 먹고 있습니다. 정도에 맞게 습관을 계속 조절하는 것이 일시적이고 과도한 금식이나 금식 뒤 영양 보충을 이유로 과식을 하면서 금식과 과식을 번갈아 하는 것보다 훨씬 더 효과적인 신심 수행입니다.

그리스도의 수난에 동참하겠다는 마음으로 하는 고행은 적당히만 하면 경건한 신심을 각성시키는 데 놀랄 만한 효과가 있습니다. 그러나 육체적으로 상당히 지치게 하므로 허약한 사람이나 결혼한 사람들에게는 올바른 수행 방법이 아닙니다. 그리고 보속을 목적으로 이러한 고행을 할 때에는 고해 사제의 지도에 따라 특정한 날짜를 정해서 하는 것이 바람직합니다.

낮에 주어진 일을 하고자 필요한 체력을 유지하려면 밤에 충분히 자야 합니다. 성경에서는 아침이 하루 중 가장 유익한 시간임을 가르치고 있습니다. 또한 자연의 이치로나 성인들의 행적, 그리고 주님께서 스스로를 지평선에서 떠오르는 태양으로, 성모님을 샛별로 비유한 것을 보아도 아침이 하루 중 가장 귀중하고 유익한 시간임을 알 수 있습니다. 그러므로 아침에 일찍 일어나고자 저녁에 일찍 자는 것이 현명합니다. 이른 아침 시간은 가장 상쾌하고 즐거우며 고요하여 기도하기가 제일 좋을 때입니다. 일찍 일어나면 건강에도 좋고 영적으로도 좋습니다.

발라암이 마음속에 부정한 생각을 품으며 나귀를 타고 발락에게 가고 있을 때 주님의 천사가 칼을 빼어 들고 길을 막았습니다. 나귀는 천사의 모습을 보자 세 번이나 뒤로 물러났는데, 발라암은 그것도 모르고 지팡이로 나귀를 때렸습니다. 세 번째 얻어맞은 나귀는 발라암을 태운 채 주저앉았습니다. 그때 하느님께서 나귀의 입을 열어 주시니, 나귀는 발라암에게 "내가 당신께 어쨌기에, 나를 이렇게 세 번씩이나 때리십니까?" 하고 말했습니다. 그때 하느님께서 발라암의 눈을 열어 주시자, 그는 칼을 빼어 들고 있는 천사를 보았습니다. 주님의 천사가 그에게 "너는 어찌하여 너의 나귀를 이렇게 세 번씩이나 때렸느냐? 나귀가 나를 보고 세 번이나 내 앞에서 비켜났으니 망정이지, 내 앞에서 비켜나지 않았더라면, 내가 나귀는 살려 주고 너는 이미 죽였을 것이다." 하고 말했습니다. 그러자 발라암은 "제가 잘못했습니다. 저는 당신께서 저의 길을 막고 서 계신 줄을 몰랐습니다." 하고 말했습니다(민수 22장 참조).

필로테아 님, 발라암은 자신이 잘못을 하고도 아무 죄 없는 나귀를 때렸던 것입니다. 이와 같은 일들이 우리에게도 흔히 있습니다. 예를 들면, 어떤 부인이 자기 남편과 사랑하는 아이가 병들었을 때, 단식하며 방바닥에 누워 밤을 지새웠던 다윗처럼(2사무 12,16 참조), 고복을 입고 자신을 매질하는 것은 가련한 나귀를 때리는 것과 같은 어리석은 행위입니다. 그녀가 자신의 육체를 괴롭히기만 한다면, 하느님께서 분노의 칼을 빼신 이유를 모르는 것입니다. 그녀는 남편을 신주처럼 떠받들어 그를 교만과 허세가 가득한 야심가가 되게 한 죄, 아이들을 버릇없는 사람으로 기른 죄를 뉘우쳐야 합니다.

또 다른 예로, 음란죄를 저지르다가 양심의 가책을 느낀 남자가 자기 육체에 모든 탓을 돌리고 단식을 하며 몸에 심한 매질을 가하고 고복을 착용하는 등 자신의 몸을 괴롭히는 경우가 있습니다. 이때 만일 그의 육체가 발라암의 나귀처럼 입을 열 수 있다면 이렇게 말할 것입니다. "왜 나를 때리느냐? 하느님께서 분노하신 것은 너의 마음 때문이다. 너야말로 죄인이다. 왜 너는 악한 자들의 모임에 나를 데리고 갔느냐? 왜 손과 발, 눈과 입을 불의하게 사용했느냐? 왜 악한 공상으로 나를 괴롭혔느냐? 이제는 좋은 생각만 하거라. 그러면 악한 일을 꿈꾸지 않게 될 것 아니냐? 경건한 사람들과 사귀어라. 그러면 네 마음에 사악한 생각이 싹트지 않을 것이다. 너는 육체인 나를 불 속으로 끌고 가서는 내가 불에 탄 것을 책망하고, 내 눈을 불꽃으로 채우고는 화상을 입지 않도록 하라니 도대체 말이 되느냐? 내 영혼아, 먼저 너의 더러워진 마음에 매질하여 그 죄를 없애 버려라. 하느님께서 진노하신 것은 바로 너의 마음 때문이다."

피부병 때문에 고생할 때 목욕을 하여 피부를 깨끗하게 하는 것은 별로 도움이 안 됩니다. 피를 맑게 해야 합니다. 이와 마찬가지로 우리의 죄를 씻으려면 육체적 고행을 하는 것도 좋지만 무엇보다도 감정을 정화하고 마음을 새롭게 다져야 합니다. 그러므로 영적 지도 신부의 지시가 있을 때 외에는 육체적 고행을 하지 않도록 하십시오.

제24장

대화와 침묵

 신심 생활을 할 때에는 다른 사람과의 대화를 바라거나 피하는 것 모두 비난받을 소지가 있습니다. 대화를 피하는 것은 남을 경멸하는 행위이고, 대화를 바라는 것은 자신의 나태와 무능을 드러내는 것이기 때문입니다. 우리는 우리 자신을 사랑하듯 이웃을 사랑해야 하며, 그 증거로 대화를 청하거나 기피하는 데 신중해야 합니다. 또한 자신을 사랑하는 증거로 홀로 있는 시간도 가져야 합니다. 베르나르도 성인은 "먼저 자신을 생각한 다음 다른 사람을 배려하라."라고 말했습니다. 다른 사람을 방문하거나 대화할 일이 없을 때에는 그대의 마음과 대화하십시오. 그러나 그대의 이웃이 그대를 찾아오거나 그대가 이웃을 방문할 때에는 따뜻하고 기쁜 마음으로 이웃과 대화하십시오.

나쁜 의도를 가진 대화나 방탕하고 사악하며 경솔한 사람과의 대화는 꿀벌이 더러운 곳을 피하듯 피해야 합니다. 미친개에게 물린 사람의 입김과 침이 어린이나 허약한 사람에게 해로운 것처럼, 사악한 사람과의 교제는 이제 막 신심 생활을 시작한 사람이나 신심이 약한 사람들에게는 대단히 위험합니다.

하루 일과 중에 정신적인 휴식과 기분 전환을 위해 잡담을 할 수도 있습니다. 물론 잡담에 열중해서는 안 되지만 휴식 시간의 잡담은 문제 될 것이 없습니다. 누군가를 방문하거나 모임 같은 곳에 가서는 항상 예의 바르게 행동해야 합니다. 너무 헌신적일 필요도 없지만 상대방을 무시해서도 안 됩니다. 무례하거나 경솔하게 행동하지 말아야겠지만 지나치게 침묵을 지키는 것도 좋지 않습니다. 훌륭하고 신심 깊은 사람들과 만나 대화를 나누는 것은 언제나 유익한 것입니다. 올리브 나무 사이에서 자란 포도 열매에서 올리브 향과 맛이 나듯이, 덕이 있는 사람들과 교제하면 그들의 인격과 덕에 감화를 받게 될 것입니다. 또한 여왕벌 혼자서는 꿀을 만들 수 없지만 꿀벌과 함께하면 꿀도 장만할 수 있듯이, 신심 깊은 사람들과의 대화는 신심을 진보시키는 데 큰 도움이 됩니다.

대화를 할 때에는 항상 단순하고 소박하며, 온유하고 겸손한 마음을 지녀야 합니다. 대화 상대 중에는 얼굴 표정과 몸짓이 너무 가식적이어서 불쾌감을 주는 사람도 있고 함께 걷거나 대화하기가 거북한 사람도 있습니다. 그런 사람들 중에는 주로 교만한 사람들이 많습니다. 또한 대화는 항상 유쾌한 것이 좋습니다. 고행을 했음에도 로무알도 성인과 안토니오 성인의 얼굴 표정과 말에는 기쁨과 활기가 넘쳐흘렀다고 합니다. 바오로 사도는 이렇게 말했습니다. "주님 안에서 늘 기뻐하십시오. 거듭 말합니다. 기뻐하십시오. 여러분의 너그러운 마음을 모든 사람이 알 수 있게 하십시오."(필리 4,4-5)

주님 안에서 기뻐하려면 기쁨의 동기가 올바르고 거리낌이 없는 것이어야 합니다(내가 이런 말을 하는 이유는 정당하면서도 삼가야 할 것이 있기 때문입니다). 또한 온유의 덕을 쌓으려면 비난받을 여지가 많은 교만과 무례를 삼가야 합니다. 남을 함정에 빠뜨리거나 모함하는 말, 그 밖에 다른 사람의 감정을 상하게 하는 농담이나 비꼬는 말은 아무리 재미있더라도 어리석고 무례한 것입니다.

이미 그대에게 말했지만 사람들과 대화할 때에도 마음 한 구석에 은둔소를 만들어 간혹 그곳에서 홀로 머무르면서(제2부 제12장 참조) 참된 고독을 사랑해야 합니다. 그렇다고 이집트의 성 마리아, 성 안토니오, 알세니오와 같은 은수자들처럼 사막에서 은둔하며 수행하라는 뜻은 아닙니다. 다만 그대의 방이나 정원에서 고요한 가운데 좋은 생각과 거룩한 묵상에 잠기거나 영적 독서를 함으로써 그대의 영혼을 맑게 하라는 것입니다. 나지안조의 위대한 주교인 그레고리오 성인은 "나는 해가 저물면 혼자 바닷가를 거닐면서 그날의 걱정을 털어 버리고 피로를 풀곤 했습니다."라고 말했습니다. 그대도 이와 같이 하십시오.

암브로시오 성인이 좋은 모범을 보여 주었습니다. 아우구스티노 성인이 암브로시오 성인의 방에 들어가 보면 그가 독서하며 홀로 있는 모습이 자주 눈에 띄었다고 합니다. 그래서 아우구스티노 성인은 그런 성인을 번거롭게 하지 않으려고 한마디도 건네지 않고 방을 나온 적이 많았다고 합니다. 분주한 사목 뒤에 정신적인 안식을 취하려는 이 위대한 주교의 짧은 자유 시간을 빼앗는 것이 싫었다고 합니다.

사도들이 예수님께 모여 와 그들이 한 모든 일들과 가르친 것들을 다 말씀드리자 예수님께서는 그들에게 말씀하셨습니다. "너희는 따로 외딴곳으로 가서 좀 쉬어라."(마르 6,31)

제25장
옷차림

바오로 사도는 여자들에게 얌전하고 단정한 옷차림을 하라고 당부했습니다(1티모 2,9 참조). 옷차림을 보면 그 사람의 성품을 알 수 있습니다. 겉모습은 내면의 정결함을 드러낸다고 할 수 있습니다. 하느님께서는 제단에서 당신을 가까이 모시며 거룩한 일을 하는 이들이 옷차림을 단정히 하기를 바라십니다.

옷은 계절과 나이, 지위와 형편에 알맞게 입으십시오. 일반적으로 축일에는 그 경중에 따라 밝은 옷을, 사순 시기와 같은 통회하는 기간에는 검소한 옷을, 그리고 결혼식이나 장례식 때에는 그 분위기에 맞는 옷을 입으면 됩니다. 또, 집에서는 집에서 입기 좋은 옷을 입으면 됩니다.

궁극적으로는 오직 한 사람을 택하여 신성한 혼인을 해야 하긴 하지만 많은 남자들에게 매력적으로 보이고 싶어 하는 미혼의 아가씨들의 옷차림에 대해서는 좀 더 너그러울 수 있습니다. 재혼할 마음이 있는 미망인이 적당하게 몸을 꾸미는 것도 나쁘지 않습니다. 그러나 나이 많은 노인이 지나치게 꾸미면 사람들에게 웃음거리가 되기 쉽습니다. 화려한 몸치장은 한창 젊은 시절에 해 보는 것입니다.

필로테아 님, 그대는 언제나 단정한 옷차림을 하십시오. 단정하지 않거나 지저분한 모습을 보이지 마십시오. 지저분한 옷차림으로 다른 사람을 방문하는 것은 그 사람에게 실례를 범하는 것입니다. 그러나 너무 화려하거나 유별난 옷차림도 삼가야 할 것입니다. 가급적이면 늘 간소하고 얌전한 차림을 하십시오. 이러한 차림은 미인들에게는 물론, 못생긴 사람에게도 가장 좋은 치장이 됩니다.

베드로 사도는 아내들에게 머리를 땋아 올리거나 금붙이를 달거나 화려한 옷을 입는 등의 겉치장을 하지 말라고 당부했습니다(1베드 3,3 참조). 이처럼 화려한 의복과 겉치장을 한 사람이 남자일 때에는 사람들은 그를 사내답지 않다고 조소하기 일쑤이고, 여자일 때에는 그녀의 정조를 의심할 것입니다. 실제로는 매우 정결한 여자라 해도 화려한 옷차림을 하면 그로 말미암아 허영심 많고 사치스러운 사람으로 매도당합니다. 화려한 치장을 한 데에 사악한 의도는 없었다고 하겠지만 악마는 그것을 계기로 삼아 끊임없이 해를 입힐 짓을 할 것입니다. 나는 내가 지도하는 경건한 남녀들이 단정한 옷차림을 하고 사치를 피하며, 베드로 사도의 말처럼 온유하고 정숙한 정신과 같이 썩지 않는 것으로 자신을 치장(1베드 3,4 참조)하기를 바라고 있습니다.

루도비코 성인 임금은 이에 대해 다음과 같이 말했습니다. "사람들은 모두 자기 지위에 맞는 옷차림을 해야 한다. 점잖은 어른들로부터 너무 화사하게 몸치장을 한다는 말을 듣지 않고, 젊은 사람들로부터는 몸치장에 너무 무관심하다는 말을 듣지 않을 정도의 옷차림을 하라. 젊은이들은 단정한 옷차림이 마음에 들지 않아도 웃어른의 권고에 따르는 것이 좋다."

제26장

하느님에 대한 대화

의사가 환자의 혀를 보고 그의 건강 상태를 진단하듯이, 우리의 대화 역시 우리 영혼의 상태를 진단하는 좋은 척도가 됩니다. 구세주께서도 "네가 한 말에 따라 너는 의롭다고 선고받기도 하고, 네가 한 말에 따라 너는 단죄받기도 할 것이다."(마태 12,37) 하고 말씀하셨습니다. 통증이 느껴지는 곳에 자연스럽게 손이 가듯이 우리는 자신이 좋아하는 것을 주로 말하기 마련입니다.

필로테아 님, 그대가 진정으로 하느님을 사랑한다면, 가족이나 친구들과의 대화 중에도 자주 하느님에 대한 이야기를 꺼내십시오. 왜냐하면 의인의 입은 지혜를 자아내고 그의 혀는 올바른 것을 말하기 때문입니다(시편 37,30 참조). 꿀벌이 작은 입으로 꿀 이외의 것은 거들떠보지 않듯이, 그대가 끊임없이 혀로 하느님의 거룩한 이름을 부르고 입술로 하느님의 거룩하심을 찬미하는 노래를 부른다면, 그보다 더 큰 행복이 없음을 깨닫게 될 것입니다. 아시시의 프란치스코 성인은 구세주의 이름을 부를 때마다 이 세상에서 가장 감미로운 맛을 보는 듯이 입맛을 다셨다고 합니다.

그러나 하느님에 대한 말을 할 때에는 하느님의 뜻에 맞게 해야 합니다. 하느님에 대한 존경과 믿음을 잃지 않고 교만한 태도나 훈계하는 듯한 말투를 사용하지 말아야 합니다. 하느님에 대한 말을 할 때에는 아가서에 나오는 여인처럼 사랑과 온유와 겸손한 마음으로 이야기해야 하며, 마치 향기로운 꿀을 한 방울씩 먹이듯 경건한 말을 상대방의 귀에 부어 주어야 합니다. 또한 그 사람의 영혼에 하느님 나라의 이슬이 깊이 스며들게 해 주시기를 하느님께 기도드려야 합니다.

결코 책망하는 말투로 이야기하지 말고 천사처럼 온유하고 자애로운 마음으로 그 사람을 하느님께로 인도해야 합니다. 좋은 내용을 조용하고 온화하게 말하는 것은 사람들의 마음을 끄는 데 상상외로 큰 효과가 있습니다.

하느님에 대한 사랑과 신심에 대해 대화할 때에는 형식적이거나 무성의해서는 안 되며, 반드시 진지하게 정성을 다하여 말하십시오. 스스로 경건한 자로 자처하는 사람들 중에는 거리낌 없이 거룩한 신심에 관한 말을 하며 신심이 매우 깊은 사람처럼 잘난 체하는 사람들이 있는데, 그대는 이러한 어리석음을 저지르지 않도록 각별히 조심하십시오.

제27장

신중한 대화와 상대에 대한 존중

　야고보 사도는 "누가 말을 하면서 실수를 저지르지 않으면, 그는 자기의 온몸을 다스릴 수 있는 완전한 사람입니다."(야고 3,2)라고 말했습니다. 비록 말하는 그대에게 악의가 없다 해도 듣는 사람은 그대의 말을 오해할 수 있습니다. 수건 위에 떨어진 기름 한 방울이 번져 수건을 얼룩지게 하듯이, 나약한 사람의 마음에 떨어진, 무심코 뱉은 말 한마디가 때로는 그 사람의 마음에 심한 상처를 입혀 끊임없이 망상에 사로잡히게 할 수도 있습니다. 독약을 먹으면 몸이 망가지지만, 무심코 뱉은 말 한마디는 귀로 들어가 마음을 망가뜨립니다. 독설은 사람의 마음에 독을 주입하여 죽이는 것입니다. 설령 듣는 사람이 마음에 해독제를 준비해 놓았거나 그 독에 면역성이 있어서 상처를 입지 않았다 해도, 독설을 내뱉은 사람이 그 죄를 면할 수는 없습니다. 그럴 의사가 없었노라고 변명해도 소용없습니다. 사람의 마음을 아시는 주님께서는 "사실 마음에 가득 찬 것을 입으로 말하는 법이다."(마태 12,34) 하고 말씀하셨습니다. 비록 우리에게 악의가 없다 해도 마귀는 어김없이 그 말을 날카로운 무기로 삼아 은연중에 사람의 마음을 찌르게 합니다.

'천사초天使草'라는 풀을 먹으면 숨을 쉴 때 향기롭고 상쾌한 기분이 든다고 하듯이, 천사들의 덕인 겸손과 정결을 마음에 간직하는 사람의 말은 언제나 맑고 순결합니다. 바오로 사도는 불결하고 어리석은 것은 입 밖에 내지도 말라고 함으로써 나쁜 대화가 미풍양속을 얼마나 문란케 하는지 일깨워 주었습니다.

교묘하고 은밀하게 악의 있는 말을 속삭일 때에는 그 독성이 특히 강합니다. 마치 칼날이 예리하고 뾰족할수록 물건이 잘 잘리듯이, 악으로 날을 세운 말 한마디는 듣는 사람의 마음을 갈기갈기 찢어 놓습니다. 대화할 때 이런 말을 잘하는 사람은 교제의 목적을 모르는 사람입니다. 그런 사람은 좋고 유익한 대화의 꿀을 모으는 벌이라기보다는 부패한 것을 먹고 사는 말벌과 같은 사람입니다. 어리석은 사람이 그대에게 무례한 말을 하면 적당한 방법으로 그대의 불쾌감을 드러내야 합니다.

상대를 비난하거나 조롱하는 말은 가장 사악한 것 중 하나입니다. 하느님께서는 이 죄를 혐오하시며 예전에는 이 죄를 특별한 방법으로 벌하셨습니다. 다른 사람을 조롱하고 경멸하는 것만큼 애덕을 거스르고 신심에 해를 끼치는 것은 없습니다. 이는 대죄에 해당됩니다. 신학자들은 이 죄에 대해 "말로 조롱하는 행위는 이웃에게 상처를 주는 죄 중 가장 경계해야 할 죄이다. 왜냐하면 다른 죄는 상대를 무시하지 않고 범하는 것이지만, 이 죄는 상대를 경멸하고 무시하면서 범하는 것이기 때문이다."라고 규정했습니다.

그리스에서는 사람들이 겸손하고 유쾌하게 생활하는 가운데 쾌활하게 대화하는 것을 '유트라벨리'라고 하는데, 이를 번역하면 '즐거운 대화'라는 뜻입니다. 이것은 약간의 실수에서 생기는 웃음거리를 가지고 서로 농담하며 웃는 것입니다. 그러나 이러한 유쾌한 농담이 조롱이나 비아냥거림이 되지 않도록 조심해야 합니다. 조롱이란 남을 경멸하여 비웃는 것이지만, 농담은 타인에게 상처를 주지 않으며 결코 신뢰와 예의를 잃지 않는 것입니다. 어느 날, 루도비코 성인 임금은 만찬 뒤에 어떤 수사가 심각하게 다루어야 할 문제를 이야기하자

이를 가로막고 주위에 있는 귀족들을 돌아보며 "지금은 논의하는 시간이 아니고 마음 놓고 즐거운 이야기를 할 때이다."라고 말했다고 합니다.

   필로테아 님, 경건한 신심 생활을 통해 영원한 것을 얻을 수 있도록 여유를 가지고 살아가기를 바랍니다.

제28장

그릇된 판단

"남을 심판하지 마라. 그러면 너희도 심판받지 않을 것이다. 남을 단죄하지 마라. 그러면 너희도 단죄받지 않을 것이다."(루카 6,37)

이것은 우리 구세주께서 하신 말씀입니다. 바오로 사도도 이렇게 말했습니다. "주님께서 오실 때까지 미리 심판하지 마십시오. 그분께서 어둠 속에 숨겨진 것을 밝히시고 마음속 생각을 드러내실 것입니다."(1코린 4,5)

남을 판단하는 행위는 하느님의 뜻을 크게 거스르는 것입니다. 사람에게는 서로를 판단할 자격이 없습니다. 함부로 남을 판단하는 행위가 잘못인 이유는 인간을 판단하는 것은 주님의 고유한 권리를 침해하는 행위이기 때문입니다. 인간을 심판하시는 하느님의 의지와 목적은 하느님의 신비에 속하며, 그러므로 이웃을 우리 마음대로 판단하는 것은 하느님의 권능을 침해하는 행위입니다. 오히려 자신을 성찰해야 함에도 섣불리 남을 판단하는 것은 크게 잘못된 행위입니다. 판단을 받고 싶지 않으면 남을 함부로 판단하지 말아야 합니다. 주님께서는 이를 직접 금하셨고, 바오로 사도도 "우리가 자신을 잘 분별하면 심판을 받지 않을 것입니다."(1코린 11,31)라고 말했습니다.

"오, 주님! 이웃을 심판하는 행위를 주님께서 금하셨으나 저희는 그치지 않았고, 자신을 판단하라고 명하신 것을 지금까지 한 번도 실행하지 않았나이다."

타고난 성격 때문에 그릇된 판단을 하는 경우가 있습니다. 그릇된 판단을 하지 않으려면 그 원인을 파악해야 합니다. 예를 들면, 천성적으로 고지식한 사람은 모든 일을 비뚤게 봄으로써 아모스 예언자의 말처럼 정의의 열매를 쓰디쓴 쑥으로 만들기 일쑤입니다(아모 6,12 참조). 언제나 남을 엄격하게만 판단하는 사람은 타고난 천성이라 스스로 고치기 어려우므로 훌륭한 영적 지도자의 지도를 받아야 합니다. 그들은 자신의 성격이 죄가 아니고 하나의 결점에 불과하다고 변명하겠지만, 그릇된 판단과 남을 비방하는 악습에 젖을 위험이 있으므로 이를 명심하여 그 성격을 고쳐야 합니다.

또한 고지식한 성격 때문이 아니라 교만 때문에 습관적으로 그릇된 판단을 내리는 사람들도 있습니다. 그들은 교만하고 허영심으로 가득 차서 다른 사람의 명예를 손상시키면 자신의 명예를 드높일 수 있다고 믿습니다. 그래서 그들은 자신을 과시하기를 좋아하고, "제가 다른 사람들, 강도짓을 하는 자나 불의를 저지르는 자나 간음을 하는 자와 같지 않고 저 세리와도 같지 않으니, 하느님께 감사드립니다."(루카 18,11)라고 말한 어리석은 바리사이처럼 행세하며, 남을 모두 비열하고 무가치한 자로 얕봅니다.

겉으로 교만을 드러내지 않지만 다른 사람의 결점을 보면서 은밀히 쾌감을 느끼는 사람도 있습니다. 이런 사람은 다른 사람들과는 달리 자신은 덕이 있는 사람이라고 믿고, 그 점을 사람들 앞에 과시함으로써 만족을 느끼며 그 점을 인정받고 싶어 합니다. 그러나 이러한 심리는 자신도 의식하지 못하기 때문에 다른 사람으로부터 주의를 받고서야 비로소 자신의 잘못을 자각하게 됩니다.

어떤 이는 자신의 행위를 합리화하거나 변호하고자, 또는 양심의 가책을 면하고자 다른 사람도 자신과 동일한 잘못을 저지르고 있다고 믿으며, 그 잘못이 일반적인 경향임을 내세워 자신의 잘못을 호도하려고 합니다.

인정에 얽매이거나 사람들의 심리를 살피는 심리 해석을 통해 눈치와 낌새로 판단하려는 경향 때문에 그릇된 판단을 하게 되는 경우도 있습니다. 그릇된 판단이 잘 들어맞을 때 그들의 비판적인 경향은 점점 더 심해집니다.

또한 애욕 때문에 판단을 그르치는 경우도 있습니다. 자기가 싫어하는 사람은 언제나 악인으로 보기 쉽지만 사랑하는 사람은 언제나 선량한 사람으로 봅니다. 그러므로 과도한 사랑 때문에 사랑하는 사람에 대해 잘못 판단하는 일이 생깁니다. 질투가 심해져 자기가 사랑하는 사람이 행하는 사소한 일도 믿지 못하고, 부부간의 정조도 의심하는 사람도 가끔 볼 수 있습니다. 그 밖에 공포와 야심, 여러 가지 도덕적 결함으로 말미암은 의혹 때문에 그릇된 판단을 하는 일도 흔히 있습니다.

그러면 어떻게 해야 이러한 경향을 바로잡을 수 있을까요? 에티오피아에서 자라는 '오휘후사'라는 풀의 즙이 몸에 닿으면 뱀이나 다른 무서운 환영이 보인다고 합니다. 이를 치료하는 데는 야자수 술을 마시는 것이 효과가 있다고 합니다. 이와 마찬가지로 교만과 질투, 야심과 증오 등에 중독된 사람에게는 그들이 보는 모든 것이 해악과 수치가 됩니다. 이런 사람들은 애덕의 거룩한 술을 많이 마셔야만 그릇된 판단의 뿌리인 악한 생각을 치유할 수 있습니다.

애덕은 악을 보는 것조차 피합니다. 어쩌다 우연히 악을 만나는 경우에는 마주치지 않고 옆으로 피해 갑니다. 악이 가까이 오면 그것이 눈에 들어오기 전에 눈을 감습니다. 그리고 순수하고 거룩한 마음으로 그것은 죄악이 아니라 환영에 지나지 않는다고 생각합니다. 어쩔 수 없이 그것이 악임을 인정해야 할 때에도 곧바로 얼굴을 돌려 잊으려고 애씁니다. 애덕은 모든 악을 치유하는 양약이며, 악습을 고치는 특효약입니다.

황달병으로 온몸이 누렇게 된 사람에게는 모든 것이 누렇게 보일 수도 있습니다. 이 병을 고치려고 발바닥에 애기똥풀을 바르는 민간요법도 있습니다. 그릇된 판단을 하는 사람은 정신적 황달병에 걸린 것과 같으며, 그 사람은 세상 만물을 악하게 봅니다. 이 병을 고치려면 애덕을 영혼의 눈 역할을 하는 이성에 바를 것이 아니라, 발 역할을 하는 감성에 발라야 합니다. 그대의 감성이 온유하면 판단도 너그러워질 것입니다. 애덕이 충만해지면 그대의 판단 또한 사랑으로 넘치게 될 것입니다.

나는 그대에게 세 가지 좋은 실례를 들겠습니다.

첫째, 이사악은 레베카를 자기 여동생이라고 사람들에게 소개했습니다. 그런데 어느 날 이사악이 레베카를 애무하는 광경을 본 아비멜렉은 그들이 부부임을 알아차렸습니다(창세 26장 참조). 악한 사람이 이 광경을 보았다면, 두 사람이 부끄러운 죄를 범했다고 욕했을 것입니다. 그러나 아비멜렉은 이를 선의로 해석했습니다. 필로테아 님, 그대도 남을 선의로 판단해야 하며, 어떤 일에 다양한 면이 있다면 그중 가장 아름다운 것을 먼저 보아야 합니다.

두 번째, 마리아께서 잉태하셨을 때 요셉은 이 사실을 눈치챘으나 한편으로 거룩한 동정녀께서 지극히 거룩하시고 순결하신 것을 잘 알고 있었으므로 마리아의 임신을 죄악의 결과로 단정할 수 없었습니다. 요셉은 마리아를 떠나 하느님의 심판에 맡기려고 결심했습니다. 마리아에게 의심을 품을 만한 여지가 분명히 있었음에도 그는 마리아에 대해 속단하지 않았습니다. 왜냐하면 성령께서 말씀하신 대로 그는 의로운 사람이었기 때문입니다(마태 1,19 참조). 의인은 어떤 사람이 변명의 여지가 없을 정도로 의심스러울 때에도 이를 함부로 판단하지 않고 하느님께 맡깁니다.

마지막으로 십자가에 매달리신 우리 주님께서는 당신을 죽음으로 몰고 간 사람들이 용서받을 수 없는 죄를 저질렀는

데도 그들의 죄를 탕감해 주시려고 "아버지, 저들을 용서해 주십시오. 저들은 자기들이 무슨 일을 하는지 모릅니다."(루카 23,34) 하고 기도하셨습니다. 우리도 다른 사람이 잘못했을 때 그 사람의 무지와 나약함 등을 고려하여 그를 불쌍히 여기는 마음을 가져야 합니다.

필로테아 님, 결코 남을 판단해서는 안 됩니다. 절대로 함부로 판단하지 마십시오. 죄인을 판단하실 분은 오직 하느님뿐이십니다. 하느님께서는 사람들의 귀에 당신의 심판을 알리시고자 법관을 이용하십니다. 법관은 단지 통역자에 불과합니다. 그들은 단지 하느님의 뜻을 전달해야 합니다. 하느님의 뜻이 아니라 자기 감정으로 다른 사람을 판결하는 사람은 훗날에 하느님의 심판 대상이 될 것입니다. 왜냐하면 하느님께서는 인간이 다른 사람을 심판하는 것을 엄금하셨기 때문입니다. 잘못된 것을 보았다고 해서 반드시 판단해야 할 필요는 없습니다. 우리는 쉽게 남을 판단하지만 성급한 판단은 항상 그릇될 수 있습니다.

남에게 의혹을 품는 것을 반드시 죄라고는 할 수 없습니다. 우리가 삼가야 할 것은 함부로 판단하는 것입니다. 그러나 정당한 이유와 근거 없이 의혹을 품는 것은 그릇된 것입니다. 만일 악한 사람이 야곱이 우물가에서 라헬에게 입맞춤하는 것(창세 29장 참조)을 보거나 레베카가 얼굴도 모르는 낯선 사람(아브라함의 종)으로부터 팔찌와 코걸이를 받는 것(창세 24장 참조)을 보았다면, 그는 틀림없이 두 사람 사이를 의심했을 것입니다. 확실한 근거나 물증도 없이 무조건 나쁘게 해석하는 것은 성급한 판단입니다.

올바른 양심을 가진 사람이 다른 사람을 함부로 판단하는 잘못을 범하는 일은 극히 드뭅니다. 꿀벌은 구름이 많이 낀 날에는 밖에 나가지 않고 벌집을 튼튼하게 만든다고 합니다. 이와 마찬가지로 의인은 자신이 모르는 분명하지 않은 일에는 호기심을 갖지 않고, 마음속으로 자기 발전에 필요한 일을 생각하기에 여념이 없습니다. 다른 사람의 생활을 이러쿵저러쿵 비평하며 즐기는 것은 게으른 사람들이 하는 행태입니다.

가족을 부양하고 나라를 다스리는 사람들은 예외입니다. 그들은 가족과 국민을 보호하고자 항상 주변을 살펴야 하기 때문입니다. 그러나 이들 역시 사랑으로 자기 임무에 충실해야 하며, 이 일을 위해 더욱더 자신을 반성하면서 말이나 행동을 조심해야 합니다.

제29장

비방

성급하게 판단하면 자기만족과 교만에 빠지고 타인을 불신하고 경멸하는 등의 많은 잘못을 저지르게 됩니다. 그중에서도 비방은 사람들과의 관계를 해치는 페스트균과 같아 온갖 잘못 중에서도 가장 나쁜 것입니다. 제단의 숯불로 이사야 예언자의 입술을 깨끗이 한 사람들(세라핌)처럼(이사 6,6-7 참조), 나도 하느님의 제단에서 타오르는 불을 그들의 입술에 대어 그들의 불의를 태우고 그 죄를 씻어 없애고 싶습니다. 이 세상에서 비방을 없앨 수 있다면, 불의와 죄악의 대부분을 없앨 수 있을 것입니다.

타인의 명예를 부당하게 훼손시킨 사람은 죄를 지은 것이며 비방한 정도에 따른 훼손에 대한 책임을 져야 합니다. 남의 물건을 훔친 사람은 하늘나라에 들어갈 수 없습니다. 인간이 지니고 있는 것 중 가장 귀중한 것은 명예입니다. 우리에게는 세 가지 생명이 있습니다. 하느님의 은총에 달려 있는 영적 생명과 영혼에 좌우되는 육적 생명, 그리고 명예에 달려 있는 사회적 생명이 있습니다. 죄는 영적 생명을 **빼앗고**, 죽음은 육적 생명을 소멸시키며, 비방은 사회적 생명을 죽입니다. 특히 타인을 비방하는 사람은 혀로 세 번의 살인죄를 범하는 것과 같습니다. 비방은 비방하는 자신과 듣는 사람의 영혼을 죽게 하는 동시에 비방당하는 사람의 사회적 생명을 죽이기 때문입니다.

베르나르도 성인은 비방하는 사람의 혀와 이를 듣는 사람의 귀는 마귀에게 지배당하고 있는 것이라고 했습니다. 아리스토텔레스는 뱀의 혀는 끝이 둘로 나뉘어져 있는데, 비방하는 자의 혀도 이와 같아 한 번 입을 놀릴 때마다 듣는 사람의 귀에 독을 넣어 주는 동시에 비방을 당하는 사람의 명예를 해친다고 말했습니다.

필로테아 님, 직접이든 간접이든 절대로 다른 사람을 비방하지 마십시오. 남에게 죄를 뒤집어씌우거나 결점이나 잘못을 들추어내서는 안 됩니다. 또한 이미 사람들에게 알려진 잘못이라도 이를 과장하여 부풀리거나 타인의 선행을 나쁘게 해석하는 짓, 그리고 타인의 덕을 부인하거나 악평하고 또는 은폐하는 짓을 해서는 안 됩니다. 이러한 모든 행위는 아무리 자신이 무고하다고 변명하거나 타인이 입은 상처를 부정한다 해도 거짓으로 그에게 해를 끼쳤으므로 하느님을 심하게 모욕하는 것입니다.

비방을 목적으로 먼저 칭찬을 한 뒤 비꼬거나 농담하는 척하면서 남을 헐뜯는 것은 가장 사악한 짓입니다. 예를 들면, "나는 그를 무척 좋아해. 참 좋은 사람이지. 그런데 솔직히 이번 일은 그 사람이 정말 잘못한 거야.", "저 아가씨는 참 착실한데, 어쩌다가 그런 실수를 저질렀을까?"라고 하는 말 등입니다. 그대도 이런 말 속의 교활함을 눈치챌 것입니다. 궁수는 목표물을 명중시키고자 화살을 건 시위를 세차게 잡아당깁니다. 마찬가지로 비방에 앞서 칭찬하는 것은 듣는 사람의 마음을 꿰뚫고자 시위를 당기는 것입니다.

비아냥거림은 가장 잔인한 비방입니다. 짐새(독을 지니고 있다는 전설의 새)의 독은 그다지 독하지 않아서 쉽게 해독할 수 있지만, 이것을 포도주에다 넣어서 마시면 해독이 안 된다고 합니다. 이와 같이 귀에서 귀로 가볍게 빠져나가는 욕이라도 그 말을 듣는 사람의 뇌리에는 오래 남아 있게 됩니다. 비방하는 것에 대해 시편 저자는 "살무사의 독을 입술 밑에 품습니다."(시편 140,4)라고 말했습니다. 살무사에게 물린 자국은 눈에 띄지 않을 정도로 작고 약간 따끔할 뿐이지만 시간이 지나면 그 독소가 든 혈액이 심장과 신경계를 거쳐 모든 기관에 퍼져서 치료할 수 없게 됩니다.

비록 어떤 사람이 술을 마시는 것을 보았을지라도 그를 술주정뱅이라고 말해서는 안 됩니다. 또한 어떤 사람이 간음한 사실을 알아도 그 사람을 두고 간음쟁이라고 말해서는 안 됩니다. 어쩌다 한 번 저지른 잘못을 근거로 그 사람에게 영원한 낙인을 찍어서는 안 됩니다. 여호수아가 아모리족을 정복하던 날 태양이 하늘 한가운데 멈추어 온종일 지지 않았고(여호 10,12-13 참조), 우리 주님께서 돌아가실 때 대낮임에도 어둠이 온 땅을 덮었다고 해서 태양이 움직이지 않았다거나 암흑천지라고 말하지는 않습니다. 노아도 술에 취한 적이 있었고(창세 9,20-21 참조), 롯은 술에 취해 자기 딸들과 잠자리를 함께한 적도 있습니다(창세 19,30-38 참조). 그러나 두 사람 모두 술 주정꾼이 아니었고, 롯도 음란죄를 범한 것은 아니었습니다. 베드로 사도는 일찍이 칼로 대사제의 종을 내리치기도 했고(요한 18,10 참조), 예수님을 거스르는 말을 하기도 했지만(마태 16,22-23 참조), 그 일 때문에 베드로 사도를 살인자나 독설가라고 할 수는 없습니다. 죄든 덕이든 그것이 습관화되어 그 경향이 심해질 경우에만 그러한 단정을 내릴 수 있습니다. 잠깐 불같이 화를 낸 사람을 신경질적인 사람이라고 하거나, 한 번 도둑질을 한 사람을 계속 도둑놈이라고 부르는 것은 정당하지 않습니다.

또한 어떤 사람이 오랜 세월 죄를 지으며 살았다 해도 그를 악인이라고 단정하는 것은 옳지 않습니다. 예수님을 자기 집에 초대한 바리사이는 예수님의 발에 향유를 부은 여인을 죄인이라고 생각했지만, 주님께서는 그 여인을 변호하셨습니다(루카 7,36-50 참조). 그녀가 더 이상 죄를 짓지 않는 거룩한 참회자가 되어 있었기 때문입니다. 바리사이와 세리의 비유에서 바리사이는 성전에서 기도하는 세리를 부당하게 착취하거나 간음을 일삼는 대죄인으로 여겼습니다. 그러나 그는 잘못 판단한 것입니다. 그 세리는 기도를 드리는 순간 이미 의인이 되어 있었습니다(루카 18,9-14 참조).

오! 하느님의 자비는 헤아릴 수 없고, 용서와 구원을 받는 데에는 한순간이면 가능하다는 것을 안다면, 어떻게 과거의 죄인을 보고 오늘도 죄인이라고 단언할 수 있겠습니까? 어제의 일로 오늘의 일을 판단하거나 오늘의 일로 어제의 일을 판단할 수는 없습니다. 사람의 일생에 대한 심판은 최후의 날에 있을 뿐입니다. 그러므로 어떤 사람을 악인이라고 말할 때에는 항상 거짓을 말하게 될 위험이 있습니다. 부득이한 사정으로 말할 수밖에 없다면 그 사람의 행동의 잘못된 점과 그러한 죄를 범하게 된 경위와 현재 그가 잘못한 행위만을 말해야 합니다. 결코 과거의 일로 현재의 일을 단정하거나 현재의 일을 보고 과거를 추측해서는 안 되며, 미래를 상상해서도 안 됩니다.

남을 비방하지 않으려면 매우 세심한 주의가 필요합니다. 그렇다고 비방하지 않고자 한다는 핑계로 악행을 덮어 두거나 칭찬해서는 안 됩니다. 분명히 타인을 비방하는 사람이라는 것을 알고 있으면서도 그를 정직한 사람이라고 말해서는 안 되며, 허영에 빠진 사람을 세련되고 인심이 후한 사람이라고 말해서도 안 됩니다. 또한 지나칠 정도로 다정하게 대하는 것을 단순하고 악의가 없다고 말하지 말아야 합니다. 불순명을 열정이라고 말하고 교만을 정직으로 여기거나 음란한 행태를 애정이라는 이름으로 덮어 주어서도 안 됩니다.

필로테아 님, 비방하지 않고자 한다는 핑계로 다른 사람이 저지르는 죄를 잘하는 일이라 아첨하며 부추기지 말아야 합니다. 모름지기 악은 악이라고 정직하게 말하고, 꾸짖을 것은 단호하게 꾸짖어야 합니다. 이러한 자세야말로 하느님의 영광을 위하는 참된 행위입니다. 나는 여기에 다음의 조건을 덧붙이겠습니다.

타인의 죄를 지적하고 꾸짖는 행위는 죄를 지은 당사자뿐만 아니라 많은 사람들을 이롭게 합니다. 예를 들어, 젊은 처녀들을 따라다니며 유혹하는 사람을 보면 주저하지 말고 곧바로 꾸짖어야 합니다. 그를 꾸짖지 않고 오히려 그의 행위를 합리화하거나 별일 아니라는 듯한 태도를 취하면, 다른 젊은이들에게 같은 죄를 짓게 하는 계기를 만드는 것이 됩니다.

그대가 책임 있는 위치에 있을 때 다른 사람의 잘못을 지적하는 것이 효과적입니다. 예를 들면, 그대가 연장자 중 하나라면 여러 사람이 모인 자리에서 다른 이의 허물을 묵과하지 말고 지적해야 합니다. 이와는 달리 웃어른이 그 자리에 있을 때에는 함부로 발언하지 않는 것이 좋습니다. 특히 주의할 점은, 어떤 사람의 잘못을 지적할 때에는 정확하게 말하고 한마디라도 과장해서는 안 됩니다. 예를 들면, 어떤 젊은 남녀가 죄를 범할 위험에 처해 있다고 판단될 때에는 조금도 과장하지 말고 정확하게 잘못된 것만을 지적해야 합니다. 그러나 단지 조심성이 부족해서 겉으로 그렇게 보이는 것일 뿐이라면 차라리 침묵을 지키는 것이 좋습니다. 그러나 그들의 행위가 사람들에게 악의적인 비방거리가 될 여지가 있을 경우에는 당사자에게 주의를 주십시오. 다른 사람의 잘못을 지적할 때에는 수술칼로 힘줄과 신경을 분리하는 외과 의사처럼 정확해야 하며, 사실에 티끌만큼이라도 보태거나 빠뜨리지 않아야 합니다. 끝으로 다른 이의 잘못을 꾸짖을 때에는 될 수 있는 대로 그 사람을 용서하려는 마음을 지녀야 합니다.

성교회가 공식적으로 규정한 명백한 대죄에 대해서는 주저없이 대죄라고 말해도 상관없습니다. 하느님과 성교회를 공공연하게 적대시하는 사람들에게는 단호히 대처하여 그들의 잘못을 철저하게 지적해야 합니다. 양의 무리에 늑대가 들어오면 신속하게 늑대를 내몰아야 합니다. 그러나 그때도 사랑과 자비의 정신을 지녀야 하며, 교만하게 그들을 욕하거나 그들의 잘못을 보고 기뻐하는 내색을 해서는 안 됩니다. 사람들은 자신의 편협한 감정으로 다른 사람을 비방하거나 비난합니다. 필로테아 님, 그대는 결코 이런 잘못을 저지르지 마십시오. 이것은 하느님 앞에 죄를 짓는 것일 뿐 아니라 많은 분쟁의 원인이 되기 때문입니다.

타인에 대한 비방을 들을 때에는 먼저 그 말이 과연 사실인지 알아보고, 사실이 아닐 경우에는 비난받는 사람을 위해 해명을 하십시오. 그러나 그것이 사실일 경우에는 그대와 그 자리에 있는 사람들이 그러한 잘못을 범하지 않은 것이 오직 하느님의 은총임을 사람들에게 주지시키고, 최대한 비난하는 사람을 자제시키며 비난받는 사람의 장점을 알고 있다면 사람들에게 그 점을 말해야 합니다.

제30장
대화 때의 주의 사항

  대화를 할 때에는 진실하고 다정해야 하고, 단순하게 사실만을 말해야 합니다. 결코 애매모호하게 말하거나 거짓말을 해서는 안 됩니다. 모든 것을 사실 그대로 말하는 것이 언제나 다 좋은 것은 아니지만, 어떤 경우든 사실과 다른 말은 하지 마십시오. 절대로 남을 속이는 것에 대해 변명하거나 합리화해서는 안 됩니다. 하느님께서는 진리의 하느님이시라는 것을 잊지 마십시오. 별다른 의도 없이 거짓을 말했을 때에는 어렵더라도 그 자리에서 해명하고 사실을 밝혀야 합니다.

  때로는 진실을 감추는 것이 지혜로울 때도 있습니다. 그러나 이는 특별한 경우에만 허용되며, 특히 하느님의 영광을 위해서나 하느님께 봉사하고자 하는 데 필요한 경우에 한해서입니다. 그러나 지나치게 술책을 부리는 것은 위험합니다. 아무리 뛰어난 술책이라도 술책보다는 솔직함이 더 낫습니다. 세속적인 신중함과 술책은 이 세상 자녀들의 것입니다. 하느님의 자녀들은 올바른 심성을 지녀야 합니다. 구약의 현자는 "올바른 길을 걷는 이는 마음 편안하게 걷는다."라고 말했습니다.

아우구스티노 성인은 《고백록》 제4편에서 한 친구에 대해 말했습니다. 그는 자기 영혼과 그 친구의 영혼이 하나라고 여겨 친구가 죽자 그의 삶은 적막하고 비참했지만 죽는 것이 두려워 죽을 수 없었다고 기록합니다. 그러나 훗날 그는 이런 생각이 너무 과장되고 진실성이 없는 것임을 깨닫고, 《정정서 訂定書》에서 자신이 한 말을 취소했습니다.

친애하는 필로테아 님, 아우구스티노 성인의 거룩하고 아름다운 영혼이 용어의 비현실성과 허식을 얼마나 예리하게 느꼈는지 알 수 있습니다. 그리스도인은 참으로 진실하며 명쾌하고 단순하게 말해야 합니다. 시편 저자는 이렇게 기도했습니다.

"나는 말하였네. '내 혀로 죄짓지 않도록 나는 내 길을 지키리라. 악인이 내 앞에 있는 동안 내 입에 재갈을 물리리라.'"(시편 39,2)

"주님, 제 입에 파수꾼을 세우시고 제 입술의 문을 지켜 주소서."(시편 141,3)

루도비코 성인 임금은 죄악이나 중대한 피해를 묵인하는 셈이 되는 경우를 제외하고는 결코 남과 다투지 말라고 훈계했습니다. 어쩔 수 없이 다른 사람의 뜻과 맞지 않는 말을 하거나 반박할 경우에도 상대의 감정이 상하지 않도록 온유하고 슬기롭게 대처해야 합니다. 자극적이고 무례한 태도는 서로 이로울 것이 없기 때문입니다.

'말은 되도록 적게 해야 한다.'는 옛 현인들의 교훈은 말수를 적게 하라는 것이 아니라, 무익한 말을 하지 말라는 뜻입니다. 말은 그 양보다도 질을 고려해야 합니다. 우리는 극단적인 태도를 피해야 합니다. 상대에게 엄하고 찡그린 얼굴만 보이고 불친절하게 대하는 것은 상대를 불신하거나 멸시하는 것처럼 보입니다. 반면 혼자 끊임없이 떠들면서 상대에게 말할 틈도 주지 않는 것은 경솔해 보입니다.

루도비코 성인 임금은 여러 사람이 있는 곳에서 두 사람이 속삭이거나 특히 식탁에서 속삭이는 것은 다른 사람의 흉을 보는 것처럼 보이기 때문에 바람직하지 않다고 했습니다. 그래서 그는 다음과 같이 강조하였습니다. "사람들과 함께 식탁에 앉아 있을 때 재미있는 화젯거리를 가진 사람은 모든 사람이 들을 수 있게 큰 소리로 말해야 하고, 그것이 비밀스럽고 중요한 내용일 때에는 그 자리에서 말하지 말고 적당한 때를 기다려야 한다."

제31장

건전한 오락

    때때로 우리는 심신의 휴식을 취해야 합니다. 카시아노 성인의 기록에 따르면, 하루는 요한 사도가 새를 손 위에 놓고 쓰다듬고 있었는데, 한 사냥꾼이 이를 보고 훌륭한 사도가 왜 그처럼 하찮은 일에 시간을 낭비하고 있는지 이상하게 여겼다고 합니다. 그러자 요한 사도가 "당신은 왜 늘 활에다 시위를 매 두지 않습니까?" 하고 물었습니다. 사냥꾼은 "항상 매 두면 막상 쏘아야 할 때 활의 탄성이 약해지기 때문입니다."라고 대답했습니다. 그러자 요한 사도가 "내가 때때로 정신의 긴장을 풀고 휴식을 취하는 것도 더욱 힘을 내어 하느님의 사업을 생각하려는 것인데, 그렇다면 이상히 여길 일이 아니지 않습니까?"라고 반문했습니다. 자신은 물론, 남에게도 휴식을 허용하지 않는 것은 지나치게 엄격하고 잘못된 행위입니다.

　소풍을 가서 친구들과 유쾌하게 대화하고, 악기를 연주하며 노래를 부르는 것 등은 조금도 비난받을 일이 아닙니다. 때와 장소에 따라 적당히 즐기는 것은 문제가 되지 않습니다.

　테니스, 당구, 승마, 장기 등과 같이 기술이 필요하며 신체와 정신을 강화하는 놀이는 그 자체로 정당한 오락입니다. 다만 금품을 걸거나 그 일에 많은 시간을 허비하지는 말아야 합니다. 그런 것에 너무 시간을 허비하면 그것은 오락이 아니라 심한 노동이 되어 휴식은커녕 심신이 피곤해집니다. 대여섯 시간 계속해서 장기를 두면 정신이 피로해지고, 오랜 시간 테니스를 계속하면 몸이 지치게 됩니다. 또한 내기에 건 금액이나 경품이 과하면 물욕 때문에 긴장하게 되고 마음이 산란해집니다.

　필로테아 님, 오락에 너무 빠지지 마십시오. 아무리 건전한 놀이라도 그것에 애착하면 악한 것이 되고 맙니다. 오락을 금하는 것은 아니지만 오락을 위한 오락이 될 정도로 정신이 팔리거나 집착해서는 안 됩니다.

제32장

금지된 오락

주사위나 카드, 당구와 같은 것을 통한 내기 게임들은 춤처럼 그리 위험한 오락이 아니라고 여길 수도 있습니다. 그러나 어떠한 종류의 도박이든 나쁘고 해롭기 때문에 교회는 이를 금하고 있습니다. 그 이유는 그로 말미암은 이득이 재주나 노력 여부에 관계없이 요행으로 얻어지는 것이기 때문입니다. 처음부터 합의 아래 이루어지므로 나쁘지 않다고 말들 하겠지만, 그 합의 자체가 불합리한 것이므로 도박 자체도 불합리한 것임은 부인할 수 없는 사실입니다.

사람들은 도박을 오락이라고 여기고 있지만 실제로는 격심한 노동입니다. 줄곧 긴장한 채 끊임없는 불안과 공포 속에서 그것에 집중해야 하니 노동이 아니고 무엇이겠습니까? 도박하는 사람보다 더 침울하고 힘든 노동을 하는 사람이 또 어디에 있겠습니까? 도박을 할 때에는 말을 하거나 웃어서도 안 되고 심지어 기침조차 하면 안 되지 않습니까? 만일 웃거나 말을 시키면 사람들에게 비난받기 십상입니다.

도박은 승리해야 희열을 느끼게 되는데, 이 승리는 상대의 패배와 불쾌를 조건으로 하는 것입니다. 그러므로 도박은 만족스러운 기쁨이 아닙니다. 병상에 누워 있던 루도비코 성인 임금은 동생이 누군가와 도박을 하고 있다는 말을 듣고, 아픈 몸을 이끌고 비틀거리면서도 그들이 있는 방으로 가서 탁자와 도박 도구와 돈을 창밖으로 던져 버리며 호통을 쳤다고 합니다.

제33장
춤과 그 외의 오락

춤 자체는 선도 아니고 악도 아니지만, 일반적으로 춤을 추는 방식에 비난의 대상이 될 수 있는 위험한 요소가 있습니다. 무도회는 보통 밤에 열립니다. 그리 밝지 않은 조명 속에서 춤을 추다 보면 건전하지 못한 생각에 빠지기 쉬우며, 밤새도록 춤을 추고 나면 피곤해서 이튿날 아침 기도를 바칠 수 없게 됩니다. 말하자면 낮을 밤으로 삼고, 빛을 어둠으로 바꾸며, 선행을 보잘것없는 유희로 바꾸는 것은 참으로 어리석은 짓입니다. 게다가 무도회에 자주 가는 사람들은 허영심에 들뜨기 쉬우며 그로 말미암아 사악한 욕망과 위험한 애정에 빠지기 쉽습니다.

필로테아 님, 나는 그대에게 매우 좋은 춤이라도 반드시 좋지만은 않다고 말하고 싶습니다. 어쩔 수 없이 무도회에 참석해야 할 경우에는 주변에 위험 요소는 없는지, 장소는 어떠한 곳인지 신중하게 살펴야 합니다. 춤을 가끔씩 즐기는 것은 상관없지만 도가 지나치면 춤에 집착할 위험이 생깁니다.

무도회나 이와 비슷한 모임에서는 다툼, 질투, 모략, 정욕 등에 이끌리기 쉽습니다. 또한 춤을 추면 몸이 뜨거워지고 신경 조직이 이완되는 동시에 마음의 문도 느슨해집니다. 이를 틈타 독사 한 마리가 음탕한 말로 속삭이며 교묘하게 유혹하면, 우리 마음은 그 꼬임에 빠져 죄에 중독될 것입니다.

필로테아 님, 이런 경박한 오락은 모두 위험합니다. 신심을 소멸시키고 정신력을 약화시켜 하느님에 대한 사랑을 식게 하며, 영혼을 혼란스럽게 하여 사악한 생각을 하게 하므로 최대한 억제하도록 해야 합니다.

춤을 추고 난 뒤에는 그때 당시의 공허한 유희가 마음속에 여전히 남아 있을 수 있어 자칫 위험에 빠질 수 있으므로 다음과 같은 생각을 하는 것이 좋습니다.

① 그대가 춤을 추고 있는 그 순간에도 춤 때문에 죄를 범하여 지옥 불에 타고 있는 영혼이 많이 있습니다.
② 그대가 춤을 추고 있는 그 시간에 하느님 앞에 나아가

하느님을 찬미하고 흠숭하는 신심 깊은 사람들도 있습니다. 춤을 추고 있는 그대와 비교하면 그들은 훨씬 더 행복한 시간을 보내고 있는 것입니다.

③ 그대가 춤을 추고 있는 그 시간에 고통스럽게 죽어 가고 있는 수많은 사람들, 병상에 누워 있는 사람들, 여러 가지 질병으로 신음하는 사람들이 있습니다. 그들이 가엾지 않습니까? 언젠가 사람들이 오늘의 그대처럼 춤추며 희희낙락하고 있을 때 병상에 누워 고통당하고 있을 그대의 모습을 상상해 보십시오.

④ 주님과 성모님, 그리고 모든 천사들과 성인들이 미친 듯이 춤을 추고 있는 그대를 보고 계십니다. 그대가 이처럼 쓸데없는 것을 즐기고 이런 것에 열중하는 것을 보시면 얼마나 슬퍼하시겠습니까?

⑤ 그대가 무도회에 있는 동안에도 시간은 흐르면서 죽음이 가까이 다가오고 있습니다. 죽음은 그대를 조소하며 그 경쾌한 춤곡처럼 그대에게 다가올 것입니다. 그대가 죽음의 길을 갈 때 그대가 돌보던 집안사람들의 울음소리는 무곡이 되고, 그대는 그들의 울음소리에 맞추어 걸음을 내디뎌야 할 것입니다. 그러므로 오랫동안 춤을 추는 것은 시간 낭비이며, 그대가 내딛는 한 걸음은 이

세상에서 영원한 고통의 세계로 옮겨 가는 것입니다.

그대가 진정 하느님을 두려워한다면, 주님께서는 그대가 이에 대해 올바르게 성찰할 수 있도록 이끌어 주실 것입니다.

제34장
춤과 오락의 건전한 이용

몸과 마음의 휴식을 위한 오락이나 춤은 문제가 될 것이 없지만 여기에 집착하는 것은 옳지 않습니다. 이따금 피로하지 않을 정도로 가볍게 오락과 춤을 즐기는 것은 심신의 긴장을 푸는 데 유익합니다. 그러나 자주 습관적으로 오랜 시간 춤을 추는 것은 심한 노동이 됩니다.

사람들과 함께 즐거움을 나누는 것은 애덕 행위이므로 건전한 오락은 괜찮습니다. 춤은 위험성이 있지만 신중하고 사려 깊게 하면 건전하며, 내기를 거는 오락은 해롭지만 때로는 사람들 사이에 친밀한 분위기를 조성하기 위해 필요할 때도 있습니다.

그러나 대부분의 오락과 춤은 불행한 결과를 초래할 때가 많습니다. 한마디로 요약하면 앞에서 말한 것에 유념하여 분위기를 좋게 하기 위해서 사람들과 함께 즐거운 시간을 보내는 경우에만 유익합니다. 이것을 판단하는 데에는 밝고 건전한 상식이 필요합니다. 그러나 이를 판단하기는 그리 쉽지 않습니다.

평소에 매우 엄격했던 가롤로 보로메오 성인이 어느 날 한 스위스 사람과 더불어 즐거운 시간을 보냈다는 이야기를 그의 전기에서 읽고 나는 깊이 감동했습니다. 로욜라의 이냐시오 성인도 초대를 받고 모임에 가서 사람들과 기쁘게 어울렸다고 합니다. 또한 헝가리의 엘리사벳 성녀도 이따금 사교 모임에 참석하여 춤도 추고 사람들과 즐거운 시간을 보냈지만 그녀의 신심은 추호도 흔들리지 않았습니다. 마치 폭풍 속에 몰아치는 파도 한가운데서도 흔들림 없는 산중 호수의 바위처럼, 깊이 뿌리내린 성녀의 신심은 허식과 허영 속에서도 굳건했습니다. 이러한 성인들의 신심처럼 활활 타오르는 큰 불꽃은 모진 바람이 불어도 꺼지지 않지만, 작은 촛불과 같은 우리네 신심의 불꽃은 스쳐 가는 바람결에도 이내 꺼져 버린다는 점을 잊지 마십시오.

제35장

성실

아가서에 나오는 남자는 자기 배필의 눈짓 한 번과 목걸이를 보고 마음을 빼앗겼다고 고백합니다(아가 4,9 참조). 사람의 신체 중 눈은 사람의 마음을 사로잡는 묘한 기능을 가지고 있습니다. 아가서의 이 구절 속에는 경건한 사람들이 행하는 일은 큰일뿐만 아니라 작고 보잘것없는 일이라도 우리 영혼의 배필이신 주님의 마음을 기쁘게 해 드릴 수 있다는 뜻이 숨어 있습니다. 그러므로 하느님을 기쁘게 해 드리고 싶으면 큰일이든 비천하고 작은 일이든 정성을 다해 주님을 섬기는 마음으로 해야 합니다. 그래야 주님의 사랑과 성심을 얻을 수 있습니다.

필로테아 님, 주님을 위해서라면 어떠한 어려움과 고통이라도 견디며, 죽음을 두려워하지 말고 순교할 각오까지 해야 합니다. 또한 주님의 뜻이라면 부모, 형제, 친척은 물론, 그대가 가진 것 중 아무리 귀중한 것일지라도 주님께 바치며, 그대의 눈과 생명까지도 주님께 봉헌하고 모든 것을 희생하겠다는 각오가 있어야 합니다. 그러나 하느님의 섭리가 큰 고통이나 희생을 요구하지 않을 때에는 일상생활에서 자주 일어나는 사소한 손실과 불편 등을 온유한 마음으로 인내하십시오. 그러면, 그대는 주님의 성심을 차지할 수 있습니다.

매일 일어나는 불쾌하고 머리 아픈 일들, 부부간의 사소한 다툼, 아끼던 물건의 고장이나 분실로 말미암은 속상함, 타인으로부터의 조롱과 멸시 등을 견디십시오. 또한 미사에 참례하고 성체를 모시고자 평소보다 일찍 일어나는 것이나 사람들이 보는 앞에서 신심을 수행할 때 느끼는 약간의 수줍음과 같은 사소한 고통을 기꺼이 감수한다면, 사마리아 여인에게 냉수 한 그릇을 받으시고 영원한 생명과 무한한 행복을 약속하신, 자애로우신 주님의 마음을 한없이 기쁘게 해 드릴 수 있습니다. 우리 주위에 이런 기회는 매우 흔합니다. 그대가 이를 적절하게 이용하면 많은 영적 보화를 얻을 것입니다.

시에나의 가타리나 성녀의 전기를 보면, 성녀는 가끔 말로 표현할 수 없을 정도로 고상하고 신비한 관상에 몰입하였으며, 황홀한 탈혼脫魂 상태에 빠져 신비로운 말을 하고 사람들을 가르쳤다고 합니다. 나는 하느님을 관상하는 성녀의 눈을 하느님께서 보시고 당신의 마음을 성녀에게 주셨을 것이라고 생각합니다. 내가 성녀의 행적에 감동하는 이유는 성녀의 관상 생활보다는 하느님에 대한 사랑의 기운으로 가득 차 불을 피우고, 빵을 만들고, 저녁을 준비하는 등 자질구레한 집안일을 기쁜 마음으로 도맡았다는 사실 때문입니다. 나는 성녀가 집안일을 하면서 틈틈이 했던 간단한 묵상이, 탈혼 상태에 빠졌던 관상에 비해 그 가치가 덜하지 않다고 생각합니다. 성녀가 탈혼을 체험한 것은 겸손과 인내의 보상일지도 모릅니다.

성녀가 자주 묵상한 방법에는 다음과 같은 것이 있습니다. 예를 들면, 요리를 할 때에는 아버지를 마르타에게서 봉사를 받으시는 주님으로, 어머니를 성모님으로, 형제들을 사도들로 생각했습니다. 성녀는 주님과 모든 성인들에게 봉사하겠다는 사랑의 정신으로 집안의 궂은일을 하는 것이 하느님의 뜻에 맞는 것임을 잘 알고 있었습니다. 필로테아 님, 나는 아무리 보잘것없는 일이라도 하느님께 봉사하겠다는 정신으로 정성을 다하는 것이 가장 중요하다는 사실을 그대에게 깨우쳐 주려 이러한 예를 듭니다.

그러므로 그대는 위대한 솔로몬 임금이 크게 칭송한 '훌륭한 아내'를 본받아야 합니다(잠언 31,10-31 참조). 솔로몬 임금은 그녀가 고생스럽고 힘든 일을 마다하지 않고 한 손으로는 물레질을 하고 다른 한 손으로는 실을 잣는 데 주저하지 않는다고 말했습니다. 그대도 이 부인을 본받아 기도와 묵상을 하고 성사를 받으며, 사람들에게 하느님의 사랑을 가르치십시오. 또한 선한 마음과 생각을 사람들과 함께 나누면서 그대에게 주어진 중요한 일들을 처리해 나가십시오. 그러면서도 그대는 물레를 돌리고 실을 잣는 일을 소홀히 해서는 안 됩니다. 곧, 십자가 밑에 핀 작은 꽃과 같은 선행들, 예를 들면, 노인들을 위한 봉사 활동, 병문안, 집안 살림 등 사람들에게 유익한 일을 하면서 가타리나 성녀처럼 묵상하십시오.

비록 작은 일이라도 그것을 통해 하느님을 섬길 기회는 얼마든지 있습니다. 주님께서는 "아주 작은 일에 성실한 사람은 큰일에도 성실하고, 아주 작은 일에 불의한 사람은 큰일에도 불의하다."(루카 16,10)라고 말씀하셨습니다. 모든 일을 주님의 이름으로 하면 다 잘될 것입니다. 식사나 취침, 휴식, 집안일 등 매사를 주님의 이름으로, 하느님의 거룩하신 뜻에 따라 행하면 하느님 나라에 많은 공로를 쌓을 수 있을 것입니다.

제36장

올바른 처신

사람에게는 이성이 있습니다. 그런데 진실로 이성적인 사람은 매우 드뭅니다. 자신도 모르는 사이에 자기애가 우리의 이성을 마비시키고, 여러 가지 사소하고 위험한 부정과 불의한 일에 끌어들이기 때문입니다. 이것은 아가서에 나오는 '여우들'과 같습니다(아가 2,15 참조). 그 여우들은 작지만 수가 많고 사람들이 보지 못하는 사이에 포도밭을 황폐화시켜 큰 피해를 줍니다. 예를 들면, 다음과 같은 일들은 올바르지 않고 불의한 것이라고 말할 수 있습니다.

우리는 다른 사람이 지니고 있는 아주 작은 결점을 보고 그 사람을 비난하지만, 자기 자신의 잘못에 대해서는 변명하기에 급급합니다. 흔히 자기 물건은 비싸게 팔려 하고 다른 사람의 물건은 싸게 사려고 하듯이, 다른 사람에게는 정의의 원칙을 내세우지만 자신에게는 자비와 동정을 베풀기를 바랍니다. 자신의 말은 선의로 해석해 주기를 바라지만, 다른 사람의 말에는 예민하게 대응하며 혹시 자신에게 불리하지나 않을까 염려하며 불안해합니다. 갖고 싶은 물건은 남의 것이라도 탐내면서 자기 물건은 남이 달라고 하면 주지 않습니다. 다른 사람이 자기 요구를 들어주지 않으면 싫은 내색을 하지만, 다른 사람이 무언가를 요구하면 귀찮아하고 화를 내기도 합니다. 자기가 좋아하는 일은 다른 일을 등한시하면서도 즐기고 그 일에 집착하지만, 싫어하는 일에 대해서는 무조건 반대합니다. 아랫사람이 마음에 들지 않거나 감정을 상하게 하면 그의 일거일동을 모두 못마땅해하고 책망하지만, 이와 반대로 자기가 총애하는 사람이 하는 짓은 무엇이든 너그럽게 보아줍니다. 마음은 착하지만 외모가 못생겨 구박받는 자식도 있고, 성격과 버릇이 나빠도 얼굴이 귀엽게 생겨 재롱둥이로 귀여움을 받는 자식도 있습니다.

일반적으로 우리는 부자들을 부러워합니다. 비록 현명하고 덕행이 뛰어난 사람이라 해도 차림새가 허름하면 그를 멸시하나, 화사한 옷차림만을 보고 호감을 갖는 일도 있습니다. 자기 권리는 강하게 주장하면서 남들의 권리는 양보해 주기를 바랍니다. 자신은 마음대로 행동하면서 다른 사람은 자기에게 겸손하고 공손하기를 바라며, 남의 일에는 쉽게 불만을 터뜨리지만 자기는 비난받으려 하지 않습니다. 자신이 다른 사람에게 해 준 일은 대단한 것처럼 여기고, 다른 사람으로부터 받은 호의는 대수롭지 않게 여깁니다. 마치 두 개의 심장을 지닌 자고새처럼, 우리는 자기 자신에게는 친절하고 관대한 마음을 갖고, 다른 사람에 대해서는 엄격하고 완고한 마음을 가지고 있습니다. 다시 말해서 자신에게는 후하고 어떻게 해서든 자신에게 이로운 일을 하려 하며, 다른 사람에게는 야박하고 그를 나쁜 상황으로 몰고 가는 일도 서슴지 않는 이중 잣대를 가지고 있습니다. 시편에서는 이런 성향을 "저마다 제 이웃에게 거짓을 말하고 간사한 입술과 두 마음으로 말합니다."(시편 12,3)라고 꼬집었습니다.

여기에서 두 마음이란 받을 때에는 무게가 많이 나가게 하는 저울추를, 줄 때에는 무게가 적게 나가게 하는 저울추를 사용하려는 것을 말합니다. 이런 저울추를 사용하는 것을 하느님께서는 싫어하십니다.

필로테아 님, 그대는 언제나 공평하고 올바르게 행동하십시오. 처지를 바꾸어서 생각하는 마음을 가지면 모든 일을 올바르게 판단하고 처리할 수 있을 것입니다. 물건을 살 때에는 파는 사람의 입장을 생각하고, 자기 물건을 팔 때에는 사는 사람의 입장을 고려하면 사고파는 데 부정한 일이 일어나지 않을 것입니다. 물론 이때 사소하게 부정한 일이 생길 수도 있으나 그런 것을 보상해 주어야 할 의무는 없습니다. 그러나 이와 같은 일에는 권리와 애덕을 거스르는 결점이 있으므로 이를 바로잡는 것이 좋습니다. 공명정대하고 너그러운 마음을 가지고 사는 것은 결코 자신에게 손해가 되지 않습니다.

필로테아 님, 다른 사람이 그대에게 해 주기를 바라는 것을 그대가 다른 사람에게 베푼 적이 있는지 자주 성찰하기 바랍니다. 트라야누스 황제는 자신을 가까이 모시는 신하로부터 제왕으로서의 위엄이 깎일 정도로 신하들에게 너무 친절하다는 충고를 받고는 "내가 신하라면 황제가 그렇게 해 주기를 바랐을 것 같은데, 내 처신이 나쁘단 말인가?" 하고 반문했다고 합니다.

제37장

희망

악한 일을 계획하거나 시도해서는 안 된다는 것은 누구나 다 잘 알고 있는 진리입니다. 필로테아 님, 나는 한 걸음 더 나아가 사교춤이나 도박 또는 이와 비슷한 오락, 곧 영혼을 위험에 빠지게 하는 것들을 가까이하려는 마음을 품지 말 것을 그대에게 특별히 당부합니다. 사회적으로 높은 지위에 있는 사람이나 고관들 위에 군림하고 싶어 하는 허세와 마찬가지로, 하느님에게서 오는 특별한 영적 계시나 신비한 탈혼을 체험하고 싶어 하는 것도 허영이므로 그런 원의를 품어서는 안 됩니다. 자신의 능력과 거리가 먼 것이나 실현 불가능한 것을 바라면 정신만 피로해지고 현재 하는 일에 집중하지 못하여 불평과 불안감만 갖게 됩니다.

어떤 청년이 당장 높은 지위에 오르기를 열망하지만, 아직 때가 되지 않았다면 꿈을 꾼들 무슨 소용이 있겠습니까? 또한 이미 한 사람의 아내가 된 여자가 수도원에 들어가기를 간절히 원한들 무슨 소용이 있겠습니까? 이웃 사람이 가지고 있는 물건을 사고 싶어도 그 사람이 팔려고 하지 않으면 가질 수 없습니다. 병상에 누워 있는 사람이 미사에 참례하기를 바라거나 건강한 사람들처럼 일을 하고 싶어 한다 해도, 그 일을 할 힘이 없으니 그것은 쓸데없는 소망에 불과합니다.

하느님의 거룩한 뜻에 따르려면 투병 중에도 인내하고 고통을 견디며, 순명과 온유의 덕을 길러야 합니다. 그럼에도 우리는 임신한 부인이 가을에 싱싱한 앵두를 찾고 봄에 포도를 먹고 싶어 하듯이, 마음에 부질없는 원의만 키우고 있습니다.

해야 할 일이 있는 사람은 주어진 현실과 다른 삶을 바라면서 자기 의무를 소홀히 해서는 안 됩니다. 이러한 헛된 원의는 마음을 산란하게 하여 해야 할 일을 방해할 뿐입니다. 갑자기 관상 수도회 수도자들처럼 은둔 생활을 간절히 바란다면, 그것은 시간 낭비이며 현재 할 일을 착실히 하려는 마음을 빼앗을 뿐입니다. 또한 우수한 두뇌와 지혜를 바라는 것도 헛되고 무익한 일입니다. 그것보다는 현재 지니고 있는 능력을 배양시키고자 노력해야 할 것입니다. 하느님께 봉사할 때도 자신에게 없는 삶의 양식을 부러워하지 말고 자신의 능력에 따라 주어진 일에 충실해야 합니다. 그러나 그것이 단지 가벼운 희망일 뿐 번민할 정도가 아니라면 그다지 염려할 필요는 없습니다.

주님께서 현재 그대에게 주신 십자가도 잘 인내하지 못하면서 더 많은 십자가를 청하지 마십시오. 남에게 받은 모욕을 인내할 용기도 없으면서 순교를 꿈꾼다면 이는 허황된 망상에 지나지 않습니다. 악마는 작은 일에도 충실한 사람에게 실현될 수 없는 것에 대한 야망을 품게 합니다. 우리는 아프리카의 큰 괴물과 싸우는 용사가 되는 공상을 할 수는 있지만, 실제로는 길바닥의 작은 뱀에게 물려 죽을 수 있을 만큼 허약한 존재입니다. 실현될 수 없는 야망은 자기 분수를 모르는 데서 옵니다. 그대는 주님께서 주실 십자가에 대비하고 그 기회가 닥칠 때 시련을 잘 극복할 수 있도록 미리 수양에 힘쓰십시오.

맛이 뛰어나고 영양이 풍부한 음식이라도 너무 많이 먹으면 위장이 약한 사람은 금방 탈이 납니다. 이와 마찬가지로 그대 영혼을 너무 과중한 의욕으로 채워서는 안 됩니다. 정신적 야망이 지나치면 신심 수행에 방해가 됩니다. 이런 사람들은 불순한 생각을 제거하여 영혼을 청소하겠다는 의욕 때문에 닥치는 대로 고행과 기도 등 온갖 신심 수행을 시도합니다.

필로테아 님, 이러한 영적 의욕은 좋은 징조이지만 이 모든 것을 한꺼번에 소화시킬 능력이 그대에게 있는지 고려해야 합니다. 그대의 영적 지도 신부의 지시에 따라 여러 가지 수행 방법 중 그대가 할 수 있는 것부터 먼저 실천하십시오. 그것을 실천하고 난 뒤 하느님의 뜻에 맞는 순서에 따라 다음 것을 실천해 가면 무리한 욕심으로 시간을 낭비하는 일이 없게 될 것입니다. 내 말은 좋은 지향을 버리라는 뜻이 아니라 순서를 밟아 실천하라는 것입니다. 당장 실천하기에 어려운 것은 마음속에 유념해 두었다가 적절한 시기에 착수하십시오. 영적인 희망뿐만 아니라 세속적 희망도 마찬가지입니다. 단계를 밟지 않고 모든 것을 한꺼번에 하기를 바라면 우리의 일생은 불안과 기우의 연속이 되고 말 것입니다.

제38장

결혼한 이들에게

바오로 사도는 결혼에 대해 다음과 같이 말했습니다.

"남자는 아버지와 어머니를 떠나 아내와 결합하여, 둘이 한 몸이 됩니다. 이는 큰 신비입니다. 그러나 나는 그리스도와 교회를 두고 이 말을 합니다. 여러분도 저마다 자기 아내를 자기 자신처럼 사랑하고, 아내도 남편을 존경해야 합니다."(에페 5,31-33)

혼인은 모든 사람에게 모든 면에서 신성한 것입니다. 모든 사람에게 신성하다고 한 것은 기혼자이건 미혼자이건, 가난한 사람이건 부유한 사람이건 누구나 겸손한 마음으로 혼인을 존중해야 한다는 뜻이고, 모든 면에서 신성하다는 것은 그

기원과 목적, 형식과 방법이 모두 신성하다는 뜻입니다. 혼인은 하느님 나라를 성인들로 채우고자 지상에서 신자들을 양성하고 있는 성교회의 양성소입니다. 또한 혼인은 한 나라를 번성하게 하는 모든 강의 원천과 같은 것이므로 이를 올바르게 보전하여 더럽히지 않는 것이 국가로서도 매우 중요한 일입니다.

신약 시대의 '카나의 혼인 잔치'에서처럼 오늘날의 모든 혼인 잔치에도 성자 그리스도께서 초대되시기를 바랍니다. 그러면 격려와 축복의 술이 그 집에 영원히 떨어지지 않을 것입니다. 사람들이 혼인의 축복을 제대로 받지 못하는 것은 주님 대신에 아도니스를, 성모님 대신에 비너스 여신을 혼인에 초대하기 때문입니다. 야곱처럼 무늬가 있는 염소와 양을 낳게 하고 싶으면 그를 본받아 미리 싱싱한 나뭇가지들을 꺾어 껍질을 벗겨 놓아야 합니다(창세 30,37 이하 참조). 행복한 결혼 생활을 바라는 사람은 혼인성사의 신성함을 잊어서는 안 됩니다. 그러나 실제 혼인 잔치에서는 오락과 잔치와 대화 중에 무수한 추태들이 벌어지고 있으니 혼인 문화가 문란해질 수밖에 없습니다.

나는 먼저 부부간의 사랑의 중요성을 강조하겠습니다. 이것은 이미 성경에서 성령께서 말씀하신 것입니다.

"오! 남편들이여, 아내들이여, '자연적 사랑으로 서로 사랑하라.'는 권고만으로는 부족합니다. 자연적인 사랑은 산비둘기도 합니다. '사람의 심정에서 나온 사랑으로 서로 사랑하라.'는 말도 여전히 부족합니다. 이교 신자들도 그렇게 사랑합니다."

나는 바오로 사도께서 하신 말씀을 다시 한번 강조하고 싶습니다.

"교회가 그리스도께 순종하듯이, 아내도 모든 일에서 남편에게 순종해야 합니다. 남편 여러분, 그리스도께서 교회를 사랑하시고 교회를 위하여 당신 자신을 바치신 것처럼, 아내를 사랑하십시오."(에페 5,24-25)

"오, 남편과 아내들이여, 하와를 아담에게 데려다 주신 분은 하느님이십니다. 혼인을 통해 그대들로 하여금 신성한 인연을 맺게 해 주시고 남편과 아내로 정해 주신 분은 하느님이십니다. 그럼에도 왜 그대들은 지극히 신성하고 오묘한 사랑을 서로 나누지 않습니까?"

혼인의 첫째 효과는 부부간의 마음의 일치입니다. 노송나무 두 쪽을 접착력이 강한 아교로 붙이면 매우 견고해져 그것을 억지로 떼어 내려고 하면 접착된 곳이 아닌 다른 곳이 쪼개지고 맙니다. 하느님께서 두 사람을 한 몸과 한마음으로 맺어 주셨기에 두 사람의 영혼과 육체는 굳게 접착되었으므로 이를 분리해서는 안 됩니다. 부부는 단지 육체적인 결합뿐만 아니라 두 사람의 영혼과 마음도 사랑으로 일치되도록 해야 합니다.

혼인의 둘째 효과는 부부간의 변함없는 믿음입니다. 예전에는 반지에 가문의 문장이나 이름을 새겼습니다. 혼인 예식의 참의미는 다음과 같습니다. 사제는 반지를 축복한 뒤 신랑에게 건넵니다. 이 반지에는 그가 아내로 맞아들일 여자가 살아 있는 동안은 다른 여자의 이름이나 사랑을 그의 마음에 받아들이지 않겠다고 혼인성사를 통해 서약하는 상징적 의미가 있습니다. 신랑이 신부의 손에 반지를 끼워 주는 것은 신랑이 살아 있는 한 신부가 다른 남자의 사랑을 받아들이지 않아야 함을 가르치는 것입니다.

혼인의 셋째 효과는 자녀를 낳고 양육하는 일입니다.

"남편과 아내들이여, 하느님께서 영원히 당신께 감사와 찬미를 드리는 영혼들의 수를 늘리시고자 당신의 협력자로 그대들을 선택하셨으니 이 영광을 그 어느 것과 비교할 수 있겠습니까? 하느님께서는 그대들에게서 태어나는 아기의 몸 안에 하늘의 찬란한 이슬방울인 새롭고 싱싱한 영혼을 불어넣으심으로써 새 생명을 창조하십니다."

"남편들이여, 그대들은 아내를 따뜻하고 온화하게 대하며 아내에게 믿음 있는 사랑을 주어야 합니다. 하느님께서는 남자로부터 다정한 사랑을 한껏 받게 하시려고 남자의 심장에서 가까운 부위에 있는 갈비뼈로 최초의 여자를 만드셨습니다. 그대들의 아내가 육체적으로나 정신적으로나 그대들보다 미약하다 하여 멸시하지 말고 사랑으로 돌보아 주어야 합니다. 또한 하느님께서 여자를 창조하신 목적은 그대들이 여자를 반려자로 삼아 서로 사랑하고 존경하며 의지할 수 있게 하려는 데 있습니다."

"아내들이여, 그대들은 하느님께서 주신 그대들의 남편을 극진한 정성과 존경하는 마음으로 사랑해야 합니다. 하느님께서는 그대들을 보호할 수 있도록 힘과 용기를 남자들에게 주셨습니다. 아내가 남편에게 속한 몸임을 나타내고자 창세기에서는 여자를 남자의 뼈에서 나온 뼈이며, 살에서 나온 살이라고 표현하고 있습니다(창세 2,23 참조). 하느님께서 하와를 아담의 팔 아래 있는 갈비뼈로 만드심으로써 여자로 하여금 남자의 보호와 지휘를 받게 하신 것입니다. 이는 하느님께서 성경 말씀을 통해 지시하신 것입니다. 아내는 사랑과 존경으로 남편에게 순명하고 남편 역시 똑같은 사랑과 존경으로 아내를 보호하고 이끌어 주어야 합니다."

베드로 사도는 "남편들도 자기보다 연약한 여성인 아내를 존중하면서, 이해심을 가지고 함께 살아가야 합니다. 아내도 생명의 은총을 함께 상속받을 사람이기 때문입니다."(1베드 3,7)라고 강조했습니다.

이처럼 그대들은 서로 사랑의 짐을 지고 성장해야 합니다. 여기서 사랑이 질투로 변하지 않도록 각별히 주의하십시오. 잘 익어 맛이 좋은 사과에 벌레가 잘 꼬이듯이, 부부간의 사랑이 열렬할수록 질투가 파고들기 쉬워서 반목과 불화와 다툼이 잦아지고 끝내는 사랑이 부패되기에 이릅니다. 진정한 덕이 바탕이 되어 이루어진 사랑에는 절대로 질투심이 파고들지 못합니다. 질투는 세속적이고 감각적인 사랑에서 생기는 것이므로 불신과 부정이 개입되기 쉽습니다. 불완전하고 안정감이 없으며, 신뢰심도 없습니다. 그러므로 질투로 사랑을 드러내려는 것은 미련한 짓입니다. 질투가 사랑의 외적 크기를 가늠할 수 있는 표준이 될 수 있을지는 모르겠지만, 사랑의 순수성과 품성을 잴 수 있는 척도는 될 수 없습니다. 왜냐하면 참된 사랑은 사랑하는 사람을 믿는 데서 생기는 반면에 질투는 그 사람을 불신하는 데서 생겨나기 때문입니다.

"남편들이여, 그대들의 아내가 충실하고 정직하기를 바란다면 아내에게 모범을 보이십시오. 나지안조의 그레고리오 성인은 다음과 같이 말했습니다. '그대들이 부정한 생활을 하면서 어떻게 아내의 정숙함을 바랄 수 있겠는가? 그대들이 줄 수 없는 것을 어떻게 아내에게서 받기를 기대할 수 있겠는가?' 그대들의 아내가 정숙한 여자이기를 바란다면, '하느님을 모르는 이교인들처럼 색욕으로 아내를 대해서는 안 됩니다.'(1테살 4,5)라고 하신 바오로 사도의 말씀대로 그대들 자신이 먼저 아내에 대한 정조를 지켜야 합니다. 만일 그대들이 먼저 아내에게 거짓말로 나쁜 표양을 보이면, 아내가 정조를 지키지 않아 그대에게 치욕을 안겨 준다 해도 아무 할 말이 없게 될 것입니다."

"아내들이여, 그대들이 아내로서의 명예를 지키려면 어떠한 일이 있어도 정조를 지켜야 합니다. 전심전력을 다해 자신의 명예를 보존하고 순결을 더럽히지 마십시오. 순결을 더럽힐 위험이 있는 것은 아무리 사소한 것이라도 경계를 늦추지 마십시오. 그대들을 미혹하는 감언이설에 귀 기울이지 마십시오. 그대의 미모나 자태를 칭찬하는 남자가 있으면 한층 더 경계해야 합니다. 자신이 가질 수 없는 물건을 가진 사람을 부러워하는 사람에게는 그 물건을 훔치고 싶은 유혹이 생기기 쉽습니다. 어떤 사람이 그대의 편을 들면서 그대의 남편을 헐뜯는다면, 이는 그대를 모욕하는 것입니다. 그런 사람은 분명히 그대를 파멸과 타락의 길로 들어서게 할 자입니다. 장사할 때 첫 손님과의 거래를 그르치면 두 번째 손님과의 거래도 그르치게 될 것입니다."

예나 지금이나 부인들은 여러 알로 된 진주 귀걸이를 선호하는데, 프리누수의 말에 따르면, 진주알이 부딪칠 때 나는 달그락 소리에 여인들이 쾌감을 느끼기 때문이라고 합니다. 그러나 나는 귀걸이에 대해 달리 생각하고 싶습니다. 내 생각에는 귀걸이에 남편이 아내에게 기대하는 것을 귀로 듣고 아내가 이를 충실히 지켜야 함을 일깨워 주는 의미가 감추어져 있는 것 같습니다. 곧 아내는 복음에 나오는 동양의 진주처럼 정결하고 순결한 말씀 외에 어떠한 잡음에도 귀를 기울여서는 안 된다는 뜻일 것입니다. 몸을 중독시키는 것은 입으로 들어가고 마음을 해롭게 하는 것은 귀로 들어간다는 점을 명심하십시오.

사랑과 믿음이 함께할 때에는 두 사람 사이에 친교와 신뢰가 싹틉니다. 우리는 성인들의 결혼 생활에서 이러한 친교와 신뢰를 쉽게 찾아볼 수 있습니다. 그들의 애정은 두터우면서도 정숙했으며, 감미로우면서도 진실했습니다. 이사악과 레베카는 구약 시대의 가장 정숙한 부부였습니다. 그럼에도 아비멜렉이 두 사람이 애무하는 것을 창문을 통해 보고 그들이 부부라는 사실을 알아챘을 만큼 그들은 서로 사랑했습니다. 위대한 루도비코 성인 임금은 매우 엄격했지만, 왕비에게는 참으로 다정하고 상냥하여 다른 사람들이 이를 흉볼 정도였다고 합니다. 평소에는 대담하고 용감무쌍한 임금이 부부애를 두텁게 하려고 왕비에게 세심하고 다정다감하게 대했다는 사실이 매우 놀랍고 감탄스럽습니다. 순결한 사랑 표현은 마음과 마음을 연결시켜 사랑을 더욱더 깊고 기쁨에 넘치게 합니다.

모니카 성녀는 아우구스티노 성인을 잉태했을 때 성교회와 하느님의 영광을 위해 그를 여러 번 주님께 봉헌했습니다. 아우구스티노 성인은 "나는 어머니 배 속에 있을 때, 이미 하느님의 소금을 맛보았다."라고 이를 증언했습니다. 아이가 태어나기도 전에 하느님께 바친다는 것은 신앙인들이 본받을 만한 좋은 표양입니다. 겸손하고 착한 사람들의 봉헌을 기쁘게 받아들이시는 하느님께서는 신심 깊은 어머니들의 소망이 이루어지도록 언제나 도와주십니다. 구약 시대의 사무엘 예언자, 성 토마스 아퀴나스, 피에졸레의 주교 성 안드레아의 어머니들은 자기 자식을 하느님께 봉헌한 모범을 보여 준 분들입니다. 베르나르도 성인의 어머니도 자녀들에게 매우 훌륭한 어머니였습니다. 그녀는 아이를 출산하자마자 예수 그리스도께 봉헌한 다음, 그 아이를 하느님께서 맡겨 주신 신성한 선물로 생각했고 끔찍하게 사랑하고 보살폈습니다. 그 결과 일곱 자녀 모두 성덕이 출중한 사람이 되어 어머니의 수고를 한층 더 빛나게 했습니다.

자식이 세상에 태어난 뒤 자기 이성으로 활동할 나이가 되면, 부모는 자식의 마음에 하느님에 대한 두려움과 공경을 새겨 주고자 최선을 다해야 합니다. 신앙심이 고결한 블랑쉬 왕후는 지극한 정성으로 아들 루도비코 성인 임금을 기르면서 "사랑하는 아들아, 네가 단 한 번이라도 주님의 마음을 거슬러 대죄를 범하는 것을 보느니 차라리 네가 내 앞에서 죽는 것을 보는 것이 더 낫다."라고 자주 말했습니다. 이 말은 루도비코 성인 임금의 마음에 깊이 새겨져 그는 일생 동안 한시도 어머니의 거룩한 가르침을 잊지 않았으며, 이를 지키려고 노력했습니다. 이 이야기는 임금이 직접 밝힌 사실입니다. 우리나라에서는 아이를 낳는 것을 '혈통을 잇는 일'이라고 하고, 히브리 사람들은 '가문을 이룬다'라고 말합니다. 성경을 보면 이집트의 산파들이 하느님을 경외했기 때문에 하느님께서 그들의 집안을 일으켜 주셨다고 했습니다(탈출 1,21 참조). 이 말에는 훌륭한 가문을 이루려면 세속적 재화를 쌓는 것만으로 만족하지 말고, 자손들이 하느님을 경외하는 덕을 기르도록 가르치는 데 노력해야 한다는 교훈이 들어 있습니다.

자녀는 부모에게 영광의 화관입니다. 모니카 성녀는 아우구스티노 성인의 악습을 고쳐 주고 그를 회개시키고자 바다건 육지건 아들이 가는 곳마다 따라다니며 지극한 정성과 인내로 설득했습니다. 눈물을 흘리며 아들을 회개시킨 그녀의 노고는 그를 출산할 때의 산고보다 훨씬 더 값지며, 모든 사람들이 이를 우러러보고 본받아야 할 것입니다.

바오로 사도는 집안을 보살피고 대소사를 꾸리는 일은 아내의 본분이라고 말했습니다. 남편보다 아내의 신앙심이 경건해야 그 가정이 한층 더 화목하고 사랑과 행복이 충만하게 된다는 것은 누구나 다 알고 있는 사실입니다. 일반적으로 남편은 가족 부양을 위해 밖에서 일해야 하고 식구들과 함께하는 기회가 적기 때문에 자식에 대한 올바른 교육에 전념하기가 쉽지 않습니다. 솔로몬 임금은 한 가정의 행복은 '훌륭한 아내'의 부지런함에 달렸다고 강조했습니다(잠언 31장 참조).

이사악은 자기 아내 레베카가 수태하지 못하자, 그녀를 위해 하느님께 기도했다고 성경에 기록되어 있습니다(창세 25,21 참조). 히브리인의 전통에는 남편이 아내와 함께 성전에서 기도드리면 하느님께서 남편의 기도를 들어주신다는 믿음이 있었습니다. 서로 격려하며 열렬한 마음으로 하느님을 섬기는 경건한 부부의 일치보다 더 귀하고 유익한 일치는 없습니다. 과일 중에는 모과처럼 설탕에다 재어 놓지 않으면 도저히 먹을 수 없는 떫은 것이 있고, 앵두나 살구같이 설탕에 담가 두어야만 오래 보존할 수 있는 연하고 상하기 쉬운 것도 있습니다. 이처럼 아내들도 남편이 신심 생활을 잘하도록 노력해야 합니다. 신심이 없는 남편은 성격이 포악하고 모가 나기 쉽습니다. 남편 역시 아내가 경건하기를 바라는 이유는 아내가 경건하지 않으면 나약하고 덕이 없는 아내가 되기 쉽기 때문입니다. 바오로 사도께서 "신자 아닌 남편은 아내로 말미암아 거룩해졌고, 신자 아닌 아내는 그 남편으로 말미암아 거룩해졌기 때문입니다."(1코린 7,14) 하고 말씀하신 이유는, 혼인이라는 남녀 간의 유대 관계로 한편이 쉽게 다른 한편을 감화시킬 수 있기 때문입니다. 부부가 함께 독실한 신앙심으로 주님을 경외하고 덕을 쌓아 가는 것은 하느님의 더할 나위 없는 축복의 선물입니다.

부부는 매사에 서로 도와야 하며, 어떠한 경우에도 분노하거나 반목해서는 안 됩니다. 사람들의 말소리가 요란한 곳에는 꿀벌이 집을 짓지 않는다고 합니다. 이와 마찬가지로 성령께서도 싸움이나 말다툼이 그치지 않는 집에는 거처하시지 않습니다.

    나지안조의 그레고리오 성인의 말에 따르면, 부부의 결혼 기념일에는 축하연을 베푸는 것이 그 당시의 관습이었다고 합니다. 그 관습을 부활시키는 것은 나도 찬성하지만, 그것이 너무 세속적이고 감각적이어서는 안 됩니다. 부부는 결혼기념일에 고해성사와 영성체를 하고, 특별히 그들의 결혼 생활을 하느님께 의탁해야 합니다. 또한 사랑과 신뢰를 키움으로써 서로의 행복을 위해 결심한 것들을 새롭게 다지고, 자신들에게 맡겨진 사랑의 짐을 견디기에 필요한 은총을 주시기를 주님께 간청하십시오.

제39장

혼인의 신성함

"부부의 잠자리는 더럽혀지지 말아야 합니다."(히브 13,4)라는 성경의 말씀대로 결혼 생활에는 부정 행위가 없어야 합니다. 신성한 혼인은 지상 낙원에서 가장 먼저 이루어졌는데, 거기에는 무질서한 탐욕이나 천박함이 없었습니다.

육체적 쾌락과 음식의 섭취는 둘 다 몸과 관련된다는 점에서 서로 닮은 데가 있습니다. 그러나 육체적 쾌락은 제어하기 힘든 열정 때문에 육욕적이라 합니다. 그러면 음식을 먹는 것을 예로 들어 혼인의 신성함에 대해 설명하겠습니다.

① 음식을 먹는 것은 우리 생명을 유지하기 위해서입니다. 그러므로 우리 몸에 영양을 공급하고 건강을 유지하기

위해 먹는 것은 바람직하고 성스럽고 필요한 일입니다. 마찬가지로 결혼 생활에서 자식을 낳아 인류를 번성시키는 것 역시 바람직하고 성스러운 일입니다. 그것이 결혼의 최고 목적이기 때문입니다.

② 생명 유지를 위해서만이 아니라, 서로 친교를 나누기 위해서 음식을 먹는 것도 합당하고 올바른 일입니다. 이와 마찬가지로 성스러운 혼인으로 결합한 배우자들의 상호간 배려 행위도 바오로 사도는 '채무'(1코린 7,3 이하 참조)라고 부르면서, 이러한 '사랑의 빚'은 반드시 갚아야 하기 때문에 배우자의 자발적인 동의 없이는 어느 쪽도 면제받을 수 없다고 했습니다. 신심 생활의 실천을 위해서일지라도 이것에서 면제될 수 없습니다.

③ 다른 사람들과 친교를 나누기 위해 먹는 사람들은, 마음껏 먹고 식탁에 나온 음식을 보고 식욕을 드러내려 노력해야 하듯이, 결혼에 의한 '사랑의 빚'은 마치 아이 갖기를 기대하는 것처럼 늘 성실하게 아낌없이 갚아야 하며, 더러 그런 기대가 없는 경우에도 마찬가지로 해야 합니다.

④ 이외에 단지 식욕을 채우기 위해 먹는 것은 용인할 수 있으나 권장할 수 없습니다. 또한 과하게 먹는 것도 정

도가 지나치면 비난받을 소지가 있는 일입니다.
⑤ 여기서 과하게 먹는다 함은 먹는 양만이 아니라 먹는 시간과 태도도 함께 가리키는 말입니다. 사랑하는 필로테아 님, 꿀벌이 꿀을 채집하는 것은 당연하고 유익한 일이지만, 놀랍게도 그 꿀이 때로는 벌들을 병들게 할 정도로 해롭기도 합니다. 봄에 꿀을 너무 많이 채집한 벌은 머리의 앞부분과 날개에 꿀이 차서 병이 나는 것은 물론 죽기도 합니다.

마찬가지로, 부부 행위는 그 자체로는 아주 신성하고 정당하고 바람직하며, 사회에도 대단히 유익하지만 당사자들에게 위험을 초래할 수 있습니다. 정도를 지나쳐 가벼운 죄(소죄)를 거듭 지어 사람을 쇠약하게 만들고, 대죄를 지은 경우에는 영혼을 완전히 죽이기도 합니다. 자녀를 낳도록 정해진 질서를 위반하거나 거기서 벗어날 때가 그런 경우로, 그 질서에서 얼마나 벗어났느냐에 따라서 그 죄가 크기도 하고 작기도 하지만, 대죄를 면치 못한다는 점에서는 다르지 않습니다. 자녀 출산이야말로 결혼의 주된 목적이므로 누구라도 그 목적이 요구하는 질서에서 벗어나는 것은 옳지 않습니다. 이는 불임이거나 임신 중인 경우와 같이, 어떤 사정이나 상황 때문에 당장 수태가 되지 않은 때라도 마찬가지입니다.
그런 경우에도 자녀 출산을 위한 질서를 따른다면 부부 관계는 여전히 정당하고 신성할 수 있습니다. 그 어떤 사정도 결혼의 첫째 목적이 부여한 법을 해칠 수 없습니다. 확실히 오난의 수치스럽고 역겨운 부부 관계는 창세기 38장의 성경 말씀이 증언하듯이 하느님 보시기에 혐오스러웠습니다. 예로니모 성인은 《에페소 신자들에게 보낸 서간 주석서》에서, 견유학파犬儒學派보다 더 불경스러운 사람들이 '하느님은 다만 악인의 그릇된 지향 때문에 노하실 뿐'이라고 주장한다고 하였습니다. 하지만 성경은 그 반대로 악인이 저지른 행위 자체가 하느님 보시기에 혐오스럽고 가증스러웠다고 명확히 주장합니다.

코끼리는 거대한 짐승이지만 지상의 동물 가운데 가장 점잖고 분별 있습니다. 코끼리가 얼마나 정숙한지를 보여 주는 증거가 있습니다. 수컷은 암컷을 절대 바꾸지 않으며 일단 선택한 암컷에게 깊은 애정을 기울이지만 그럼에도 3년에 딱 한 번 교미를 하는데 너무나 은밀히 교미해서 그 모습이 눈에 띄는 법이 없습니다. 교미 후 다시 모습을 드러낸 수컷이 맨 처음 하는 일은 곧바로

강으로 가서 온몸을 씻는 것입니다.

기혼자들은 그런 코끼리에게서 교훈을 얻어, 이제까지 누렸던 감각적이고 육체적인 쾌락에는 더 이상 애착을 두지 말고, 되도록 빨리 자기 마음과 애정을 씻고 자신을 정화해야 합니다. 그래야 나중에 자유로운 마음으로 더 순결하고 고결한 행동들을 할 수 있는 것입니다. 이 충고 속에 바오로 사도가 코린토 신자들에게 보낸 서간의 가르침을 실천할 방도가 들어 있습니다. 그분은 이렇게 말했습니다. "때가 얼마 남지 않았습니다. 이제부터 아내가 있는 사람은 아내가 없는 사람처럼 사십시오."(1코린 7,29 참조)

그레고리오 성인에 따르면, 아내가 있으면서도 아내가 없는 것처럼 사는 사람이란 아내에게서 육체적 만족을 취하더라도 영적 수련에서 벗어나지 않는 방법으로 취하는 사람이라고 합니다. 여기에서 남편에 대해 한 말은 아내에게도 적용됩니다. 또한 바오로 사도는 "세상을 이용하는 사람은 이용하지 않는 사람처럼 사십시오."(1코린 7,31) 하고 말했습니다. 그러므로 모두가 자기 소명에 따라 세상을 이용하되 애착을 두지 않는 방식으로 이용해야 합니다. 그래야 그것을 이용하지 않을 때

만큼 준비된 자세로 자유롭게 하느님을 섬길 수 있는 것입니다. 아우구스티노 성인은 "이용하기만 해야 하는 것들을 향락으로 즐기려 하는 것은 인간의 큰 악"이라고 말했습니다. 우리는 영적인 것들을 즐기고 육적인 것들은 이용하기만 해야 합니다. 이용해야 하는 것이 즐기는 것으로 바뀌면, 영혼도 짐승처럼 야만적으로 바뀌게 됩니다.

이 정도면 나는 말하고 싶지 않은 것은 말하지 않으면서 내 생각을 밝히기 위해 필요한 말은 모두 한 것 같습니다.

제40장
과부들에게

바오로 사도는 티모테오에게 의지할 데 없이 홀로된 과부들을 돌보아 주라는 지침을 내렸습니다(1티모 5,3 이하 참조). 과부가 정절을 지키는 데에는 다음 사항이 필요합니다.

첫째, 육체적으로뿐만 아니라 정신적으로도 정절을 지켜야 합니다. 정절을 지키려는 결심을 항구하게 보존하려면 자신의 몸과 마음의 정절을 하느님께 봉헌하는 서원을 할 필요가 있습니다. 서원은 하느님을 더욱더 기쁘게 해 드리고, 동시에 하느님께서 이를 준수할 수 있는 용기를 북돋아 주시기 때문입니다. 이 서원은 자기 결심을 파괴하려는 온갖 유혹을 차단하는 마음의 견고한 울타리가 됩니다. 만일 서원을 한 뒤에 정절을 지키지 못하면 하느님과의 약속을 어긴 것이 되므로 서원을 어기지 않도록 부단히 노력해야 할 것입니다.

아우구스티노 성인은 이 서원을 과부들에게 적극 장려했습니다. 신학자 오리게네스는 한 걸음 더 나아가서 아내가 남편이 죽은 뒤에 재혼하지 않겠다고 하느님께 미리 서약해 두면, 결혼 생활 중에도 정덕을 통해 공로를 쌓을 수 있다고 말했습니다. 서원은 덕행의 뿌리라고 할 수 있는 우리 의지 자체를 하느님께 바치는 것입니다. 정덕은 관능을 절제하는 것이지만, 정결 서원은 절제하는 것이 아니라 그 자체를 온전히 하느님께 봉헌함으로써 자기 스스로 그리스도의 종이 되는 것입니다. 나는 앞에서 말한 두 성인의 가르침에 전적으로 동의합니다. 다만 이 가르침에 따르고자 하는 사람들은 먼저 자신에게 그런 용기가 있는지 살펴보고 하느님께 도움을 청하며, 영적 지도 사제에게 조언을 구해야 합니다.

둘째, 재혼하지 않고 정절을 지키겠다는 결심은 순수한 동기에서 비롯된 것이어야 합니다. 자신의 사랑을 하느님께 바치고 그 마음을 모두 주님의 성심에 일치시키려는 것이어야 합니다.

셋째, 정절을 지키려면 세속에 대한 욕심과 향락을 자발적으로 버려야 합니다. 바오로 사도는 "자기 욕심대로 사는 과부는 살아 있어도 죽은 몸입니다."(1티모 5,6) 하고 말했습니다.

정절을 지키겠다고 결심하고도 사람들에게 인기가 있기를 바라거나 무도회나 극장 등에서 자기 모습을 돋보이게 하고자 화장에 각별히 신경 쓰고 향수를 뿌린다면, 그 정절은 별 의미가 없을 것입니다. 아도니스처럼 잘생긴 남자와 문란한 사랑을 꿈꾸며 침실을 포근하고 하얀 새털로 꾸미는 사람이 얼굴을 검은 망사로 가린다 한들, 그것은 흰빛을 돋보이게 하려는 허영에 불과합니다.

올바른 신심 생활을 하려면 세속에 대한 애착을 버려야 합니다. 아가서에 "땅에는 꽃이 모습을 드러내고 노래의 계절이 다가왔다오. 우리 땅에서는 멧비둘기 소리가 들려온다오."(아가 2,12)라는 노래가 있습니다. 그러나 짝을 잃은 멧비둘기처럼, 남편 상을 끝낸 과부에게는 한층 더 굳건한 신심이 필요합니다. 나오미가 모압 지방에서 베들레헴으로 돌아왔을 때 마을 아낙네들이 "저 사람 나오미 아니야?" 하고 소리치자, 나오미는 "나를 나오미(나오미는 상냥하고 아름답다는 뜻)라 부르지 말고 '마라'(한 맺힌 여자라는 뜻)라고 부르셔요. 전능하신 분께서 나를 너무 쓰라리게 하신 까닭이랍니다." 하고 말했습니다(룻 1,19-20 참조). 그녀가 이렇게 대답한 것은 남편이 죽었기 때문입니다. 그녀는 사람들로부터 상냥하다거나 아름답다는 말을 듣고 싶어 하지 않고, 다만 거룩하신 하느님의 뜻대로 모든 것이 이루어지고, 자신은 하느님 앞에 비천한 존재로 남아 있기만을 바랐습니다.

향기로운 기름이 든 등잔에서 불을 끈 뒤에 향기가 더 풍겨 나오듯이, 남편이 살아 있을 때 진실하고 순수한 사랑을 했던 여인에게서는 남편이 죽은 다음에 더욱더 향긋한 정덕의 향기가 흘러나옵니다.

과부에게는 자녀들의 영혼을 보살피고 그들이 세상을 올바르게 살아가도록 돌보아 주어야 할 의무가 있습니다. 바오로 사도는 과부에게 자녀 교육의 의무가 있음을 서간에서 명백하게 밝혔습니다.

"어떤 과부에게 자녀나 손자들이 있으면, 그들은 먼저 자기 가정에 헌신하고 어버이에게 보답하는 법을 배워야 합니다."(1티모 5,4)

"어떤 사람이 자기 친척 특히 가족을 돌보지 않으면, 그는 믿음을 저버린 자로 믿지 않는 사람보다 더 나쁩니다."(1티모 5,8)

그러나 자녀들이 더 이상 돌보아 주지 않아도 될 만큼 성장했을 때에는 온 마음을 다해 하느님을 사랑하는 데 힘써야 할 것입니다.

남편과 사별한 뒤 양심에 관계된 것이 아니면 재산에 대한 복잡한 소송 사건은 가급적 피해야 하고, 설령 자신에게 다소 불리하더라도 마음의 평화를 유지하는 방향으로 일을 처리해야 합니다. 분쟁을 통해 얻어지는 이득은 마음의 거룩한 평화에서 얻어지는 정신적인 이익과는 비교가 되지 않을 정도로 보잘것없습니다.

홀로된 사람에게는 기도가 일상이 되어야 합니다. 자석과 쇠붙이 사이에 금강석이 놓여 있을 때에는 자석을 갖다 대도 쇠붙이가 움직이지 않지만 금강석을 치우면 금방 자석에 들러붙듯이, 남편이 살아 있을 때에는 주님을 사랑하는 데 전념할 수 없었지만 남편이 죽은 뒤에는 천상 향기를 사모하여 "오! 주님, 저는 이제야 비로소 자유의 몸이 되었나이다. 온전히 당신의 것으로 저를 받아 주소서."라고 말하며 하느님께로 달려갈 수 있지 않겠습니까? 마치 사랑의 기쁨에 젖은 아가서의 여인처럼 "나를 당신에게로 끌어 주셔요, 우리 달려가요."(아가 1,4) 하고 말할 수 있게 된 것입니다.

거룩한 생활을 하려는 과부에게 합당한 덕행은 완전한 겸손입니다. 명예와 지위와 존경을 받는 자리보다, 연회나 화려한 집회의 참석보다 가난한 사람들과 병자들에게 봉사하고,

고통받는 이들을 위로해 주며, 미혼의 젊은 여인들에게 신심을 가르치고 덕행의 모범을 보이는 것이 바로 겸손을 실천하는 행위입니다.

깨끗하고 검소한 옷을 입고, 겸손하게 행동하고, 정직하고 친절하게 말하며 예수 그리스도만을 바라는 과부는 행복합니다.

거룩한 생활을 하는 과부는 이른 봄, 성교회의 화원에서 피어나는 제비꽃과도 같습니다. 그 경건한 향기는 비할 데 없이 감미롭고, 언제나 겸손하게 커다란 잎사귀 그늘에 그 자태를 숨기고 있으며, 차분하고 부드러운 빛은 고고함을 상징하고 있습니다. 바오로 사도는 "내 의견으로는 과부도 그대로 지내는 것이 더 행복합니다."(1코린 7,40)라고 강조했습니다.

이 주제에 대해 언급할 것이 더 있습니다. 자기 신분의 명예를 보존하고 싶은 과부는 예로니모 성인이 샐비어와 자신과 영적인 부녀 관계를 맺은 귀부인들에게 보낸 서간들을 읽어 보십시오. 예로니모 성인의 권고 말씀에는 덧붙여야 할 것이 한마디도 없습니다.

단 한 가지 유념해야 할 사항은 자신이 정절을 지킨다고 해서 재혼하는 과부들을 결코 비방해서는 안 된다는 것입니다. 하느님께서 당신의 영광을 드러내시고자 이를 허용하실 때도 있기 때문입니다. 하느님 나라에서는 겸손의 크기에 따라 서열이 정해진다는 옛사람들의 가르침을 한시도 잊지 마십시오.

제41장

미혼 여성들에게

결혼 생활을 염두에 두고 있는 미혼 여성들은 남편이 될 사람을 위해 자신의 첫사랑을 소중하게 보존해야 합니다. 애정 행각으로 말미암아 타락하고 더럽혀지고 찢어진 마음을 그에게 주는 것은 커다란 배신 행위이기 때문입니다. 또한 순결하고 영적인 수도 성소를 받아 그대들의 동정을 하느님께 바치려 한다면, 정결 자체이시며 그대들의 짝이 되어 주실 주님을 위해 그대들의 순결하고 순수한 사랑을 보존해야 합니다. 밭곡식의 첫 수확과 가축의 맏배는 하느님의 것이며, 그중에서도 특히 사랑의 첫 이삭이야말로 하느님께 속한 것입니다. 그대들에게 필요한 권고 지침은 예로니모 성인의 서간에 기록되어 있습니다.

제4부

일상적 유혹

제1장
세상의 비평에 대한 자세

 세상 사람들은 그대가 신심 생활에 전념하려는 것을 보면 그대에게 갖가지 냉혹한 비평과 비난을 퍼부을 것입니다. 어떤 사람은 그대의 결심을 위선이며 미친 짓이라고 공공연하게 떠들어 댈 것입니다. 또는 사람들이 보는 앞에서만 그런 척할 뿐이라고 말하는 사람도 있고, 그대가 세상에서 출세하지 못하고 실패했기 때문에 신심 생활에 몰두하게 되었다고 생각하는 사람도 있을 것입니다. 그대의 친구들은 자신들의 여러 가지 견해들을 열성적으로 얘기하며 당신에게 충고하려고 할 것입니다.

 "그런 생활을 하면 신용도 잃고 점점 우울해질 거야. 사람들과 어울리지 않으면 쉬 늙고 집안 살림에 소홀하게 된다고.

한 번뿐인 인생을 재미있게 살아야지 그런 생활을 하겠다는 것은 모두 부질없는 생각이야. 특별한 신심 생활을 하지 않아도 구원받을 수 있잖아."

필로테아 님, 이런 말들은 모두 어리석은 생각에서 나온 것에 불과합니다. 그리고 이런 사람들은 그대의 건강과 안위를 걱정해 주는 것이 아닙니다. 구세주께서는 이렇게 말씀하셨습니다.

"세상이 너희를 미워하거든 너희보다 먼저 나를 미워하였다는 것을 알아라. 너희가 세상에 속한다면 세상은 너희를 자기 사람으로 사랑할 것이다. 그러나 너희가 세상에 속하지 않을 뿐만 아니라 내가 너희를 세상에서 뽑았기 때문에, 세상이 너희를 미워하는 것이다."(요한 15,18-19)

매일 밤을 새며 장기를 두거나 카드놀이에 몰두하는 사람들은 이기고자 안달하며 애를 태웁니다. 그러나 이들은 신앙생활에 대해서는 아랑곳하지 않습니다. 어쩌다 한 시간 묵상을 하거나 영성체 준비를 위해서 새벽에 조금 일찍 일어나면 건강에 해롭지나 않을까 하고 걱정합니다. 한 달 동안 매일 밤 춤을 추며 밤을 새워도 끄떡없던 사람이 성탄절 밤 미사에 참례한 것 때문에 감기가 들었다느니 배탈이 났다느니 하며 투덜거립니다. 이런 사람들은 세상 사람들에게는 친절하고 따뜻하게 대하지만 하느님의 자녀인 신앙인들에게는 매정하고 쌀쌀하게 대합니다. 타락한 세상과 함께 멸망하고 싶지 않다면 우리는 절대로 이들과 함께해서는 안 됩니다. 세상은 기분에 따라 제멋대로 판단하므로 우리가 그 비위를 맞추기는 불가능합니다. 그래서 예수님께서도 이렇게 말씀하셨습니다.

"사실 세례자 요한이 와서 빵을 먹지도 않고 포도주를 마시지도 않자, '저자는 마귀 들렸다.' 하고 너희는 말한다. 그런데 사람의 아들이 와서 먹고 마시자, '보라. 저자는 먹보요 술꾼이며 세리와 죄인들의 친구다.' 하고 너희는 말한다."(루카 7,33-34)

필로테아 님, 우리가 세상과 타협하여 함께 웃고 춤을 추면 추문에 휩쓸리기 쉬우며, 이와는 반대로 세상과 어울리지 않으면 세상은 우리를 위선자라고 부르거나 우울증에 걸린 사람이라고 비방할 것입니다. 고급스러운 옷을 입으면 잘난 척한다고 비평하고, 검소한 옷을 입으면 구두쇠라고 흉을 봅니다. 쾌활하게 행동하면 천박하다고 혹평하고, 고행을 하면 아둔한 짓이라고 폄하합니다. 이처럼 세상은 우리를 적대시하고 못마땅하게 여깁니다. 우리의 결점을 죄악으로 부풀리고, 작은 허물을 엄청난 과오로 둔갑시키며, 나약해서 저지른 잘못을 악의로 범한 중죄로 해석합니다. 바오로 사도의 말씀처럼 사랑은 친절하나(1코린 13,4 참조), 세상은 친절하지 않습니다. 사랑은 성을 내지 않고 앙심을 품지 않으나(1코린 13,5 참조), 세상은 언제나 약점을 들추어내기에 급급하며, 우리 행위에 비난의 여지가 전혀 없는 경우에도 우리의 의도를 나쁘게 추측하고 판단합니다. 이것은 늑대가 양을 습격할 때 그 양이 뿔이 있건 없건, 흰색이건 검은색이건 가리지 않고 마구 잡아먹는 것과 같습니다.

우리가 무엇을 하든지 세상은 반드시 우리를 헐뜯습니다. 고해성사 보는 시간이 길면 무슨 죄를 지었기에 저러나 하며 의심하고, 짧으면 지은 죄를 모두 열어 보이지 않기 때문이라고 속단하기 일쑤입니다. 세상은 우리의 행동을 감시합니다. 우리가 조금이라도 화를 내면 속이 좁고 인내심이 없다고 비난하고, 일에 몰두하면 욕심이 많다고 평하며, 유순하면 어리석다고 비방합니다. 그리고 세상 사람들은 자신이 분노하는 것은 용기 때문이고, 자신이 탐하는 행동은 절약 정신 때문이라 하며, 아부하는 것은 좋은 관계를 유지하는 데 필요한 것이라고 생각합니다. 마치 벌집을 망가뜨리는 거미와 같은 존재입니다.

  필로테아 님, 이런 소경들이 하는 말에 개의치 마십시오. 밤에 새들을 겁주려고 박쥐들이 고함을 치건 말건, 흔들리지 말고 우리의 길을 갑시다. 하느님께 헌신하고 경건한 신심 생활을 하겠다는 선택이 신중한 것이었는지는 우리의 끈기가 증명할 것입니다. 혜성이나 일반 행성은 거의 같은 광도光度를 지닌 것처럼 보이나, 혜성은 갑자기 나타났다가 곧 사라지지만 다른 행성의 빛은 변하지 않습니다. 이와 같이 위선과 참다운 덕은 외관상으로 매우 유사해 보이지만, 위선은 얼마 뒤면 연기처럼 사라져 버리는 데 비해 참다운 덕은 변함이 없습니다. 신심 생활 초기에 다른 사람들로부터 반대와 비방을 받는 것은 해롭지 않습니다. 이스라엘의 남자아이들이 태어나면 모두 즉시 죽여 버리라고 명령한 무정하고 잔혹한 파라오의 교만을 하느님께서는 당신을 경외하는 이집트 산파들을 통해 막으셨습니다. 우리는 세상에서 십자가에 못 박혔으니 세상을 십자가에 끌어들여야 합니다. 그러므로 세상이 우리를 어리석다고 폄하해도 절대로 흔들리지 마십시오.

제2장

용기

　온 세상을 환하게 비추는 빛은 아름답지만, 오랫동안 암흑 속에 있던 사람은 이 빛에 눈이 부셔 눈을 뜨지 못합니다. 외국 사람들과 교제할 때, 그들이 점잖고 예의 바른 사람이라 해도 처음에는 그들의 낯선 문화에 당황하기도 합니다.

　필로테아 님, 새로 신심 생활을 시작하면 생활 방식의 변화 때문에 여러 번 불안을 느끼고 세상의 유희와 결별한 것에 대한 아쉬움 때문에 일종의 허탈감과 실망감에 사로잡힐지도 모릅니다. 그러나 그것은 일시적인 현상이며 처음의 미숙함에서 오는 약간의 불안감에 지나지 않으므로, 잠시 참으며 시간을 보내면 신심 생활을 통해 한없는 위안을 받을 것입니다.

　세상 사람들에게 찬사를 받지 못하면 처음에는 섭섭하고

아쉬울 것입니다. 그러나 그러한 사소한 것들로 말미암아 하느님의 영원한 선물을 버리겠습니까? 예전에 그대가 즐기던 허망한 유희들이 자주 떠올라 마음이 혼란스러울 때도 있을 것입니다. 그렇다고 허무한 향락 때문에 하느님 나라의 영원한 행복을 버릴 작정입니까?

내 말을 믿으십시오. 이러한 유혹을 견뎌 내면 머지않아 그대는 환희로 충만해질 것입니다. 하느님 나라의 행복에 비하면 세상의 즐거움은 쓰디쓴 쓸개와 같고, 하루의 신심 생활에 비하면 천년의 세속 생활도 하잘것없다고 말하게 될 것입니다. 또한 그대는 그리스도교 완덕이라는 산의 정상이 매우 높은 것을 보고 "오! 주님, 제가 어떻게 그러한 경지에 오를 수 있겠나이까?"라고 할지도 모릅니다.

필로테아 님, 용기를 내십시오. 겨우 날개가 돋기 시작한 새끼 벌은 꿀을 채집하러 꽃 사이를 날아다닐 수 없고, 근처의 산과 들도 날아다닐 수 없습니다. 그러나 어미 벌이 만든 꿀을 먹고 점점 자라 튼튼해지면, 머지않아 제 스스로 꿀을 찾으러 어디든 날아다닐 수 있게 됩니다. 우리는 아직 신심 생활의 초보 단계이므로 당장은 그리스도교 완덕의 최정상까지 올라가고 싶은 희망을 이룰 만한 능력이 없습니다. 그러나 선한 희망과 결심으로 우리 영혼을 잘 가꾸고 정돈해 나가면

머지않아 양어깨의 날개가 튼튼하게 자란 영적인 꿀벌이 될 것이고, 완덕의 절정까지 날아가려는 우리의 지향도 꿈이 아닌 현실이 될 것입니다. 그때까지는 앞서 간 경건한 사람들이 남겨 준 교훈의 꿀로 살아갑시다. 또한 현세에서뿐만 아니라 영원한 안식이 있는 후세로도 날아갈 수 있는 비둘기의 날개를 주시기를 하느님께 기도드립시다.

제3장
유혹을 받는 것과 유혹에 동조하는 것

　필로테아 님, 한 가지 비유를 들어 설명하겠습니다. 임금에게 총애를 받는 한 젊고 아름다운 왕비가 있었는데, 이웃 나라의 임금이 왕비를 유혹하려고 밀사를 보내어 그녀를 사모하고 있다는 사악한 연정을 알렸습니다. 이때 먼저 밀사가 왕비에게 자기 임금의 마음을 전달할 것이고, 그다음에 왕비가 밀사의 말을 듣고 반색하거나 분노하는 반응을 보일 것입니다. 끝으로 왕비가 이를 받아들이거나 단호하게 거절하게 될 것입니다.

　이와 같이 마귀와 세속과 육신은 성자 예수 그리스도의 짝이 된 사람을 발견하면 먼저 온갖 죄를 제시하며 그를 유혹합니다. 그다음 단계에서 이를 본 사람이 기뻐하거나 분노하는 반응을 보일 것이며, 마지막으로 동의하거나 거부하는 순서를 밟게 됩니다. 유혹, 반응, 동의는 죄악으로 떨어지는 3단계의 과정입니다. 이 3단계의 과정이 모든 죄에 적용되지는 않지만 적어도 중대한 죄일 때에는 그대로 적용됩니다.

우리가 죄의 유혹을 받는다 해도, 또 그 유혹이 일생 동안 계속된다 해도 죄에 현혹되지 않고 동의하지 않으면 하느님께서는 이를 책망하시지 않습니다. 유혹을 느끼는 것은 우리 탓이 아닙니다. 유혹에 줏대 없이 움직이지 않는 한 우리에게는 아무런 책임도 없습니다. 바오로 사도는 여러 해 동안 육욕의 유혹 때문에 괴로워했습니다. 그러나 이 시련으로 말미암아 하느님의 뜻을 어기지는 않았으며 오히려 하느님께 영광을 드리는 계기로 삼았습니다. 과부인 폴리뇨의 복녀 안젤라도 심한 욕정으로 말미암은 유혹을 받았습니다. 그녀가 이에 대해 기록한 글을 읽은 사람들은 모두 감동을 받았습니다. 육체의 욕망을 극복하려고 아시시의 프란치스코 성인은 가시덤불에 몸을 던졌으며 베네딕토 성인은 눈 속에 몸을 던졌다고 합니다. 그러나 이들은 육체적인 욕망의 유혹 때문에 은총을 잃지 않았고 오히려 한층 더 풍성한 은총을 받았습니다.

필로테아 님, 유혹을 받아도 결코 용기를 잃지 마십시오. 유혹을 극복하면 결코 패배한 것이 아니라는 것을 알아야 하며, 유혹을 받는 것과 동의하는 것에는 큰 차이가 있음을 잊지 마십시오. 유혹을 느낄 때 이를 혐오할 수도 있고, 이와 반대로 동의하여 쾌감을 느낄 수도 있습니다. 쾌락은 일반적으로 죄에 동의하는 과정에 있습니다. 그러므로 영혼 구원의 원수인 마귀가 아무리 간교한 수법으로 우리를 기만하려 해도, 끊임없이 우리 마음의 문턱을 서성거리며 안으로 들어오려고 여러 가지 수단으로 유혹해도, 우리가 이에 동의하지 않겠다고 결심하고 있는 한 하느님을 모독할 염려는 없습니다. 이것은 앞의 비유에서 왕비가, 밀사가 전하는 연정의 편지에 동의하지 않는 한 유혹에 빠지지 않는 것과 같습니다. 그러나 우리 영혼의 경우와 왕비의 경우에는 한 가지 차이가 있습니다. 왕비는 편지를 열어 본 뒤 밀사를 추방해 버리면 다시는 유혹의 말을 듣지 않게 되지만, 우리 영혼은 그 순간 유혹에 동의하지 않는다 해도 수시로 유혹을 느끼게 됩니다. 그러나 위에서 언급했듯이, 우리가 유혹에 동의하지 않으면 그것이 오랫동안 계속된다 해도 우리 영혼을 해칠 수는 없습니다.

유혹으로 말미암은 쾌감에 대해서는 다음 사항을 주의해야 합니다. 우리 영혼에는 고차원적인 속성과 일반적인 속성이 있습니다. 일반적인 속성은 고차원적인 속성의 지시에 복종하지 않고 독자적으로 행동합니다. 그러므로 유혹에 대한 일반 속성이 고차원적인 속성에 반하여 때로는 동의 없이 쾌감을 느끼는 일이 있습니다. 바오로 사도는 "육이 욕망하는 것은 성령을 거스르고, 성령께서 바라시는 것은 육을 거스릅니다."(갈라 5,17), "내 지체 안에는 다른 법이 있어 내 이성의 법과 대결하고 있음을 나는 봅니다."(로마 7,23)라고 말함으로써 우리 안에 이러한 투쟁과 갈등이 있음을 지적했습니다.

필로테아 님, 그대도 알다시피 모닥불의 잿더미 속에 묻혀 있는 조그만 불씨는 모닥불이 꺼지고 몇 시간이 지난 뒤에도 다시 불이 붙을 수 있습니다. 우리 영혼의 생명이신 하느님의 사랑도 이와 같습니다. 우리 영혼이 심한 유혹 중에 있을 때에도 하느님의 사랑의 불씨로 우리 영혼은 되살아납니다. 유혹이 우리 영혼에 쾌감을 던지면 우리 영혼은 모두 재로 변하며, 우리 안에 있는 하느님의 사랑은 아주 작아지고 마음과 정신 속에 깊이 파묻혀 겨우 눈에 뜨일 정도가 됩니다. 그러나 하느님의 사랑은 엄연히 살아 있습니다. 그래서 우리의 영혼과 육신이 모두 혼란 중에 있어도 죄의 유혹에 동의하지 않으려는 굳은 결심이 있으면 우리 영혼은 유혹과 쾌락에 빠져들지 않습니다. 또한 유혹이 우리 의지의 외부를 포위할지라도 내면까지는 침범하지 못합니다. 따라서 우리가 쾌락을 인식한다 해도 의지가 이에 동조하지 않으면 죄가 되지 않습니다.

제4장

유혹 극복의 예

　예로니모 성인이 전하는 한 청년에 대한 이야기를 하겠습니다. 어느 포악한 임금이 한 청년을 고문으로도 굴복시키지 못하자 육체적 욕망으로 그를 유인하려 했습니다. 임금은 푹신하고 아늑한 침대에 한 창녀를 비단 끈으로 묶어 놓고 그 청년을 타락시키려 했습니다. 그녀는 청년에게 기대어 온갖 교태와 아양을 부렸습니다. 그녀의 음탕한 자태를 본 청년의 가슴은 두근거렸고, 그의 오관은 쾌감에 잠겼으며, 상상으로 정신이 흐려질 지경이었습니다. 그러나 그는 이 극심한 유혹의 폭풍과 관능의 쾌락에 포위된 와중에도 유혹에 빠지지 않고 쾌락에 동의하지 않았습니다. 그는 혼신의 힘을 다하여 유혹에서 벗어나고자 이를 악물었습니다. 청년은 형리들의 고문보다 관능의 쾌감을 물리치기가 훨씬 더 괴로웠을 것입니다.

시에나의 가타리나 성녀의 육체적인 유혹에 대한 투쟁 이야기는 우리에게 유익한 교훈을 줍니다. 그 내용은 이렇습니다. 어느 날 악마가 온갖 수단과 방법을 다 써서 하느님께 이 거룩한 동정녀의 정덕을 공격할 수 있는 허가를 받았습니다. 악마는 갑자기 성녀의 마음을 온갖 불결한 상상으로 채웠습니다. 그녀를 유혹에 빠지게 하려고 성녀와 친한 남녀가 그녀 앞에서 음담패설을 나누며 추잡한 행동을 하는 광경을 보여 준 것입니다. 그리고 이 모든 일은 오관을 통해 그녀의 마음 안으로 침입했습니다. 훗날 성녀의 이야기에 따르면, 마귀가 그녀의 마음을 어지럽혔지만 그녀가 강한 유혹을 받으면서도 꿈쩍하지 않을 수 있었던 것은 그녀의 의지 때문이었다고 합니다.

마침내 어느 날 주님께서 그녀에게 발현하시어 그 유혹을 없애 주시자, 성녀는 "오! 사랑하올 주님, 제 마음이 암흑과 불길로 차 있을 동안 주님께서는 어디 계셨나이까?" 하고 여쭈었습니다. 성녀의 질문에 주님께서는 "딸아, 나는 네 마음 안에 있었다." 하고 대답하셨습니다. 성녀는 다시 "주님, 어떻게 이 더러움이 가득 찬 제 마음 안에 계셨나이까? 주님께서는 더러워진 곳에도 계시나이까?" 하고 여쭈었습니다. 주님께서는 "너의 마음이 더러운 생각으로 가득 찼을 때 너는 기뻤느냐, 슬펐느냐? 괴로웠느냐, 즐거웠느냐?" 하고 물으셨습니다. "이루 말할 수 없는 고통과 슬픔을 겪었습니다." 하고 성녀가 대답했습니다.

주님께서는 이렇게 말씀하셨습니다. "네 마음에 큰 고통과 슬픔을 준 것이 네 영혼 안에 숨어 있던 내가 아니고 누구였겠느냐? 딸아, 만일 내가 네 마음 안에 없었더라면 네 의지로는 그것을 극복할 수 없었을 것이며, 그 사악한 상상이 네 의지를 파괴하여 마음 깊은 곳에 들어와 네 영혼을 죽게 만들었을 것이다. 그러나 내가 네 마음 안에 있으면서 유혹을 거부할 수 있는 저항력을 주었기 때문에 네가 그 힘으로 유혹과 싸워 이긴 것이다. 한순간의 유혹을 물리치지 못했다면 너는 자신에 대한 불쾌한 증오를 갖게 되었을 것이다. 그러나 그것을 물리침으로써 너의 고통은 큰 공로가 되었고, 너는 덕을 쌓았으며 정신력을 더 강하게 키울 수 있게 된 것이다."

필로테아 님, 잿더미가 불씨를 파묻어 버리듯이 유혹과 쾌감이 성녀의 마음속으로 들어와 그 의지를 에워쌌지만, 성녀의 의지는 오로지 주님의 도움으로 온갖 악한 열망들을 혐오하며 저항했고 죄에 동의하기를 끝까지 거부했습니다.

참으로 하느님을 사랑하는 사람도 가끔은 하느님께서 자

기 안에 계시는지 안 계시는지를 몰라서, 그리고 자신이 그토록 하느님의 사랑을 위해서 애쓰건만 그 사랑의 불꽃이 이미 꺼졌는지 아직도 타오르고 있는지를 몰라서 매우 곤혹스러울 때가 있습니다. 그러나 하느님의 사랑은 그 사랑을 위해서 노력하고 그 사랑 안에서 살려고 애쓰는 사람들로 하여금 자기들이 그 사랑을 누리고 있는지조차 모르는 상태에서도 참고 견디며 분투하기를 요구합니다. 이것이 바로 완전한 하느님 사랑의 본질입니다.

제5장
유혹받는 영혼을 위로함

 필로테아 님, 하느님께서는 지극히 순결하고 신묘한 생활로 인도하시고자 하는 특별한 사람에게 격심한 악마의 공격과 맹렬한 유혹을 허락하십니다. 그러나 이 투쟁을 이겨 낸다고 해서 반드시 그러한 경지에 이를 수 있는 것은 아닙니다. 심한 유혹을 이겨 내고 하느님께 충실했던 사람들이라 해도 훗날 하느님의 은총에 합당하게 행동하지 못해 사소한 유혹에 굴복하는 일이 적지 않습니다. 내가 이런 말을 하는 이유는 그대가 대단히 심한 유혹 때문에 괴로울 때에도, 오히려 이것이 그대를 성장시키려는 하느님의 특별한 은총이라는 것을 깨닫게 하기 위해서입니다. 또한 은총 중에도 언제나 겸손하게 하느님을 경외하고 하느님에 대한 끊임없는 충성심을 갖지 않으면, 큰 유혹에는 이겼어도 작은 유혹에 넘어갈 수 있다는 것을 그대에게 가르치려는 것입니다.

어떠한 유혹을 당하거나 이로 말미암아 어떠한 쾌감을 느낀다 해도 그대의 의지가 유혹과 쾌락을 용납하지 않는 한, 하느님을 거스르는 것은 아니므로 불안해할 필요는 없습니다.

실신하여 생사를 알 수 없는 사람이라도 가슴에 귀를 대어 심장의 고동 소리가 들리면, 그가 살아 있음을 확인하고 약을 먹여서 치료할 수 있습니다. 이와 마찬가지로 우리 영혼도 심한 유혹 때문에 기력을 완전히 잃고 거의 죽은 것처럼 미동도 할 수 없을 때가 있습니다. 그런 경우에는 그대의 가슴에 손을 얹어 영적 움직임이 있는지 느껴 보십시오. 다시 말해서 그대의 마음이 유혹과 쾌락에 동요하고 있는 것은 아닌지 성찰해 보십시오. 우리 마음이 유혹과 쾌락을 거부하는 한, 우리 영혼의 생명인 사랑이 살아 있고, 구세주 예수 그리스도께서도 우리 영혼에 거처하심을 분명히 알게 됩니다. 그리고 기도와 성사, 하느님에 대한 신뢰와 끊임없는 영적 수련으로 머지않아 기력을 회복하여 충만하고 기쁜 삶을 누릴 수 있는 자격을 얻게 될 것입니다.

제6장
유혹과 죄

　제3장에서 비유로 든 이야기 중 왕비가 유혹을 받아도 죄를 범하지 않은 것은 그 유혹이 그녀의 의지와 상반된 것이었기 때문입니다. 그러나 왕비 마음에 연모하는 감정이 일어나 은근히 그 기회를 바라게 되었다면, 그녀는 연정에 끌렸다는 사실 자체만으로도 죄에 대한 책임을 면치 못할 것입니다. 이 비유와 마찬가지로 우리가 유혹의 원인을 제공하면 단순한 유혹도 우리에게는 죄가 됩니다. 예를 들어, 도박을 하다 보면 자주 분노하고 독한 언사를 쓰게 되는데, 도박이 이러한 죄를 지을 기회가 된다는 것을 잘 알고 있으면서도 도박을 하는 사람은 노름하는 동안 일어나는 모든 불상사에 대한 책임을 져야 합니다. 또는 어떤 사람을 만나면 유혹에 빠져 틀림

없이 죄를 짓게 된다는 것을 알면서도 그 사람을 찾아가면 자신이 스스로 죄의 구렁에 빠지는 셈이 됩니다.

다음으로 유혹을 당할 때 쾌락을 피할 수 있음에도 이를 피하지 않으면, 쾌락을 누린 정도에 따라 죄의 크기가 달라집니다. 앞의 비유에서 만일 왕비가 불륜을 유도하는 전언을 듣고 이것이 실현될 때의 쾌락을 상상하며 즐거워한다면, 그녀는 분명히 죄를 범하는 것입니다. 왜냐하면 이러한 불륜을 저지를 마음이 없다 해도 그녀는 이미 쾌락을 상상하고 즐김으로써 그 불륜을 마음에 받아들인 것이기 때문입니다. 이렇게 몸과 마음을 무가치하게 사용하는 것은 분명 잘못된 것입니다. 마음의 동조가 육체로 범하는 죄보다 더 크다고 할 수 있을 정도로 마음의 태도는 중요합니다.

그러므로 어떤 죄에 대해 유혹을 느끼는 경우에는 그 유혹을 고의적으로 유발한 것은 아닌지 성찰하십시오. 만일 고의적이라면 그 유혹을 방치한 것도 죄가 됩니다. 또한 쉽게 유혹을 피할 수 있는 경우와 유혹이 있을 것을 미리 감지하고 예방할 수 있는 경우에도 경계를 등한시했다면 죄에 대한 책임을 면할 수 없습니다. 그러나 이와는 달리 자신이 유혹의 원인을 제공한 것이 아니라면 유혹을 받는 것 자체는 죄가 아닙니다.

쾌락의 유혹을 피할 수 있는데도 피하지 않으면, 그 쾌락의 경과와 정도, 동기 여하에 따라 크든 작든 죄를 지은 것입니다. 예를 들어, 어떤 여자가 의식적으로 쾌락을 즐길 기회를 만들지는 않았지만 그러한 쾌락을 상상하며 즐겼다면 그녀는 죄를 범한 것입니다. 또한 나에게 해를 끼친 사람에게 보복할 수 있는 묘책을 누군가로부터 들었을 때, 보복할 뜻은 없이 그 묘책에 관심만 가진 것으로는 죄가 성립되지 않습니다. 그러나 이를 통해 보복할 위험이 있으므로 그 계획에 관심을 갖는 것은 옳지 못합니다.

어떤 때에는 유혹에 대한 경계심을 갖기도 전에 매혹되는 경우가 있는데, 이러한 것은 매우 작은 허물에 지나지 않습니다. 그러나 이러한 것도 머뭇거리며 방치하면 그 죄는 점점 더 커집니다. 끝으로, 심사숙고한 뒤 의도적으로 쾌락을 누리면 대죄를 범하는 것입니다. 비록 불륜을 의도하지는 않았다 해도 은근히 불륜을 상상하는 것은 큰 죄가 됩니다.

제7장
유혹에 대처하는 법

 산길에서 늑대나 곰을 만난 어린아이가 부모의 팔에 매달리거나 소리를 질러 도움을 청하듯이, 그대가 어떤 유혹에 사로잡히기 시작할 때에는 곧바로 하느님께 의탁하여, 그분의 자비와 도우심을 간구하십시오. 주님께서는 "유혹에 빠지지 않도록 일어나 기도하여라."(루카 22,46) 하고 강조하셨습니다. 기도를 드렸는데도 유혹이 사라지지 않고 점점 더 강해지면, 그대 눈앞에 십자가에 못 박히신 예수 그리스도께서 계신 것처럼 생각하고, 마음으로 거룩한 십자가에 달려가 입술을 대며 절대로 유혹에 넘어가지 않겠다고 주님께 맹세하십시오.
 또한 주님께 간절하게 도움을 청하면서 유혹이 계속되는 동안 끊임없이 기도하십시오. 기도하는 동안 유혹에 대한 경계를 늦추지 말고, 주님을 우러러보면서 간절히 기도해야 합니다. 유혹이 강할수록 정신을 빼앗기기 쉽고 그대의 의지가 꺾일 위험이 있기 때문입니다. 또한 유익한 일을 하여 그대의 정신을 다른 일에 집중하십시오. 일에 몰두하면 유혹과 악마의 속삭임은 저절로 약해질 것입니다.

또 한 가지 효과적인 방법은 크고 작은 모든 유혹으로 말미암은 상상과 감정과 욕망을 마음을 터놓고 그대의 지도 신부에게 숨김없이 고백하는 것입니다. 부녀자들을 유혹하는 사람들이 부모나 남편에게 알리지 말라고 하는 것처럼, 악마는 자기가 유혹하는 영혼이 침묵하도록 꼬드깁니다. 그러나 하느님께서 우리에게 영적인 가르침을 주실 때에는 모든 사실을 교회의 책임자나 지도자에게 분명하게 알리기를 바라십니다.

온갖 방법과 수단을 동원했는데도 유혹이 여전히 우리를 끈질기게 괴롭히는 경우에 우리가 취할 수 있는 방법은 한 가지밖에 없습니다. 우리도 이 유혹에 동조하지 않고 끈기 있게 버티는 것입니다. 자녀가 싫다고 하면 부모가 아무리 달래도 강제로 결혼시킬 수 없는 것처럼, 우리 영혼이 완강하게 저항하면 악마는 결코 죄를 범하게 할 수 없습니다.

그대의 원수인 악마와 말을 주고받지 마십시오. 우리가 악마에게 할 말은 주님께서 악마에게 하신 "사탄아, 물러가라. 성경에 기록되어 있다. '주 너의 하느님께 경배하고 그분만을 섬겨라.'"(마태 4,10)라는 말씀이면 족합니다. 정결한 배우자는 은근히 다가와 유혹의 말을 던지는 사악한 자에게 한마디도 하지 않고, 심지어 얼굴도 쳐다보지 않고 내쫓아 버립니다. 그리고 배우자만을 생각하면서 결혼할 때 정조를 지키기로 한 맹세를 주저하지 않고 반복합니다. 이와 같이 신심 깊은 영혼은 유혹을 받아도 어리석게 악마와 서로 말을 주고받지 않고 우리의 짝이신 예수 그리스도께 드린 서약을 생각하며, 언제나 주님만을 믿고, 주님께만 속할 것을 굳게 다짐합니다.

제8장

사소한 유혹들

 큰 유혹뿐만 아니라 사소한 유혹을 극복하는 일도 신심 생활에 대단히 유익합니다. 큰 유혹을 물리치는 것이 무척 값진 것처럼 작은 유혹을 물리치는 것 역시 값집니다. 쇠파리에 비해 늑대나 곰이 훨씬 더 위험한 것은 두말할 여지도 없습니다. 그러나 맹수처럼 위험한 유혹보다 그저 성가시고 귀찮은 쇠파리와 같은 유혹이 우리의 인내력을 단련시키는 데에는 더욱 도움이 됩니다.

 살의를 억제하기는 쉽지만, 수시로 일어나는 작은 분노를 억제하기는 어려운 법입니다. 남자든 여자든 간음죄를 범하지 않는 것은 비교적 쉽지만 서로 눈을 마주치는 등의 은밀한 사랑을 나누며, 남다른 호의를 표시하고 선물과 정담을 나누기를 그만두는 것은 쉽지 않습니다. 육체적 정조를 지키면서도 부부간의 사랑에 상처를 내는 일은 흔합니다. 다른 사람의 소유물을 훔치지 않는 것은 쉽지만, 그 물건을 가진 사람을 질투하지도, 부러워하지도 않는 것은 어렵습니다. 법정에서 거짓 증언을 하지 않는 것은 쉽지만, 사람들과 대화 중에 거짓 없이 진실만 말하는 것은 어렵습니다. 다른 사람의 죽음을 바라지는 않는다 해도 때때로 그의 불행이나 실패를 바랄 때가 있습니다. 다른 사람을 모욕하지는 않는다 해도 무례한 말을 할 때가 있습니다.

필로테아 님, 억측과 그릇된 판단, 질투와 시샘, 속된 연정, 농담, 허영, 분노, 허위, 흉계, 교활, 사악한 생각 등이 우리가 일상생활에서 싸워 이겨야 할 대상들입니다. 우리는 단단히 각오하고 이 전투에 임하여 최선을 다해 승리해야 합니다.

이러한 작은 유혹을 이겨 낸다면 그것은 우리 영혼에 보석이 됩니다. 하느님께서는 이 보석으로 하늘나라에서 우리에게 씌워 주실 왕관을 꾸미신다는 것을 잊지 마십시오. 그러므로 우리 앞에 놓인 사소한 유혹들을 이겨 나갑시다.

제9장

사소한 유혹에 대처하는 법

　우리는 허영, 의심, 불평, 시기, 질투, 기호 등과 같이 사소한 유혹에 빠지기 쉽습니다. 이런 것들은, 우리 눈앞에서 어른거리며 뺨이나 코에 앉아 성가시게 하는 쇠파리와도 같습니다. 쇠파리가 사람을 해치지 못하듯이, 우리가 하느님께 봉사하려는 확고한 결심을 가지고 있으면, 사소한 유혹들은 우리를 번거롭게 할 수는 있어도 결코 우리 영혼을 해칠 수는 없습니다.

　그러므로 그대는 이 작은 유혹들을, 주위를 윙윙대며 날아다니는 쇠파리나 모기처럼 여기고 무시하십시오. 그리고 그 유혹에 귀를 기울이지 마십시오. 유혹들이 그대를 자극하거나 그대 마음에 들어오려고 할 때에는 곧바로 쫓아 버리면 됩니다. 그 유혹들을 물리치고자 특별히 해야 할 것은 없습니다. 다만 하느님에 대한 사랑을 실천하면 됩니다.

그대가 느낀 유혹을 잠재우려고 무리하게 수행을 하지 않아도 됩니다. 그것은 불필요한 싸움에 불과합니다. 유혹의 정체를 파악할 여유가 있으면 그것과 상반되는 덕을 하나 실천하고, 마음으로 십자가 위에 계신 예수 그리스도를 바라보며 주님에 대한 사랑의 표시로 그분의 십자고상에 입을 맞추십시오. 이것이 크고 작은 온갖 유혹을 퇴치하는 가장 좋은 방법입니다.

하느님에 대한 사랑에는 다른 모든 사랑이 안에 내포되어 있어 온갖 악을 저항하기에 그 사랑은 가장 좋은 명약입니다. 그뿐만 아니라 모든 유혹이 밀려들 때 이 피난처를 찾는 습관을 들일 필요가 있습니다. 악마는 자기의 유혹이 모두 하느님에 대한 사랑의 동기가 되는 것을 보면 곧바로 유혹을 그만둘 것입니다. 이것이 우리가 일상생활에서 유혹에 대처하는 유일한 방법입니다. 사소한 유혹에 일일이 특별한 조치를 취하는 것은 헛수고일 뿐, 별다른 효과를 얻지 못할 것입니다.

제10장

영혼을 강하게 하는 법

그대는 자신의 생각과 말과 행실을 자주 성찰하여 그대의 영혼을 산란하게 하는 주된 성향들을 점검한 다음, 그러한 성향과 반대되는 방향으로 전환시켜야 합니다. 예를 들면, 그대의 가장 큰 약점이 허영심이라면 '죽을 때 이 허영이 얼마나 무거운 짐이 될까?', '허영은 진실한 마음과는 비교가 되지 않으며 유치하지 않은가?' 하면서 인간 세상의 허무함을 생각하십시오. 또한 기회 있을 때마다 사람들 앞에서 허영을 싫어한다고 말하십시오. 비록 그 말이 본심에서 나온 것이 아니라 해도, 진심으로 그것을 경멸하려고 노력하십시오. 그러면 그대는 허영을 싫어하는 사람으로 인정받고, 이를 반복함에 따라 과거의 허영심에서 벗어날 수 있을 것입니다. 또 처음에는 마음이 내키지 않더라도 자신을 낮추고 자주 겸손을 실천하십시오. 이렇게 하면 겸손은 습관이 되고 허영심은 자연히 약해질 것이며, 유혹을 당해도 유혹을 제어하는 힘이 생겨서 결코 쉽게 유혹에 빠져들지 않을 것입니다.

만일 그대에게 인색한 기질이 있으면, '인색한 짓은 인간을 위해 창조된 사물의 노예가 되는 지극히 어리석은 짓이다. 재물이란 낭비해서도 안 되겠지만, 아무리 아낀다 해도 죽을 때 가져갈 수 없는 것이니 인색하게 굴지 말고 필요한 사람들에게 나누어 주겠다.'라는 마음을 가져야 합니다. 또한 재산 늘리는 데 혈안이 되거나 세상의 물질적인 부를 움켜쥐겠다는 마음을 버리고 자주 자선을 베풀어야 합니다.

만일 그대에게 남녀 간의 애정에 집착하는 경향이 있다면, 불장난 같은 연애는 그대의 신심 생활에 해를 끼치는 위험한 일이며 우리 영혼의 소중한 정서를 허비하는 것임을 자주 성찰하십시오. 또한 기회가 있을 때마다 정결과 순결에 대해 말하고 지나친 치장과 성적 유희를 피해야 합니다.

마음이 평화롭고 유혹을 받고 있지 않을 때에도 앞으로의 유혹에 대비하여 수행을 계속함으로써 실제로 유혹을 받을 때 이에 적극적으로 대응할 수 있도록 해야 합니다.

제11장

마음의 불안

 마음의 불안은 유혹이 아닙니다. 그러나 이것은 많은 유혹이 생기게 하는 원인이 되므로 이에 대해 언급할 필요가 있습니다. 비관은 우리 의지에 역행하는 악에 대한 마음의 번뇌에서 오는 결과입니다. 악에는 가난, 질병, 남에게 받은 멸시 등으로 말미암은 외적인 것도 있고, 무지, 영적인 무미건조, 증오, 유혹 등의 내적인 것도 있습니다. 우리 영혼은 악을 발견하고 비탄에 잠기는 순간이 오면 급히 그 악을 피할 방법을 찾습니다. 사람에게는 선을 지향하고 악을 피하려는 성향이 있으므로 이런 행동은 지극히 자연스러운 행동입니다.
 하느님을 사랑하는 마음으로 번민에서 벗어나려고 애쓰는 사람은 끈기 있고 온유하며, 자신의 수고나 노력보다는 하느님의 섭리에 겸손하게 따르려고 해야 할 것입니다. 이기적인 생각을 앞세우면 하느님의 도움이 아니라 자기 노력으로 성공하는 줄로 믿고 갖가지 계획을 세우는 데 열중합니다. 그러나 마음에 확신이 없어 초조함에서 벗어나지 못하게 됩니다. 자기가 찾는 것을 곧바로 발견하지 못하면 심한 불안과 근심에 싸이게 됩니다. 이런 사람은 불안에서 벗어나지 못할 뿐만 아니라 한층 더 불안에 집착함으로써 과도한 번뇌와 비탄에 잠기게 됩니다. 결국 용기마저 잃고 자포자기하기에 이릅니다. 불안은 한층 더 깊은 비탄에 잠기게 하므로 우리 영혼에게 매우 위험한 것입니다.

불안 자체가 죄는 아니지만 영혼에 매우 불행한 결과를 가져옵니다. 나라에 내란이나 반란이 자주 일어나면 외적의 침입을 방어할 수 없을 정도로 국력이 약해지듯이, 우리 마음도 계속 불안에 빠지면 그간 쌓아 온 덕마저도 지켜 나갈 힘을 잃게 됩니다. 또한 '흙탕물을 기다려서 낚시질하러 간다.'는 속담처럼 호시탐탐 기회를 노리던 악마의 유혹에 저항할 힘을 잃게 됩니다.

불안감은 악을 피하여 자기가 바라는 덕을 얻고 싶은 지나친 원의에서 생기며, 오히려 악에 빠져 덕을 멀리하게 만듭니다. 그물에 걸린 새들이 올가미에서 벗어나지 못하는 까닭은 빠져나가려고 발버둥치다가 점점 더 올가미에 휘감기게 되기 때문입니다. 악을 피하고 선의 경지에 오르려면, 먼저 마음을 진정시키고 올바른 판단을 할 수 있도록 정신적인 휴식을 취한 뒤 서서히 그대의 희망을 실현하는 데 필요한 최선의 방법을 단계적으로 밟아 나가야 할 것입니다. 서서히 하는 것과 태만한 것은 전혀 다릅니다. 급박하게 추진하여 불만과 불안이 스며들게 하지 말고 차분히 실천하라는 뜻입니다. 그렇지 않으면 그대의 노력도 허사가 되어 모든 것을 잃고 이전보다 더 심한 곤경에 놓이게 될 것입니다.

시편 저자는 언제나 "제 목숨이 늘 위험 속에 있으나 당신의 가르침을 잊지 않습니다."(시편 119,109)라고 말했습니다. 적어도 아침저녁으로 한 번씩은 과연 그대의 영혼이 주님의 손안에 있는지, 또는 어떤 욕망이나 불안에 사로잡혀 있지는 않은지 살펴보아야 합니다. 다시 말해서 그대의 마음가짐이 올바른지, 아니면 그대의 의지와 달리 애욕과 증오, 질투와 탐욕, 권태와 환락, 공포 등의 감정에 사로잡혀 있지는 않은지 성찰해야 합니다. 그대 자신이 오류에 빠진 것을 깨달았다면, 조용히 하느님 앞에 나아가 하느님의 거룩한 뜻에 따라 그대의 감정을 조절해야 합니다. 귀중한 것이 있으면 이를 잃지 않으려고 단단히 움켜쥐고 있듯이, 그대도 시편 저자를 본받아 "제 목숨이 늘 위험 속에 있으나 당신의 가르침을 잊지 않습니다." 하고 말해야 합니다.

사소한 일이나 희망으로 그대의 마음을 불안하게 해서는 안 됩니다. 사소한 일로 불안해하면 오히려 큰일을 그르치게 되기 때문입니다. 불안감이 엄습할 때에는 하느님께 기도드리십시오. 또한 급박한 일이 아니라면 불안감이 완전히 진정된 뒤 그대가 바라는 일을 실행하십시오. 곧바로 착수해야만 할 상황이라 해도 감정을 진정시킨 다음, 온유하고 차분한 가운데 일의 순리에 따라 처리해야 합니다.

그대의 지도자나 그대가 신뢰하는 신심 깊은 친구에게 그대의 불안감을 솔직하게 말하면 틀림없이 마음이 편해질 것입니다. 고열로 고생하는 사람이 사혈瀉血로 열이 내리는 것처럼, 마음의 고통을 가까운 사람에게 토로하는 것은 마음을 편하게 하는 좋은 방법입니다. 루도비코 성인 임금은 왕자에게 "번민이 생기거든 고해 사제나 친구들에게 그 사실을 말하는 것이 좋다. 그러면 그들의 위안으로 너의 고민은 가벼워질 것이다."라고 일러 주었습니다.

제12장

슬픔

바오로 사도는 다음과 같이 말했습니다.

"하느님의 뜻에 맞는 슬픔은 회개를 자아내어 구원에 이르게 하므로 후회할 일이 없습니다. 그러나 현세적 슬픔은 죽음을 가져올 뿐입니다."(2코린 7,10)

근심은 그 결과가 좋은 것도 있고 좋지 않은 것도 있습니다. 그러나 대체로 좋지 않은 경우가 훨씬 더 많습니다. 좋은 결과는 자비심과 회심 두 가지뿐이지만, 좋지 않은 결과는 고뇌, 태만, 분노, 질투, 시기, 성급함 등 여섯 가지나 됩니다. 그래서 집회서 저자는 "정녕 근심은 많은 사람을 망쳐 놓고 그 안에는 아무 득도 없다."(집회 30,23) 하고 말했습니다. 슬픔의 샘에서 흘러내리는 두 줄기의 시냇물에 여섯 가지의 독극물이 혼합되어 있기 때문입니다.

악마는 착한 사람을 유혹하는 데 비관을 이용합니다. 그 악마는 악인에게는 죄악을 즐기게 만들고, 선인에게는 신심 수행을 하는 중에 슬픔을 느끼도록 만듭니다. 악마는 죄가 매혹적으로 느껴지도록 하여 사람들을 죄로 유혹하고, 신심 수행은 불쾌하게 느껴지도록 만들어 기피하게 하려고 애씁니다. 악마는 우리가 우울해지고 슬픔에 빠지기를 바라는데, 그 까닭은 그의 삶 자체가 슬픔과 우울로 가득 차 있기 때문입니다. 비관이 심해지면 마음이 산란해지고 불안감이 가중되어 공포에 휩싸이게 되며, 기도를 할 수 없게 됩니다. 또한 정신이 마비되어 사려, 결단, 분별, 용기를 잃고 기력이 쇠잔해집니다. 추운 겨울이 되면 지상의 모든 아름다운 것들이 말라비틀어지고 동물들이 땅속이나 굴속에 칩거하듯이, 비관은 영혼의 싱싱함을 없애고 그 능력을 마비시킵니다.

필로테아 님, 비관적인 생각이 엄습할 때에는 다음과 같은 방법을 강구해 보십시오. 야고보 사도는 이렇게 말했습니다.

"여러분 가운데에 고통을 겪는 사람이 있습니까? 그런 사람은

기도하십시오."(야고 5,13)

  기도는 제일 좋은 명약이며, 우리의 마음을 유일한 기쁨이고 위안이신 하느님께로 향하게 해 줍니다. "오! 자비하신 하느님, 사랑하올 하느님, 자애로 충만하신 구세주님, 제 마음의 주님, 저의 기쁨이시며 희망이시고 사랑이신 하느님!" 등의 신뢰와 사랑에 넘치는 감정과 말을 사용하여 기도해야 합니다.

  비관에 빠질 기미가 보이면 전력을 다해 이를 물리쳐야 합니다. 기도할 의욕도 없어지고 서글픈 생각이 들 때에도 기도를 멈추어서는 안 됩니다. 악마는 우리를 비관에 빠지게 함으로써 우리의 신심 수행을 방해합니다. 그러나 우리가 이에 굴하지 않고 용기를 내어 기도에 매진한다면 악마는 이내 훼방하던 짓을 멈출 것입니다.

  성가를 부르는 것도 좋은 방법입니다. 마귀는 하느님을 찬미하는 소리를 들으면 방해하던 짓을 그만둡니다. 악령이 사울 임금을 괴롭힐 때 다윗이 비파를 타면, 악령이 물러가고 사울은 회복되어 편안해졌습니다(1사무 16,14-23 참조). 비관은 의욕을 잃을 때 일어나기 쉽습니다. 그러므로 슬픈 일들을 잊어버리고자 정신을 맑게 하고 온화한 마음으로 여러 가지 일에 몰두하면 비관을 물리치는 데 도움이 될 것입니다.

비록 마음에서 우러나오지 않는다 해도 외적인 신심 수행을 계속하십시오. 예를 들면, 십자고상을 품에 안고 예수님의 가슴과 발과 손에 입맞춤하거나 하늘을 우러러보며 팔을 치켜들고 다음과 같은 사랑과 신뢰의 말을 반복해 보십시오.

"나의 연인은 나의 것, 나는 그이의 것."(아가 2,16)

"나의 연인은 내게 몰약 주머니, 내 가슴 사이에서 밤을 지내네."(아가 1,13)

"제 눈이 당신 말씀을 기다리다 지쳐 제가 여윕니다. 언제 저를 위로하시렵니까?"(시편 119,82)

"무엇이 우리를 그리스도의 사랑에서 갈라놓을 수 있겠습니까?"(로마 8,35)

정신 차리라는 의미로 자기 가슴을 치거나 자기 몸에 가볍게 자극을 주는 것도 비관을 물리치는 데 효과가 있습니다. 보통 외적 고통이 있으면 내적 고통을 잊어버리기 때문입니다. 또한 자주 성체를 영하는 것도 매우 효과가 있습니다. 이 천상의 빵은 우리의 영혼을 견고하게 하며 정신을 행복하게 해 주기 때문입니다.

비관 때문에 일어나는 그대의 모든 정서와 원의, 그리고 생각과 느낌을 그대의 지도 신부에게 겸손한 마음으로 있는 그대로 밝히십시오. 또한 마음이 우울할 때에는 정신적인 교류를 나눌 수 있는 사람들을 찾아가 진솔한 대화를 나누십시오.

마지막으로 그대 자신을 하느님의 섭리에 맡기고 그대의 근심을 과거의 헛된 환락에 따른 벌로 알고 인내하면, 하느님께서는 그 시련이 끝난 뒤에 틀림없이 그대를 불행에서 구해 주실 것입니다.

제13장

영적이고 감성적인 위안

하느님께서는 이 대우주를 끊임없이 변화하도록 창조하셨습니다. 낮과 밤이 지속적으로 바뀌고, 봄, 여름, 가을, 겨울이 차례대로 바뀌어 단 하루라도 같은 날이 없습니다. 날씨가 흐리고 비바람이 몰아치다가도 구름 한 점 없는 맑은 날이 됩니다. 이런 변화는 이 우주에 아름다움을 더해 줍니다. 인간도 이와 같아서 옛사람들은 사람을 가리켜 '작은 우주'라고 불렀습니다. 인간도 결코 한결같은 상태로 있지 않습니다. 인간은 물처럼 이 세상으로 흘러들어 온갖 변화를 겪게 됩니다. 희망에 부풀어 드높이 비상하다가도 밑바닥으로 곤두박질치기도 하고, 꼬불꼬불한 인생길에서 역경에 놓여 좌절과 두려움 속에 살다가도 희망으로 위안을 받기도 합니다. 다시 말해서 인생은 한순간도 한결같지 않습니다.

우리에게 가장 필요한 것은 이런 변화 속에서도 하느님을 향한 변함없는 마음을 지니는 것입니다. 우리 주변의 환경이 끊임없이 요동을 쳐도 우리는 항상 하느님을 바라보며 하느님께서 지시하시는 길로 나아가야 합니다. 항해하는 배가 동서남북 어떤 방향으로 항로를 정하여 가든 나침반은 언제나 북쪽을 가리킵니다. 이와 마찬가지로 우리 주변뿐만 아니라 우리 내부까지 뒤집히는 경우에도, 곧 환희가 비애로, 평화가 갈등으로, 안정이 불안으로, 광명이 암흑으로, 기쁨이 불쾌로, 참신함이 진부함으로 변해도, 그 어떤 상황에서도 우리는 우리 마음과 정신이 영혼의 나침반 역할을 하는 창조주이시며 구세주이신 하느님, 유일하시고 지극히 선하신 하느님의 사랑을 향하도록 해야 합니다. 그래서 바오로 사도는 이렇게 말했습니다. "우리는 살든지 죽든지 주님의 것입니다."(로마 14,8), "무엇이 우리를 그리스도의 사랑에서 갈라놓을 수 있겠습니까?"(로마 8,35)

우리를 주님의 사랑에서 떼어 놓을 수 있는 것은 아무것도 없습니다. 환난이나 역경도, 슬픔이나 번민도, 죽음이나 삶도, 현재의 헐벗음이나 장래의 불운한 위험도, 악마의 모략이나 유혹도, 달콤한 행복이나 무미건조하고 막막한 불행도 예수 그리스도 안에 있는 이 거룩한 사랑에서 우리를 갈라놓을 수 없습니다. 하느님을 저버리지 않고 주님의 감미로운 사랑을 결코 잊지 않겠다는 각오가 있으면, 살아가면서 어쩔 수 없이 겪게 되는 온갖 변화 속에서도 우리는 우리 영혼을 거룩하고 평정한 상태로 보존할 수 있습니다. 꿀벌은 들판에서 강풍을 만나면 바람에 휘말리지 않으려고 큰 바윗돌에 붙어 몸의 균형을 잡는다고 합니다. 우리 영혼도 내적이든 외적이든, 정신적이든 물질적이든, 어떠한 역경을 만나도 굳은 결심의 팔로 하느님의 고귀한 사랑을 끌어안으면 주님께 위안을 받아 안정을 유지할 수 있습니다.

이 외에도 다음에 대해서도 생각해 보아야 합니다.

첫째, 신심이란 우리로 하여금 탄식하고 눈물 흘리게 하는 것이 아닙니다. 신심은 자기만족이나 부드럽고 감미로운 위안을 주는 것이 아닙니다. 필로테아 님, 세상에는 이러한 위안을 느끼면서도 매우 악한 성향을 지닌 사람들이 많이 있다는 것을 알게 될 것입니다. 이들에게는 참된 신심은커녕 하느님에 대한 단순하고 진정한 사랑조차 없습니다. 구약 시대에 사울 임금은 다윗을 죽이려고 그의 뒤를 따라 엔 게디 광야로 갔습니다. 그는 다윗과 그 부하 병정들이 잠복하고 있는 줄도 모른 채 단신으로 바위굴 속으로 들어갔습니다. 이때 다윗이 사울 임금을 죽이는 것은 참으로 쉬운 일이었습니다. 그러나 그는 임금을 해치거나 위협하지 않았습니다. 그는 사울 임금을 동굴에서 안전하게 나가게 한 뒤, 임금에게 큰 소리로 자신이 모함을 받았음을 호소하며 임금의 목숨이 자기 손안에 있었던 사실을 말해 주었습니다. 이때 사울 임금은 자기 마음이 풀린 것을 증명하려고 다윗을 아들이라 부르며 소리 높여 울었습니다. 그는 다윗을 칭찬하며 자신을 살려 준 다윗의 자비심에 감격하여 다윗이 장차 이스라엘의 임금이 될 것이라고 말했습니다. 또한 다윗에게 자기 후손들의 운명을 부탁하기도 했습니다. 이때 사울 임금의 말투는 유순하기 그지없었으나 그의 마음은 진실하지 못하였기에, 얼마 지나지 않아 예전처럼 잔혹하게 다윗을 박해했습니다(1사무 24장 참조).

한여름 소낙비가 지나치게 많이 쏟아져 내리면 그 빗물이 미처 땅속 깊이 스며들지 못하여 쓸모없고 이름 모를 곰팡이만 돋아나게 합니다. 마찬가지로 시련을 당할 때 흘리는 감상적 눈물은 그의 사악한 마음을 적신다 해도 마음 깊은 곳까지 스며들지 못하기 때문에 신심 생활에 유익하지 않습니다. 이런 사람들은 자신이 올바르지 못한 방법으로 얻은 이득을 내놓으려 하지 않고 사악한 생각도 버리려 하지 않음은 물론, 겉으로는 눈물을 보이지만 구세주를 섬기고자 작은 희생도 바치지 않습니다. 그들의 좋은 감정은 진정한 신심에서 나온 것이 아니라 흔히 악마의 간교한 술책에서 나온 일종의 정신적 곰팡이에 지나지 않습니다. 악마는 사소한 위안으로 인간을 기만하여 참된 신심, 곧 하느님의 거룩한 뜻을 믿고 실행하려는 의지를 방해합니다.

어린아이는 엄마의 병을 고치려 의사가 수술 준비를 하는 것을 보고서도 자지러지게 울지만 그 아이의 엄마가 어린아이의 손에 든 사과나 사탕을 달라고 하면 여간해서 주지 않으려고 합니다. 우리의 신심도 이 어린아이와 거의 같습니다. 우리는 십자가 위에 계신 예수 그리스도의 성심이 창으로 찔리는 그 순간만을 생각하며 감상적 눈물을 흘리는 것으로 그치고 맙니다.

필로테아 님, 우리의 아버지시며 구세주이신 예수님의 수난과 죽음을 생각하고 우는 것은 좋은 심성임에 틀림없습니다. 그러나 우리는 어찌하여 우리의 손안에 있는 사과를, 가장 사랑하올 주님께서 간절히 바라시는 그것을 드리지 못하는 것일까요? 우리가 수많은 애착과 자기만족 그리고 쾌락들을 버리지 못하는 것은 사탕과 같은 그것들을 하느님의 은총보다 더 달콤하다고 여기며 좋아하기 때문이 아니겠습니까? 그것은 어린아이들이나 좋아할 만한 것으로서 나약하고 변하기 쉬우며 무익한 것입니다. 참된 신심은 감수성이 예민한 성격으로 말미암은 결과나 악마가 우리를 유혹하고 우리의 상상력을 자극하여 흥분시킨 결과에 따라서 나오는 것이 아닙니다.

둘째, 이러한 감상적 신심이 유익할 때도 있습니다. 왜냐하면 이것이 영적 욕구를 자극하여 우리의 기운을 북돋우고, 신심 생활에 대해 거룩한 기쁨을 느끼도록 해 줌으로써 우리의 행위를 아름답게 하기 때문입니다. 시편 저자가 "당신 말씀이 제 혀에 얼마나 감미롭습니까! 그 말씀 제 입에 꿀보다도 답니다."(시편 119,103) 하고 노래한 것은 이 영적 행위에 대한 감미로움을 나타낸 것입니다. 우리가 신심을 통해 받는 매우 작은 위안은 세상의 행복보다 훨씬 더 진한 맛이 납니다. 우리 영혼의 천상배필이신 주님의 가슴에서 흘러나오는 사랑의 젖은 이 세상에서 가장 뛰어난 술보다도 훨씬 감미롭기 때문에, 일단 이것을 맛본 사람은 다른 것들을 쓰디쓴 것으로 느끼게 됩니다.

씹으면 단맛이 나는 풀잎이 있는데, 그 맛이 워낙 달콤해서 그것을 입에 물고 있으면 배고픔이나 목마름도 느끼지 못한다고 합니다. 하늘의 만나와 같은, 하느님에게서 오는 영적 위안을 받은 사람도 이와 같아서 이 세상의 쾌락에 대한 흥미와 욕구를 느끼지 않게 되어 쾌락의 포로가 되지 않습니다. 그러한 사람은 참으로 행복한 사람입니다. 어린아이를 달랠 때 주는 사탕과 같은 이러한 영적 위안은 사람들을 격려하시고자 하느님께서 내리시는 영적 음료이며, 앞으로 주어질 상에 대한 첫 열매이기도 합니다. 먼 옛날 알렉산더 대왕이 대양을 항해했을 때 향긋한 미풍이 불어오자 꿈에도 그리던 아라비아가 가까워짐을 알고 대왕을 비롯하여 모든 군사들이 용기백배했다고 합니다. 우리도 망망대해와 같은 이 세상에서 늘 그리워하는 하늘의 본향에서 누릴 행복을 미리 맛보는 감격을 느끼는 일이 있습니다.

셋째, 위에 언급한 바와 같이 우리가 받는 위안에는 하느님께서 내리시는 참다운 위안과 세상으로부터 얻는 무익하고 위험하며 때로는 사악한 위안이 있습니다. 사악한 위안은 악마로부터 오는 것이므로 우리는 이를 분별할 줄 알아야 하며 선한 것들 중에서도 최상의 것을 식별할 줄 알아야 합니다.

일반적으로 마음의 상태는 그 열매에서 드러난다고 합니다. 우리 마음을 나무라고 한다면, 감정이나 정서는 이 나무의 가지이고 행동은 그 열매라고 할 수 있습니다. 그러기에 좋은 마음에서 좋은 정서가 나오고, 좋은 정서에서 선하고 거룩한 행동이 나옵니다. 우리가 맛본 부드럽고 감미로운 영적 위안으로 우리가 더욱 겸손해진다면, 우리가 이웃에게 더욱 친절하고 다정하며 너그럽게 대한다면, 우리가 더욱 열성적으로 우리 자신의 악한 성향과 욕망을 억제하려고 노력하게 된다면, 우리의 의무를 더욱 성실히 이행하게 된다면, 우리가 순명해야 할 이들에게 더욱더 순명하게 된다면, 우리가 더욱 소박하게 살아가게 된다면, 그런 것들은 의심의 여지 없이 하느님에게서 오는 것입니다.

그러나 그 감미로움과 부드러움이 우리에게 그저 달콤하기만 하다면, 우리가 마치 반쯤은 성인이라도 된 듯이 가르침이나 주의에 귀 기울이지 않고 이웃에게 참을성 없이 까다롭고 변덕스러우며 거만하게 군다면, 우리가 받은 위안은 참된 것이 아니며 오히려 해를 끼치는 것이라고 여겨도 됩니다. 좋은 나무는 반드시 좋은 열매를 맺는 법입니다.

넷째, 위안을 느낄 때에는 다음과 같이 행동하십시오.

① 하느님 앞에서 겸손하십시오. 다른 사람들에게 "나는 마음이 선량한 사람이다."라고 말하지 마십시오. 필로테아 님, 이미 말한 대로 자신이 모든 것을 깨달은 듯한 충만감을 느낀다고 해서 신심이 깊어진 것은 아니며, 그러한 느낌으로 인해 신심의 참된 가치가 높아지는 것

도 아닙니다. 오히려 주님께서는, 당신을 바라보고 당신을 찾는 이들에게 자비를 베푸신다고 말해야 합니다. 우리 혀가 단맛을 내는 것이 아니라 음식에 당분이 있기 때문에 그 맛을 느낄 수 있을 뿐입니다. 이처럼 좋으신 하느님께서 내리시는 영적 위안은 더할 나위 없이 귀중한 것이지만, 이를 받는 사람이 모두 합당한 자격을 갖추었다고 말할 수는 없습니다.

② 우리는 아직도 영적으로 수유기에 있는 유아임을 잊어서는 안 됩니다. 하느님께서 이러한 위안과 감동을 주시는 이유는, 우리가 하느님의 사랑을 받아들일 수 있을 때까지는 그러한 것들이 필요할 정도로 아직 어리고 약하기 때문입니다.

③ 우리는 주님의 귀중한 은혜를 겸손하게 받아야 합니다. 그 은혜가 소중한 이유는 아기가 귀여워 입에 사탕을 물려 주는 어머니처럼 하느님께서 우리 마음에 주시는 것이기 때문입니다. 우리가 하느님의 은혜를 깊이 생각한다면 그 은혜의 단맛보다 하느님의 자애로우심에 감사드려야 할 것입니다. 필로테아 님, 감미로운 영적 위안을 우리의 입과 마음, 영혼과 정신에 넣어 주시는 분은 어머니처럼 자애로우신 하느님이심을 깨닫는다면,

우리는 그 감미로움을 몇 배 더 강하게 느낄 수 있을 것입니다.

④ 주님의 은혜를 겸손하게 받아들인 다음 그 은혜를 하느님의 거룩한 뜻에 합당하게 사용하고자 노력해야 합니다. 하느님께서 우리에게 감미로운 은혜를 내려 주신 이유는 무엇이겠습니까? 우리가 이웃에게 친절하고 하느님을 사랑하는 마음으로 충만해지도록 하려는 것입니다. 아기 입에 사탕을 물려 주는 어머니 같으신 주님께 사랑과 감사의 입맞춤을 하십시오. 이 입맞춤은 주님의 계명을 지키고 주님의 거룩하신 뜻에 합당하게 행동하며 주님의 가르침에 따르겠다는 표시입니다. 주님의 말씀에 순명하고 그것을 실천하겠다는 마음으로 주님께 입맞춤하십시오. 그대가 영적 위안을 받으면 겸손하게 이를 받아들이고 한층 더 선행에 힘써야 합니다.

⑤ 우리 마음이 위안에 너무 집착하지 않게 하려면 때로는 의식적으로 이를 자제할 필요가 있습니다. 이 은혜를 받으면 하느님을 사랑하는 마음이 더욱 깊어지므로 이를 겸손하게 받아들여야 합니다. 그리고 한편으로는 우리가 진정으로 바라는 것은 이러한 은혜가 아니라 하느님의 사랑이며, 위안이 아니라 위안을 주시는 분, 감동

한 사실이 아니라 우리를 감동시키시는 구세주, 기쁨이 아니라 하늘과 땅의 기쁨 자체이신 분이시라고 말해야 합니다. 동시에 비록 일생 동안 단 한 번의 감격도 느끼지 못한다 해도, 변함없이 하느님의 사랑 안에 머물기로 결심하고 골고타와 타보르 산에 계시는 주님과 함께 머물겠다는 각오로 "주님, 주님께서 십자가 위에 계시든, 영광 중에 계시든 언제나 당신과 함께 있으면 참으로 행복하겠나이다." 하고 고백해야 합니다.

마지막으로 이와 같은 위안과 감동이 빈번할 때, 또는 이상한 변화를 느꼈을 때에는 그대의 영적 지도 신부에게 도움을 청하고 그의 지시에 따르십시오. 잠언에 다음과 같은 가르침이 있습니다.

"꿀을 발견하더라도 적당히 먹어라. 질려서 뱉어 버리게 된다."(잠언 25,16)

제14장
영적인 무미건조

 필로테아 님, 위안과 감동을 느낄 때에는 앞 장에서 언급한 대로 하면 되지만, 이와 같이 청명한 날이 언제까지 계속되지는 않습니다. 신심에 대한 감각이 사라지고 무미건조해지면 그대의 영혼은 황무지처럼 변하고, 하느님을 찾아갈 길도 잃고, 영혼을 적실 은총의 물줄기도 초목도 없는 황폐한 사막에 버려진 것처럼 느껴질 것입니다.

 오! 이런 상태에 떨어진 사람은 얼마나 참담한 심정을 느끼겠습니까! 그를 조롱하고 낙담시키려고 "한심한 자야, 너의 하느님은 어디 있느냐? 어떻게 하느님을 찾을 수 있겠느냐? 누가 하느님의 은총의 기쁨을 네게 도로 찾아 주겠느냐?" 하고 속삭이는 악마 앞에서 그는 다윗처럼 밤낮으로 눈물을 삼키는 신세가 될 것입니다.

필로테아 님, 그대라면 이럴 때 어떻게 하겠습니까? 먼저 그 원인을 살펴보십시오. 그러면 무미건조한 원인이 자신에게 있을 때가 많다는 것을 깨닫게 될 것입니다.

① 어머니는 이가 썩은 아이에게 사탕을 주려 하지 않습니다. 이와 같이 우리가 위안에 집착하여 헛된 기쁨을 느끼고 교만해질 때에는 하느님께서 그 기쁨을 빼앗아 버리실 때가 있습니다. 그런 경우에는 다음과 같이 기도드리십시오. "하느님, 이 괴로움이 저에게 유익이 되게 하소서. 이 모든 괴로움은 제가 주님의 뜻을 따르지 않았기 때문에 생긴 것임을 깨달았나이다."
② 위로와 안정을 느낄 때 감미로운 기쁨을 주신 하느님의 사랑에 대한 보답을 게을리하면, 이스라엘 사람들이 이집트에서 탈출하여 광야에서 먹던 만나가 해가 떠오른 뒤에는 녹아 없어지듯이(탈출 16,21 참조), 주님께서 그 기쁨을 거두어들이시는 일이 종종 있습니다.
③ 우리는 가끔 아가서에 나오는 여자처럼 육감적인 만족이나 헛된 위안에 사로잡힌 채 잠자리에 드는 일이 있습니다. 이때 우리 영혼의 짝이신 주님께서는 우리 마

음의 문을 두드리시며 신심 수행을 다시 시작하라고 권고하십니다. 만일 우리가 그분의 타이르심을 듣고도 머뭇거린다면 그것은 그릇된 만족과 헛된 쾌락을 끊어 버리기가 싫기 때문일 것입니다. 이때 주님께서는 당신의 모습을 감추시고 우리를 방치하실 것이므로 주님을 찾기가 어려워질 것입니다. 주님의 사랑을 불신하고 세상 쾌락을 좇으며 주님의 사랑을 거스른 탓입니다. 모세를 따라 이집트에서 탈출한 이스라엘 사람들 중 이집트에서 먹었던 밀가루에 집착한 사람들은 하늘에서 내린 만나의 진미를 느낄 수 없었을 것입니다. 꿀벌이 인공적 향기를 싫어하듯이, 성령께서 내리시는 감미로운 위안은 세상의 인위적 쾌락과는 절대로 양립할 수 없습니다.

④ 고해성사 때 고해 사제에게 그대가 자신의 정신 상태를 허위로 고백하거나 과장하면, 그로 말미암아 영혼이 무미건조해지기도 합니다. 그러한 행위는 성령을 속이는 것이기 때문입니다. 어머니를 속인 아이가 어머니에게 사랑을 받지 못하는 것처럼 그대가 성령으로부터 위안을 받지 못하는 것은 당연한 일입니다.

⑤ 그대가 이 세상 쾌락에 만족하면 분명 영적 기쁨이 싫어지게 될 것입니다. 속담에 '배가 부른 비둘기에게는

앵두도 쓰다.'는 말이 있습니다. 성모님께서도 "굶주린 이들을 좋은 것으로 배불리시고 부유한 자들을 빈손으로 내치셨습니다."(루카 1,53) 하고 말씀하셨듯이, 세속적인 쾌락에 젖어 있는 사람은 영적인 부를 누릴 수 없습니다.

⑥ 그대가 하느님께서 주시는 위안의 열매를 잘 보존하면, 더욱더 새로운 위안을 받게 될 것입니다. 주님께서 "가진 자는 더 받고 가진 것 없는 자는 가진 것마저 **빼앗길 것이다.**"(마르 4,25; 마태 13,12; 25,29; 루카 8,18 참조)라고 말씀하신 것처럼, 주님의 은총을 지킬 줄 모르고 자기 잘못으로 은총을 잃는 사람은 주님께서 주시려고 준비하신 은총까지도 **빼앗기게** 될 것입니다. 비는 무성한 초목에게 푸르른 생기를 주지만, 이미 죽은 나무는 썩게 할 뿐입니다.

필로테아 님, 우리는 여러 가지 원인 때문에 신심의 안정을 잃고, 무미건조한 상태에 빠지는 일이 종종 있습니다. 그러므로 우리는 이런 잘못을 저지르지 않았는지 성찰할 필요가 있습니다. 그러나 이를 성찰할 때 불안감이나 과도한 호기심은 금물입니다. 만약 우리 행위의 성찰을 통해 이 불행의 원인을 발견하면, 곧바로 하느님께 감사드려야 합니다. 그 원인을 찾으면 치유가 가능하기 때문입니다. 그러나 특별한 원인을 발견하지 못했을 경우에는 계속해서 찾아내려고 애쓸 필요는 없습니다. 그저 단순하게 다음과 같이 하십시오.

첫째, 하느님 앞에 그대 자신을 철저히 낮추고 그대가 허무하고 무가치한 존재임을 인정하십시오. "주님, 저 혼자서는 아무것도 할 수 없나이다! 주님, 저는 메마른 땅에 지나지 않나이다. 땅이 터지고 갈라져 주님께서 하늘에서 내리시는 자애로운 비를 기다리는데, 바람이 불어와 먼지가 되어 흩어져 버리나이다."

둘째, 하느님께 호소하고 위로해 주시기를 간구하십시오.

"주님, 당신 구원의 복을 저에게 내리소서. 하느님 아버지, 이 잔을 저에게서 멀리하소서."

"내 영혼을 메마르게 하는 뜨거운 바람아, 그쳐라. 상쾌한 위안의 미풍이여, 나의 정원으로 불어와 그 향기를 풍겨 다오."

셋째, 고해 사제를 찾아가 그대의 영혼을 열어 구석구석까지 드러내 보이고, 그의 가르침을 단순하고 겸손하게 받아들이십시오. 순종의 덕을 가장 기특하게 여기시는 하느님께서는 영적 지도자의 조언에 따르면 우리가 예상한 것보다 더 좋은 결과를 얻게 해 주십니다. 인간적으로 보아 별다른 효험이 없을 것만 같았던 엘리사의 지시에 따라 요르단 강물에 목욕을 한 나아만의 나병이 치유된 것(2열왕 5장 참조)이 그 예입니다.

넷째, 이러한 무미건조한 상태가 계속되면 거기에서 벗어나려고 초조하게 번민하지 않는 것이 이를 극복할 수 있는 최선의 방법입니다. 그렇다고 구원에 대한 갈망이 잘못되었다는 것이 아닙니다. 다만 초조와 번민이 옳지 못하다는 것을 지적하는 것뿐입니다. 이럴 때에는 모든 것을 하느님의 자비와 사랑의 섭리에 맡기고, 광야의 가시덤불 속에서(탈출 3,1-6 참조) 우리를 부르시는 하느님의 거룩한 뜻에 따라야 합니다. 주님께서 "아버지! 아버지께서는 무엇이든 하실 수 있으시니, 이 잔을 저에게서 거두어 주십시오."라고 기도하시며, "그러나 제가 원하는 것을 하지 마시고 아버지께서 원하시는 것을 하십시오."(마르 14,36) 하고 덧붙이셨듯이, 우리도 하느님께 전적으로 의탁해야 합니다. 그러면 하느님께서는 그대의 경건한 무관심 상태를 보시고, 다시 큰 은총을 내려 주시며 그대를 위로해 주실 것입니다. 하느님께서는 아브라함이 자기 아들 이사악을 바치라는 당신의 명령에 조금도 주저하지 않고 따르려는 것을 보시고, 그의 신앙심에 만족하시어 큰 축복과 함께 그의 후손이 하늘의 별처럼, 바닷가의 모래처럼 번성하게 해 주시겠다는 약속으로 그를 위안해 주셨습니다. 우리는 온갖 육체적·정신적 괴로움 중에 있거나 감상에 빠져 신심이 흔들릴 때, 주님께 완전히 순종하겠다는 마음으로, 욥처럼 "주님께서 주셨다가 주님께서 가져가시니 주님의 이름은 찬미받으소서."(욥 1,21) 하고 말해야 합니다. 하느님께서 욥에게 큰 은혜로 보상하셨듯이, 역경 중에서도 우리가 끊임없이 이 말을 되풀이하며 겸손을 잃지 않고 하느님의 뜻에 순종하면 주님께서는 우리에게도 매우 감미로운 은총을 내리실 것입니다.

다섯째, 무미건조한 상태가 지속되더라도 결코 용기를 잃지 마십시오. 인내하고 주님께서 위안을 주실 날을 기다리며, 하루하루를 성실하게 살아가야 합니다. 무미건조한 상태라 해도 신심 수행을 소홀히 하면 안 되고, 될 수 있는 대로 더 많은 선행을 실천해야 합니다. 그리고 우리의 가장 사랑하올 짝이신 주님께 드릴 싱싱한 과일이 없다면 시든 것이라도 바쳐야 합니다. 주님께 거룩한 사랑을 드리겠다는 진실한 마음만 있으면, 주님께서는 과일의 신선도를 따지지 않으십니다. 꿀벌은 날씨가 좋으면 꿀을 많이 만들고 새끼는 적게 낳습니다. 꽃 사이를 넘나들며 꿀을 채집하느라 분주해서 새끼를 기르는 데 소홀하기가 쉽기 때문입니다. 이와 반대로 춥고 흐린 날이 많을 때에는 새끼를 많이 낳고 꿀을 적게 만듭니다. 꿀을 채집하러 나갈 수 없으므로 종족 번식에 주력하기 때문입니다.

필로테아 님, 영적 위안을 받는 영혼의 아름다운 봄날에는, 사람들이 영성의 꿀을 모으는 데 골몰하느라 선행을 하는 일이 줄어듭니다. 그러나 이와 달리 영혼의 겨울인 무미건조한 때에는 신심의 열기가 식기 때문에 사람들이 선행에 힘쓰며, 인내와 겸손, 자기 낮춤, 포기, 이타 정신 등의 덕을 쌓는 데 마음을 쓰게 됩니다.

많은 사람들, 특히 여성들이, 열정적인 마음이 우러나지 않은 채 하느님께 봉사하는 것을 하느님께서 결코 기꺼워하지 않으실 것이라고 생각하는데, 이것은 잘못된 생각입니다. 우리의 행위는 장미꽃과도 같습니다. 장미꽃이 싱싱할 때에는 보기에 아름답고 조금 마른 뒤에는 꽃향기가 진하듯이, 마음이 윤택할 때 한 행위가 우리에게는 더욱 상쾌하게 느껴지지만, 무미건조할 때 한 행위는 하느님 앞에서 더욱 향기롭습니다.

필로테아 님, 무미건조할 때 하느님의 일에 더욱 열심히 종사하게 하는 것은 의지의 힘입니다. 마음이 무미건조할 때에는 윤택할 때보다 의지가 더욱 굳세지 않으면 하느님께서 바라시는 일을 할 수가 없습니다. 나라가 평화로울 때 국가에 봉사하는 일은 어렵지 않습니다. 그러나 전쟁 때 고통을 참고, 환난과 박해를 무릅쓰면서 일편단심으로 나라를 위해 봉사하는 것이 진정으로 충성하는 것입니다.

폴리뇨의 복녀 안젤라는 하느님께서 가장 기뻐하시는 기도는 자기를 잊고 바치는 기도라고 말했습니다. 곧 기분에 따라 기도하지 말고 무미건조할 때에도 오직 하느님을 기쁘게 해 드리려는 의지를 가지고 기도하라는 뜻입니다. 나는 모든 선행도 이와 같다고 생각합니다. 선을 실천할 때 외적으로나 내적으로 장애가 있으면 있을수록 하느님께서는 그 선행을 더욱 귀하게 여기십니다. 덕을 행할 때에는 자신의 이익을 버릴수록 순수한 하느님의 사랑이 드러나게 됩니다. 흔히 아이들은 사탕을 주면 엄마에게 입을 맞추며 좋아합니다. 그러나 쓴 약을 주어도 엄마에게 입을 맞추는 어린아이야말로 참으로 엄마를 사랑하는 어린아이입니다.

제15장

예화 한 토막

지금까지의 교훈을 한층 더 명백히 하고자 학식과 성덕이 뛰어난 한 전기 작가가 기록한 《성 베르나르도전》에 나오는 일화를 인용하겠습니다.

"일반적으로 하느님을 섬긴 지 얼마 되지 않고 은총의 추이와 영적 상태의 변화에 대해 모르는 사람은, 신심에 대한 열정이 식고 신심의 정진을 위해 하느님께서 비추어 주셨던 광명이 꺼질 때 용기를 잃고 실망과 낙담에 빠지곤 한다. 사리에 밝은 사람들은 이를 두고 인간 본성이 현세에서든 후세에서든 행복이 없으면 참고 견디지 못하기 때문이라고 설명할 것이다. 천상의 행복이 어떠한지 아는 사람들은 자신이 그 행복에 들어 올림을 받았을 때 가시적인 지상 행복을 배척하기 쉽다. 그러나 하느님의 섭리로 영적 행복감이 사라지고 현세의 위안마저 잃을 때가 있다. 이 시련을 인내하면 태양이 다시 뜬다는 것을 모르는 사람은 천국도 지상도 아닌 영원한 암흑에 파묻힌 것처럼 생각하여 마치 젖을 빼앗긴 아기처럼 슬피 울며 짜증을 부린다."

"지금 말하는 이야기는 하느님께 봉사하려고 영적 여정을 시작한 페론의 제오프로이라는 수도자에게서 일어난 일이다. 그는 마음이 무미건조해지고 위안을 잃어 정신이 암흑에 잠기자, 친구들과 가족들, 그리고 심지어는 버리고 온 재물에 대한 심한 유혹과 좌절감에 빠져 더 이상 이를 감출 수가 없게 되었다. 한 친구가 혼란에 빠진 그를 보고 따뜻한 말로 위로하면서 이렇게 속삭였다. '제오프로이, 무슨 일인가? 평상시보다 번민하며 슬퍼 보이는데 무슨 걱정이라도 있는 건가?' 제오프로이는 '앞으로 내게는 기쁜 일이 없을 것 같아.' 하고 대답하며 긴 한숨을 쉬었다. 친구는 그를 매우 가련히 생각하여 스승인 성 베르나르도에게 이 사실을 알렸다. 성인은 제오프로이에게 닥쳐온 위험을 염려하여 홀로 길가에 있는 성당에 들어가 그를 위해 하느님께 기도드렸다. 그때 번민하다 지친 제오프로이는 돌을 베고 그대로 잠이 들었다. 얼마 뒤에 성인이 기도를 끝내고 나오자, 제오프로이는 잠에서 깨어나 희색이 만면하여 웃고 있었다. 그의 친구가 이러한 급격한 변화에 놀라 웃으며 제오프로이가 조금 전에 한 말에 대해 책망하자, 그는 '아까는 나에게 앞으로 기쁜 일이 없을 거라고 말했지만, 이제부터는 슬픔에 빠지는 일이 다시는 없을 것일세.'라고 말했다."

그 수도자의 유혹은 이런 식으로 사라졌습니다. 그러나 필로테아 님, 그대는 이 이야기에서 다음 사항에 유의해야 합니다.

① 하느님께서는 신심 생활에 입문하는 사람에게 얼마 동안은 천국의 복락에 대한 희열을 맛보게 하십니다. 이는 아기가 젖을 잘 빨게 하려고 어머니가 젖꼭지에다 꿀을 바르는 것처럼, 하느님께서 그가 현세의 안락에서 벗어나 하느님의 사랑에 맛들이게 하시려는 것입니다.
② 하느님께서는 당신의 밝은 섭리로 어떤 때에는 위안의 젖과 꿀을 빼앗아 가십니다. 수유기를 벗어나 환난과 유혹의 시련 중에서도 신심이 굳게 단련되도록 우리에게 단단하고 마른 빵을 먹이시려는 것입니다.
③ 무미건조할 때에는 가끔 유혹이 무서운 폭풍처럼 일어나기도 합니다. 이때는 전력을 기울여 유혹과 싸워야

합니다. 유혹은 하느님께서 하시는 일이 아닙니다. 그러나 무미건조는 하느님께서 우리의 신심 진보를 위해 주시는 것이므로 우리는 이를 참고 견뎌야 합니다.

④ 정신적으로 힘들다 해도 낙담하거나 제오프로이처럼 "나에게는 기쁜 일이 없을 것 같아." 하고 속단하지 마십시오. 캄캄한 암흑 중에 있을 때에도 언제나 광명을 기원하십시오. 또한 이와는 반대로 더 이상의 행복은 없을 것처럼 기쁨으로 충만할 때에도 "나는 절대로 슬퍼하지 않겠노라." 하고 장담하지 마십시오. 집회서 저자의 말대로 '순간의 불행은 영화를 잊게 하는'(집회 11,27 참조) 법입니다. 불행을 느낄 때에도 부지런히 수행하면서 희망하고, 다른 사람들로부터 영광을 받는 경우에도 두려워할 줄 알며 항상 겸손해야 합니다.

⑤ 그대를 위로해 주는 영적인 친구에게 그대의 고민을 털어놓는 것도 좋은 치료법 중 하나입니다.

결론적으로 이 중요한 교훈으로 그대에게 알려 주고 싶은 것은 하느님과 악마는 서로 다른 목적을 가지고 있다는 점입니다. 하느님께서 사람들에게 시련을 허용하시는 목적은 그들의 마음을 정화시키고 온갖 이기심을 제거하여 하느님의 뜻에 완전히 따르고 순수하게 하느님을 섬기게 하시려는 것입니다. 그러나 악마는 견디기 힘든 시련으로 우리를 낙담하게 만들고 육체적 쾌락을 추구하게 함으로써 참된 신심에 해를 끼치려고 기를 씁니다. 그러나 위에서 말한 사항을 지키면 그대가 정신적으로 힘든 상황에 놓여 있어도 완덕에 도달하는 데 큰 도움을 받을 것입니다.

이 장을 마무리하면서 한 가지를 더 말하겠습니다.

때때로 의욕을 잃게 하는 무미건조한 상태는 건강이나 환경에서 비롯될 수도 있습니다. 예를 들면, 수면 부족이나 과도한 노동 또는 금식 때문에 졸음과 피로, 권태를 느끼게 됩니다. 이처럼 육체와 정신은 밀접하게 연결되어 있으므로 서로 영향을 주고받습니다. 육체적으로 힘들 때에도 우리는 이를 의지로 극복하고 선행을 소홀히 해서는 안 됩니다. 왜냐하면 육체적으로 지쳤을 때에도 우리 영혼은 하느님 앞에 굳건할 수 있기 때문입니다. 이런 때일수록 우리는 아가서에 나오는 여인처럼 "나는 잠들었지만 내 마음은 깨어 있었지요."(아가 5,2)라고 말할 수 있어야 합니다. 앞서 언급한 바와 같이 이러한 노력은 매우 가치 있는 것입니다. 이런 때일수록 적당한 휴식을 취하여 체력을 길러 정신의 무미건조를 치료해야 합니다. 아시시의 프란치스코 성인은 제자들에게 정신의 열정이 식지 않도록 극심한 노동을 적당히 줄이라고 당부하였습니다.

　이 위대한 스승에게도 다음과 같은 일이 있었습니다. 어느 날 성인은 심한 우울증에 빠져 아무리 발버둥을 쳐도 우울증에서 벗어날 수 없었습니다. 제자들과 이야기하려 했지만 쉽지 않았고, 혼자 있으니 우울증은 더욱 심각해지기만 했습니다. 고행을 시도해 보았으나 기도의 기쁨을 느낄 수 없는 암흑 상태가 2년 동안이나 계속되어 하느님께 완전히 버림받은 것 같았습니다. 그러나 그는 이 괴로운 시련을 겸손하게 참고 인내했기 때문에 나중에는 구세주께서 일순간에 그에게 무한한 행복과 평화를 주셨습니다. 내가 이 이야기를 하는 이유는 위대한 성인들도 이런 일을 겪는데, 하물며 평범한 그대가 이런 일을 겪는 것은 당연하니 결코 당황하거나 낙담하지 말기를 당부하려는 것입니다.

제5부

영혼의 쇄신

제1장

수행을 위한 쇄신

수행에서 가장 중요한 점은 쇄신의 필요성을 자각하는 것입니다. 인간 본성의 나약함으로 말미암아 우리는 선한 결심을 잃기 쉽습니다. 우리 영혼의 선한 결심을 쇄신하여 높이 비상하려고 노력하지 않으면 우리 육체의 허약함과 악한 경향은 무거운 저울추가 되어 우리 영혼을 아래로 끌어내릴 것입니다.

필로테아 님, 새가 날개를 움직이지 않으면 땅에 떨어지는 것처럼 그대도 하느님을 섬기려고 한 최초의 결심을 자주 쇄신하지 않으면, 예전의 악한 상태로 전락할 위험이 있습니다. 영적 타락으로 말미암아 우리의 신심은 비상을 시작하던 그 이전 상태보다 더 아래로 떨어지게 됩니다.

태엽 시계는 아침저녁으로 태엽을 감아 주어야 하며, 적어도 1년에 한두 차례는 기계를 분해하여 그동안 쌓인 녹과 먼지를 제거하고, 잘 맞지 않거나 마모된 부품을 교체해야 합니다. 이와 마찬가지로 영성을 중시하는 사람은 앞에서 말한 대로 아침저녁으로 하느님 앞에 나아가 자신의 영성 상태를 점검하며 성찰하고 바로잡아야 합니다. 또한 적어도 1년에 한두 번은 자신의 마음을 분석하고 자신의 정신과 감정 등을 세밀하게 살펴보아 결함이 발견되면 곧바로 이를 바로잡아야 합니다. 시계 수리공은 시계가 부드럽게 작동되게 하려고 톱니바퀴와 태엽, 그 밖에 시계의 모든 부품에 기름을 칠하여 녹슬지 않게 합니다. 이같이 신심 수행에 뜻을 둔 사람도 자신의 마음을 성찰하여 쇄신하고자 고해성사와 성체성사의 기름으로 도유塗油해야 합니다. 이 점검 기간을 통해 그대는 그동안 소모된 그대의 영성적인 기력을 보충하게 되며, 냉담해진 그대 마음을 덥히고 선한 지향을 소생시키며, 영성의 선행을 꽃으로 피어나게 할 것입니다.

나지안조의 그레고리오 성인에 따르면, 초대 교회의 신자들은 주님의 세례 축일에 갱신 예식을 거행했다고 합니다. 그들은 해마다 이 축일에 신앙을 고백하고 하느님께 충성을 맹세했다고 합니다. 필로테아 님, 우리도 그들을 본받아 자진하여 우리의 신심을 충실히 쇄신해야 합니다. 지도 신부의 권고를 받아들여 적당한 날을 정하여, 평상시보다 고요한 곳에 머물러 앞의 제2부에서 내가 제시한 묵상 방법을 실행하시기 바랍니다. 그다음에는 서너 번 피정에 참여하는 것이 그대의 신심 생활에 도움이 될 것입니다.

제2장

신심 생활로 부르신 하느님의 은총에 대한 성찰

① 그대가 신심 생활을 시작할 때 다짐했던 약속들을 성찰하십시오. 첫째, 그대는 모든 대죄를 미워하고 끊어 버리겠다고 약속했습니다. 둘째, 하느님을 사랑하며, 하느님께 봉사하고자 그대의 영혼과 마음, 그리고 육신에 속한 모든 것을 주님께 봉헌했습니다. 셋째, 불행하게도 죄에 떨어지는 일이 있으면, 하느님 은총의 도우심으로 곧바로 재기하겠노라고 약속했습니다.

이러한 다짐은 아름답고 올바르며, 소중하고도 과감한 결심이었습니다. 이와 같은 다짐이 얼마나 신성하고 도리에 합당하며 바람직한지를 살펴보는 것이 좋을 것입니다.

② 그대는 누구에게 이 약속을 했습니까? 그것은 하느님께 한 약속입니다. 인간과 맺은 약속도 엄중하게 지켜야 할 의무가 있는데, 하물며 하느님께 드린 약속은 어떠하겠습니까! 다윗은 이렇게 기도했습니다.

"오! 주님, 제 마음은 주님께 아뢰나이다. 제 마음이 이 좋은 뜻을 품게 되었으니, 어찌 감히 이를 잊으리이까!"

③ 그대가 주님께 약속했을 때 증인은 누구였습니까? 그대는 하느님 나라의 모든 백성 앞에서 주님께 서약했습니다. 성모님, 성 요셉, 그대의 수호천사, 루도비코 성인 임금, 그 밖에 모든 성인도 그대를 바라보며 기뻐하고 격려해 주었으며, 주님의 발아래 엎드려 하느님을 위해 봉사하며 헌신하겠다는 그대 마음에 한없는 사랑의 시선을 던졌습니다. 그래서 하늘의 예루살렘에는 그대가 서원을 드리던 날 큰 기쁨으로 충만했습니다. 그대가 자진해서 그 결심을 쇄신한다면 천국에서는 기념 축하 잔치가 다시 열릴 것입니다.

④ 그대가 어떻게 주님께 서약을 하게 되었는지 성찰하십시오. 그때 하느님께서는 매우 자애로우셨으며 그대는 성령의 감미로운 부르심을 받지 않았습니까! 하느님께서는 당신의 사랑과 은총으로 그대의 작은 배를 구원의

항구로 끌어오셨습니다. 하느님께서는 성사와 독서 그리고 기도 중에 당신 사랑의 감미로움을 표시하시고, 그대를 손수 이끄셨습니다.

필로테아 님, 그대가 자고 있는 동안에도 하느님께서는 그대의 마음에 평화를 주시고 그대를 끊임없이 사랑하고 계심을 잊지 마십시오.

⑤ 하느님께서 그대가 신심 생활에 입문하겠다고 결심하도록 인도하신 때가 언제였는지 생각해 보십시오. 그때가 그대의 생애 중 가장 꽃다운 시절이었습니다. 아무리 빨리 깨달았다 해도 너무 이르다고 할 수 없는 것을 일찍 알았으니 그대는 참으로 행복한 사람입니다! 아우구스티노 성인이 하느님의 소리를 들은 것은 30세 때였습니다. 그때 그는 "오! 그 당시 느꼈던 기쁨이여, 왜 이토록 늦게 주님을 알게 되었는지 모르겠나이다. 저는 언제나 주님을 뵙고 있으면서도 주님을 생각하지 않았나이다." 하고 부르짖었습니다.

그대도 "오! 그 당시 느꼈던 기쁨이여, 왜 이토록 늦게 주님을 알게 되었는지 모르겠나이다." 하고 외치십시오. 더구나 그때에도 그대는 주님의 은총을 받기에 합당한 존재가 아니었습니다. 그럼에도 그대가 젊었을 때 그대를 부르신 하느님의 무한하신 은총을 생각하고 시편 저자처럼 다음과 같이 외치십시오.

"하느님, 당신께서는 제 어릴 때부터 저를 가르쳐 오셨고 저는 이제껏 당신의 기적들을 전하여 왔습니다."(시편 71,17)

또 주님께서 그대를 부르신 것이 그대의 노년 시기라고 가정해 보십시오. 거의 전 생애를 낭비했는데도 하느님께서 그대를 죽기 전에 부르시어 죄의 생활을 청산하게 하시니, 그분의 자비가 얼마나 무한하십니까? 만일 하느님께서 노년 시기에도 부르지 않으신다면 그대는 영원한 불행을 당하게 될 것임을 잠시 상상해 보십시오.

⑥ 하느님의 부르심으로 말미암아 그대에게 어떤 변화가 생겼는지, 부르심의 효과를 곰곰이 살펴보십시오. 아마 그대의 현재와 과거를 비교해 보면 엄청난 변화를 발견할 것입니다. 기도를 통해 하느님께 말씀드리는 방법을 알았고, 하느님을 사랑하는 의지가 생겼으며, 그대를 불안하게 하던 많은 욕망의 힘을 제어하게 되었습니다. 또한 많은 죄와 양심의 가책을 피할 수 있었으며, 이전보다 더 자주 성체를 영함으로써 영원한 은총의 샘이신

주님과 일치하게 되었으니 이 얼마나 큰 행복이며 위대한 은총입니까!

필로테아 님, 그대는 이 은총을 지성소의 저울로 달아 보아야 합니다. 하느님의 오른손이 이 모든 것을 이루셨습니다. 시편 저자는 이렇게 노래했습니다.

"주님의 오른손이 드높이 들리시고, 주님의 오른손이 위업을 이루셨다! 나는 정녕 죽지 않고 살리라. 주님께서 하신 일을 선포하리라."(시편 118,16-17)

성찰을 한 뒤 그대는 그대가 받은 풍성한 은총에 감격할 것입니다. 이제 그대는 하느님께 감사드리고, 열렬한 마음으로 이 은총에 힘입어 신심 생활에 더욱더 정진하겠다는 기도를 드리십시오. 기도가 끝나면 겸손과 하느님에 대한 큰 신뢰로 성찰을 마무리하십시오. 신심 생활에 대한 새롭고 굳은 결심을 세우는 것에 대해서는 이 수행의 제2단계로 미루겠습니다.

제3장

신심 생활의 점검

 다음에 다룰 제2단계 수행은 그 과정이 다소 깁니다. 한꺼번에 모든 과정을 수행할 필요는 없습니다. 하느님과 그대 자신, 그리고 타인에 대한 그대의 태도나 여러 가지 욕망에 대한 성찰 등을 나누어 실행해도 괜찮습니다. 준비 과정과 정서 유발과 결심 과정을 포함한 마무리 정리 과정을 제외하고는 무릎을 꿇을 필요가 없습니다. 그 밖에 다른 과정은 산책을 하면서 해도 좋고, 졸리지 않고 정신이 맑을 때에는 자리에 누운 채로 행해도 좋습니다. 효과적인 수행을 위해서는 미리 자신을 철저히 성찰해야 합니다. 이 제2단계는 오래 걸려도 2박 3일 중에 마무리해야 합니다. 하루 중 편한 시간을 정해 놓고 수행하는 것이 좋습니다. 이 수행을 오랜 시간 하면 활력을 잃고 지루하다고 느끼게 될 것입니다.

  신심 생활을 점검할 때 과실을 범했는지 또는 어떤 불완전함이나 장애를 느꼈는지 살펴보고, 권고를 듣고 결심을 세우며, 그것을 정신의 위로를 얻을 재료로 삼으십시오. 이런 수행을 실천하는 날에는 다른 사람들과의 접촉을 완전히 끊을 필요는 없지만, 되도록이면 세상사에 관여하지 말고, 특히 저녁 시간에는 홀로 있는 시간을 정해 일찍 침실로 들어가 휴식을 취하면서 그대의 신심을 성찰하십시오. 낮 시간에는 하느님과 성모님, 모든 천사들과 성인들에게 화살기도를 바치고 하느님을 사랑하는 열렬한 마음과 그대 자신의 완덕을 바라는 의지로 모든 것을 해야 합니다. 이 점검을 효과적으로 착수하려면 다음 사항들이 필요합니다.

  첫째, 하느님 앞에 나아가십시오.

  둘째, 성령께 광명의 은혜를 청하십시오. 광명의 은사가 그대에게 필요한 이유는, 이 은사가 있어야 그대가 겸손한 마음으로 하느님 앞으로 나아가 "오! 주님, 제가 주님을 알고 또한 제 자신도 알게 해 주소서." 하고 기도한 아우구스티노 성인과, "당신은 누구시오며, 저는 무엇이나이까?" 하고 하느님께 여쭙던 아시시의 프란치스코 성인을 본받아 자신의 신심 상태를 철저히 파악할 수 있기 때문입니다. 그대가 그대 자신의 진보를 점검하는 목적은 스스로 자랑하려거나 자신의 영광을 위해서가 아니라, 하느님 안에서 기뻐하고 하느님께 영광을 드리며 감사드리는 데 있음을 주님께 분명하게 아뢰십시오.

셋째, 점검 결과 그대의 예상대로 신심이 조금만 진보했거나 또는 오히려 퇴보되었다 해도 낙담하거나 실망하거나 용기를 잃지 마십시오. 오히려 더욱 분발하여 한층 더 겸손한 마음으로 은총의 도우심을 받아 그대의 과오를 보상하겠다는 다짐을 주님께 약속드리십시오. 그리고 나서 오늘까지 그대가 하느님께, 그리고 사람들과 그대 자신에게 어떻게 행동해 왔는지 고요히 성찰하십시오.

제4장

하느님에 대한 마음가짐의 점검

① 대죄에 대한 그대의 마음가짐은 어떻습니까? 어떠한 일이 있어도 결코 대죄를 범하지 않겠다는 굳은 결심이 서 있습니까? 이 결심을 그대가 주님께 서약한 날부터 지금까지 계속 유지해 왔습니까? 이 결심을 점검하는 이유는 이 결심이 신심 생활의 기초가 되기 때문입니다.

② 하느님의 십계명에 대한 그대의 마음가짐은 어떻습니까? 그대는 여전히 주님의 계명을 신선하고 기쁘게 느끼고 있습니까? 위가 튼튼하고 식욕이 좋은 사람만이 음식의 참맛을 음미할 수 있듯이, 신심이 깊은 사람만이 주님 계명의 감미로운 맛을 느낄 수 있습니다.

③ 작은 허물에 대한 그대의 마음가짐은 어떻습니까? 어쩔 수 없이 소죄를 범하거나 이따금 저지르는 작은 과오는 없습니까? 소죄 자체보다 더 나쁜 것은 그것에 애착하는 마음가짐입니다.

④ 신심 수행에 대한 그대의 마음가짐은 어떻습니까? 기꺼운 마음으로 수행하고 그 가치를 인정하고 있습니까? 수행에 염증을 느끼거나 회피한 적은 없습니까? 수행 중 그대가 좋아하는 것과 싫어하는 것은 무엇입니까? 하느님의 말씀인 성경을 읽고 들으며, 그 말씀을 깊이 생각하고 묵상합니까? 틈나는 대로 하느님께 기도를 드리고 고해성사를 보며, 고해 사제의 영적 권고대로 실천하고 있습니까? 성체를 영할 때 합당한 준비를 하고 있습니까? 자기 욕망을 억제하는 것 중에서 마음에 내키지 않은 것이 있습니까? 그렇다면 그 이유는 무엇입니까?

⑤ 하느님에 대한 그대의 마음가짐은 어떻습니까? 하느님을 생각하면 기쁨을 느낍니까? 시편 저자는 다음과 같이 노래했습니다.

"예로부터 내려오는 당신 계명을 기억하며 주님, 저는 위안

을 받습니다."(시편 119,52)

그대의 마음에 하느님을 사랑할 준비가 되어 있습니까? 또는 하느님의 사랑에서 특별한 기쁨을 맛보고 있습니까? 하느님의 무한하심과 자애로우심에 대해 자주 묵상합니까? 일상생활 가운데에서도 하느님 생각이 나면 그대 마음이 하느님 생각에 몰두하게 됩니까? 그럴 때 그대는 어떤 마음으로 하느님을 맞이합니까?

⑥ 먼 나라에 갔던 남편이 돌아오면, 아내는 아무리 바쁘고 중요한 일이 있더라도 남편의 모습을 보자마자 하던 일을 그만두고 돌아온 남편을 맞이합니다. 진실한 마음으로 하느님을 사랑하는 영혼도 이와 같습니다. 몹시 바쁜 때라도 하느님이 생각나면, 그분을 맞이하는 기쁨에 겨워 다른 일들은 손에 잡히지 않습니다. 그러한 마음가짐은 참으로 바람직한 현상입니다.

⑦ 참하느님이시며 참사람이신 예수 그리스도에 대한 그대의 마음가짐은 어떻습니까? 주님을 생각하면 기쁨을 느낍니까? 꿀벌은 꿀 주위를 부지런히 날아다니고, 말벌은 썩은 물건 주위에 모여듭니다. 이와 같이 선량한 사람들은 예수님 안에서 그 행복을 찾고 예수님에 대한

감미로운 사랑에 몰두하지만, 악인들의 마음은 쾌락과 허영만 쫓아다닙니다.

⑧ 그대는 성모님과 모든 성인들, 그리고 그대의 수호천사를 어떻게 생각하고 있습니까? 그분들을 사랑하며, 그분들의 보호를 각별히 신뢰하고 있습니까? 그분들의 상본을 보거나 전기를 읽을 때 그분들을 찬미하고 기쁨을 느낍니까?

⑨ 그대의 혀에 대해 성찰하십시오. 그대는 하느님을 어떻게 표현하고 있습니까? 온 힘을 다해 하느님을 찬미합니까? 성가를 부르며 하느님을 찬양하기를 좋아합니까?

⑩ 그대의 행위에 대해 성찰하십시오. 하느님의 외적 영광과 그분의 존엄하심을 드높이 현양하고자 무슨 일을 하고 있습니까? 하느님을 사랑하는 사람은 주님과 함께 하느님의 집을 꾸미고 싶어 합니다. 하느님을 위해 자신을 희생한 적이 있습니까? 사랑하는 사람을 위해 그대의 욕망이나 일을 희생한 적이 있습니까? 사랑하는 사람을 위해서는 어떠한 희생도 감수해야 합니다. 그대는 하느님을 사랑하고자 어떤 희생을 바쳤습니까?

제5장
자신의 태도에 대한 점검

① 그대는 자신을 어떤 식으로 사랑하고 있습니까? 그대가 이 세상 삶만을 사랑한다면, 이 세상에 오래 머물려고 온갖 방법을 동원할 것입니다. 그러나 그대가 하늘나라의 영원한 삶을 사랑한다면, 주님께서 예정하신 날에 이 세상을 떠날 때 이 세상에 대해 아무런 미련도 갖지 않을 것입니다.

② 그대는 자신을 올바르게 사랑하고 있다고 생각합니까? 우리를 멸망시키는 것은 자신에 대한 올바르지 않은 사랑입니다. 올바른 사랑이란 육체보다 영혼을 더 사랑하고 세상 영화보다 덕을 쌓으려고 희망하고 노력하는 것이며, 세상 명예보다 하늘나라의 영광을 소중하게 여기는 것입니다. "다른 사람이 나를 어떻게 평가할까?" 하

는 데 신경 쓰지 말고, "내가 이런 생각을 하면 천사들이 무슨 말을 할까?" 하고 자문해 보십시오.

③ 그대 마음에 대해 그대는 어떤 사랑을 품고 있습니까? 마음이 병들어 있을 때 이를 치유하는 데 태만하지 않았는지 성찰하십시오. 그대의 마음이 정욕으로 산란해져 있을 때에는 만사를 제쳐 놓고 마음을 다스리는 것이 그대의 의무입니다.

④ 하느님 앞에서 그대가 가치 있는 존재라고 생각하고 있습니까? 물론 보잘것없고 허무한 존재라고 생각할 것입니다. 그러나 파리 한 마리가 하늘 높이 솟은 산을 보고, 물 한 방울이 망망대해를 보고, 한 번 번쩍이는 섬광이 이글거리는 태양의 염열炎熱을 보고 나서야 자신이 보잘것없고 허무한 존재임을 인정하는 것은 진정한 겸손이 아닙니다. 진정한 겸손은 자신과 남을 비교하고서는 자신이 우월하다고 여기지 않고, 다른 사람의 찬사를 바라지도 않습니다. 그대는 어떻습니까?

⑤ 자화자찬하거나 아첨한 적은 없습니까?

⑥ 건강을 해롭게 하는 오락에 빠진 적은 없습니까? 보잘것없고 허황된 오락으로 밤을 새운 적은 없습니까?

제6장
타인에 대한 애덕의 점검

 남편과 아내는 서로 감싸 주고 편안하게 해 주어야 하며, 또한 서로 믿고 사랑해야 합니다. 이는 하느님의 계명이므로 부부는 누구보다도 자기 배우자를 사랑해야 하고, 그 사랑이 자녀, 친척, 친구로 이어져야 합니다.

 이웃에 대한 그대의 사랑은 어떠한지 성찰하십시오. 하느님을 사랑하고자 진심으로 그들을 사랑합니까? 이를 잘 분별하려면 까다롭게 굴고 잔소리를 하는 사람에 대한 그대의 태도를 성찰하면 됩니다. 이웃에 대한 애덕은 말과 행위로 우리에게 해를 끼치는 사람들을 사랑할 때 드러납니다. 그대는 마음을 비우고 편안한 마음으로 그들을 대할 수 있습니까? 그들을 사랑하는 것이 고통스럽지 않습니까? 그대를 사랑하지 않는 사람을 험담한 적은 없습니까? 직간접으로 이웃에게 해를 끼친 적은 없습니까? 이런 사실은 사리가 밝지 않다 해도 쉽게 알 수 있습니다.

제7장
자신의 감정에 대한 점검

앞에서 언급한 몇 가지 점검들은 신심 생활의 진보를 파악하는 데 중요하므로 이를 상세하게 말했습니다. 자신의 과오에 대한 성찰은 신심 생활의 진보에 각별한 뜻을 두지 않은 사람들도 할 수 있는 고해 준비에 지나지 않습니다.

제1장에서 제6장까지 언급한 내용들을 곰곰이 숙고하십시오. 그대가 신심 생활을 결심한 이래 어떤 느낌이었으며, 어떠한 과오를 범했는지 성찰하십시오.

그러나 자세하게 점검할 수 없는 경우에는 다음 사항별로 그대가 취한 자세를 살펴보는 것으로 충분합니다.

① 하느님과 이웃 그리고 그대 자신에 대한 사랑은 어떠했

습니까?

② 누가 범한 것이든 죄는 철저히 혐오하고 피해야 합니다.
③ 재산, 쾌락, 명예에 과도하게 집착하지는 않았습니까?
④ 흔히들 죄를 범할 위험보다는 재산과 명예의 상실에 대해 더 두려워하고 염려하는 경향이 있습니다.
⑤ 세속의 일반 사람들처럼 현세와 피조물에는 집착하면서 하느님과 하늘나라의 보화에 대한 열망이 식은 것은 아닌지 성찰하십시오.
⑥ 허무한 세상사에 심한 비애를 느낀 적은 없습니까?
⑦ 세상사에 지나칠 정도로 연연하지는 않습니까?
⑧ 어떠한 감정이 그대의 정신적인 자유를 방해하고 그대 영혼에 영향을 주고 있습니까? 그대가 실패한 것은 주로 어떤 것입니까?

자기 자신을 세세히 살펴보면 그 경향을 엿볼 수 있습니다. 바이올린 연주자가 현을 조율하듯이, 우리도 자신의 감정를 조율하여 영혼에 합당하지 않은 증오, 좌절, 집착, 편견 등의 요소들을 제거해야 합니다. 우리가 연주하려는 하느님의 영광과 조화를 이루지 못하는 감정을 발견하면 하느님의 은총과 지도 신부의 지도를 받아 이를 조율해야 합니다.

제8장
양심 성찰 뒤의 마음가짐

양심 성찰에 관한 각 항목을 고요히 묵상하여 그대의 상태를 파악한 뒤 다음과 같은 마음가짐을 지니십시오.

① 그대가 신심 생활에 전념하기로 결심한 뒤 조금이라도 진보하게 된 것은 하느님의 자비에 따른 것임을 깨닫고 하느님께 감사드리십시오.
② 하느님 앞에 나아가 그대의 신심이 진보하지 못한 원인은 그대의 탓임을 아뢰십시오. 또한 기도 생활을 열심히 하지 않았고, 하느님께서 주신 감도와 광명, 권고에 충실하게 따르지 않았기 때문이라고 말씀드리십시오.
③ 천성이 허약한 그대의 신심이 조금이라도 진보하도록

인도해 주신 하느님의 은총을 영원히 찬미하겠다고 주님께 약속드리십시오.

④ 주님의 은총에 불충실하게 반응했던 과오에 대해 용서를 비십시오.

⑤ 그대 마음을 주님께 바치고 주님께서 완전히 지배해 주시길 간구하십시오.

⑥ "주님께 충실한 사람이 되게 해 주소서." 하고 기도드리십시오.

⑦ 성모님, 수호천사, 수호성인, 성 요셉 그리고 모든 성인들에게 도움을 청하십시오.

제9장

결심을 새롭게 하기 위한 성찰과 묵상

양심 성찰 뒤에 그대의 결점을 바로잡는 방법에 대해 영적 지도 신부에게 조언을 청하십시오. 앞 장에서 언급한 일곱 항목을 매일 한 항목씩 묵상하고, 다음 장에 제시된 내용을 성찰하고 묵상하십시오. 묵상 시간에 이를 이용하여 제1부에 제시된 묵상 방법으로 준비하고 정서를 유발하십시오. 이를 위해 무엇보다도 먼저 하느님 앞에 다가가, 주님의 거룩한 사랑에 머물러 주님께 봉사할 수 있도록 은총으로 도와주시기를 간구해야 합니다.

제10장
성찰과 묵상 1: 영혼의 가치

먼저 그대 영혼의 소중함을 묵상하십시오. 우리 영혼은 이성을 통해 현세의 가시적인 사물에 대해 인식할 뿐만 아니라, 한없이 선하신 하느님과 하늘나라와 천사들의 존재를 알 수 있으며, 영원한 생명이 있음을 깨달을 수 있습니다. 또한 하늘나라에서 천사들과 함께 하느님께서 주시는 영원한 행복을 누리려면 현세에서 어떻게 해야 하는지 알 수 있습니다.

우리 영혼에는 하느님을 사랑하려는 고귀한 의지가 있기 때문에 하느님을 미워할 수 없습니다. 꿀벌이 더러운 것에 접근하지 않고 아름다운 꽃에서 즐겁게 꿀을 채집하듯이, 우리 마음도 하느님 품속에 있어야 비로소 안정과 만족을 누릴 수 있습니다.

이전에 그대가 불행으로 괴로워했던 일들을 회상해 보십시오. 실제로 그것들은 잠시의 불안과 근심거리에 지나지 않았는데도 그대 마음은 그것으로 말미암아 번민하지 않았습니까? 이제 그대는 그것을 악마의 시험이라고 판단해야 합니다.

사람들은 자기가 애착을 느끼는 사람이나 사물을 보면 자기가 바라는 것을 이룰 수 있을 것으로 생각하고 돌진합니다. 그러나 막상 그것을 손에 넣으면 그때까지 들인 공이 부질없는 것이었으며 자신을 충족시키지 못하는 것임을 깨닫습니다. 마치 노아의 방주에서 벗어나 광활한 세상으로 날아간 비둘기처럼, 우리 마음도 자신의 본향인 하느님께 돌아가지 않으면 그 어느 곳에서도 평화로운 안식을 찾을 수 없습니다. 이 모든 일은 하느님의 거룩한 뜻입니다. 우리는 하느님께로 향하는 천성적으로 아름다운 마음을 억지로 피조물에 예속시키지 말아야 합니다.

그대의 영혼에게 이렇게 타이르십시오.

"오! 아름다운 내 영혼아, 너는 하느님의 마음을 알고 하느님만 사랑하면 되는데 어째서 보잘것없는 세상사에 매달려 혼란에 빠져 있느냐? 영원한 생명을 차지할 수 있는데 어째서 한순간 지나가 버릴 현세의 것에 희롱당하고 있느냐? 탕자가 뼈저리게 후회한 것 중 하나는 아버지 식탁에는 맛있는 음식이 풍족한데 지저분한 돼지 먹이로 배를 채워야 하는 신세였다. 내 영혼아, 하느님을 사랑하여라. 하느님에게서가 아니라 다른 것에서 행복을 찾는다면 너에게 화가 미칠 것이다."

그대는 이 성찰을 통해 그대의 영혼에 활력을 불어넣어 드높이 고양시키십시오. 그리고 그대의 영혼이 하느님께 영원한 행복과 가치가 있음을 깨닫게 하고자 더욱더 분발하십시오.

제11장

성찰과 묵상 2: 덕행의 탁월함

덕행과 신심만이 그대의 영혼을 이 세상에서 행복하게 할 수 있습니다. 덕의 탁월함을 묵상하고 덕과 정반대되는 죄악과 비교해 보십시오. 관용과 복수심, 온유와 분노, 겸손과 교만, 자선과 탐욕, 자애와 투기, 그리고 규율과 무질서를 비교해 보십시오. 전자가 후자에 비해 얼마나 아름답습니까! 덕을 행하면 말로 표현할 수 없을 정도의 기쁨이 우리 마음에 가득 차지만, 죄악은 우리 영혼을 황폐하게 만들고 고통만을 남겨줍니다. 그런데도 사람들은 왜 이 감미로운 기쁨을 얻고자 덕에 매진하지 않는지 모르겠습니다.

아무리 사소한 것이라 해도 죄악은 마음의 기쁨을 빼앗고, 심해지면 불행의 근원이 됩니다. 이와 반대로 작고 보잘것없는 것이라 해도 덕은 사람에게 행복을 주고, 덕을 쌓으면 쌓을수록 기쁨은 더욱 커집니다.

신심 생활을 하는 이여, 그대는 참으로 아름다고 신선하며 기쁨으로 가득 찬 삶을 살고 있습니다! 그대는 신심 생활과 덕행으로 삶의 고통을 완화하고 위안을 증대시키고 있습니다. 신심 생활을 하지 않으면 선도 악이 되고, 그대의 마음에서 기쁨이 사라지고 불안과 번민으로 가득 차게 된다는 것을 잊지 마십시오. 그대는 신심 생활을 통해 사마리아 여인처럼 "선생님, 그 물을 저에게 주십시오."(요한 4,15)라고 간청할 수 있습니다. 예수의 데레사 성녀와 시에나의 가타리나 성녀가 각자 경우는 달랐으나 신심 생활 중 기도를 멈추지 않았듯이 그대도 주님께 끊임없이 기도드리십시오.

제12장
성찰과 묵상 3: 성인들의 모범

성인들이 보여 주었던 여러 가지 모범적인 삶을 살펴보십시오. 그분들은 하느님의 사랑과 신심 생활을 위한 일이라면 어떠한 희생도 주저하지 않고 바쳤습니다. 순교자들은 신앙을 지키려고 온갖 형벌과 고문을 감수했습니다. 그들 중에는 백합보다도 순결한 나이 어린 소녀들과 처녀들, 그리고 장미보다 붉은 애덕을 지닌 아름다운 귀부인들도 있었습니다. 그들은 가녀린 몸으로 혹독한 고문의 고통을 견디어 냈습니다. 그들의 용기와 결심은 참으로 놀라운 것이었습니다. 그들은 신앙과 신심을 지키겠다는 결심으로 혹독한 형벌을 참았습니다. 어떤 이는 정결을 잃지 않으려고 죽음을 선택했고, 어떤 이는 가난한 이에게 봉사하고 환난 중에 있는 사람을 위로하며 죽은 이들을 장사 지내다가 순교의 길을 갔습니다.

  수많은 성인 증거자들에 대해 묵상해 보십시오. 세상의 영화를 포기하고 주님을 증거하겠다는 단호한 결심으로 이를 관철한 그들의 용기는 말이나 글로는 제대로 표현하기 어려울 정도로 훌륭했습니다. 어떠한 방해와 장애도 그들의 결심을 꺾지 못했으며, 그들은 하느님께 봉사하고 자기를 헌신함으로써 자신들의 서약을 훌륭하게 지켰습니다. 아우구스티노 성인이 자신의 어머니인 모니카 성녀에 대해 기록한 글을 읽어 보십시오. 성녀는 결혼 생활 중에는 물론, 과부로 지낼 때에도 주님을 위해 헌신하겠다는 약속을 끝까지 지켰습니다. 예로니모 성인이 영적 딸인 바울라에 대해 기록한 글을 읽어 보면, 그가 큰 장애와 환경의 변화를 무릅쓰고 하느님께 어떻게 봉사했는지 알 수 있습니다. 이처럼 탁월한 수호성인들이 도와주고 있는 이상, 우리가 이루지 못할 것이 없습니다. 그분들도 신심 생활을 하고 있는 우리와 같이 하느님을 위해 수덕에 매진했습니다. 그러면 우리가 각기 다른 소명에 따라 자신의 삶을 살면서 신심 생활을 하겠다는 서약을 지키면서도 이분들처럼 거룩하게 되지 못하는 이유는 무엇이겠습니까? 그 이유를 곰곰이 성찰해 보십시오.

제13장

성찰과 묵상 4: 우리를 사랑하시는 예수 그리스도

우리 주님이신 예수님께서 우리를 사랑하신 나머지 겟세마니와 골고타에서 혹독한 고난을 받으신 것을 묵상하십시오. 지금 이 순간에도 주님께서는 따뜻한 사랑의 눈길로 그대를 주시하고 계십니다. 예수님께서는 그대의 영혼을 위해 당신의 수난으로 하느님 아버지께 먼저 결심하시고 서약하셨으며, 동시에 그대의 결심을 지지하시고 양성하시며 견고케 하시려고 필요한 모든 은총을 내려 주실 것을 간청하셨습니다.

"구세주의 수난의 결실인 그 결심들은 얼마나 소중한가! 결심들은 우리 주 예수님의 마음에 꼭 들며, 따라서 그대 영혼도 매우 좋아할 것이다."

"오! 내 영혼의 구세주님, 주님께서는 저의 결단을 촉구하시고자 돌아가셨나이다. 제가 주님의 사랑을 잃을 위험이 있을 때에는 차라리 죽는 은혜를 저에게 내리소서."

필로테아 님, 사랑하올 예수 성심께서는 십자가 위에서 그대 마음을 바라보시고 사랑하셨으며, 이 사랑으로써 그대 마음을 차지하셨습니다. 우리는 모두 "주님께서 나를 점지하시기 전에 나를 뽑아 세우셨다."(예레 1,5 참조)라고 말할 수 있습니다. 주님의 신묘하신 사랑은 그분의 자비에서 나오며, 주님께서는 구원에 필요한 모든 방법은 물론, 우리의 결심까지도 미리 마련해 두셨습니다. 어머니가 아직 낳지 않은 아기를 위해 요람, 의복, 기저귀에서 유모까지 미리 준비하는 것처럼, 주님께서는 그대를 사랑으로 품으시고 영원한 생명으로 다시 태어나게 하셨으며, 그대를 당신의 아기로 만드시려고 그대에게 유익한 모든 것, 곧 그대 영혼이 완덕에 이르는 모든 방법과 은총을 준비해 두셨습니다.

그대는 다음 사항을 깊이 마음에 새겨 두어야 합니다. 구세주께서 그대를 마음속 깊이 사랑하시고 그대를 위해 마련하신 여러 가지 기회를 그대가 과연 얼마나 사랑하고 노력하며 이용해야 하는지를 생각해 보십시오. 오! 그대는 진정 축복받은 사람입니다. 사랑하올 하느님의 성심께서 그대를 사랑하시며 그대에게 모든 구원의 방법을 알려 주시니, 그대처럼 주님께 사랑을 받는 사람은 없을 것입니다. 이는 태양이 지상의 한 곳을 비추는 것과 같습니다. 우리 주님께서는 당신께서 사랑하시는 모든 자녀들에게 필요한 것을 주실 때에는 다른 일은 모두 잊으실 정도로 우리를 사랑하십니다. 그래서 "나를 사랑하시고 나를 위하여 당신 자신을 바치신 하느님의 아드님"(갈라 2,20)이라고 바오로 사도는 고백했습니다. 이 말씀은 마치 주님께서 오직 그대만을 생각하시고 사랑하시며, 다른 사람들을 위해서는 아무것도 하시지 않는 것처럼 들립니다. 필로테아 님, 그대의 결심은 구세주의 성심께 이처럼 소중한 것이니 그 마음을 다지고 기르고자 위의 바오로 사도의 말씀을 마음속 깊이 새겨 두십시오.

제14장
성찰과 묵상 5: 하느님의 영원하신 사랑

 영원하신 하느님께서 그대에게 베푸시는 사랑을 묵상하십시오. 하느님 아버지께서는 우리 주 예수 그리스도께서 우리를 위해 사람이 되시어 십자가에서 수난하시기 이전부터 무한하신 자비로 우리를 깊이 사랑하셨습니다. 하느님께서는 언제부터 우리를 사랑하셨겠습니까? 그분께서는 우리를 창조하실 때부터 사랑하셨습니다. 그러면 언제부터 하느님께서 계시기 시작하셨습니까? 하느님께서는 시작과 끝이 없으신 분이시므로 시간이 아닌 영원으로부터 존재하십니다. 하느님께서는 영원으로부터 우리를 사랑하시고, 영원으로부터 우리에게 주실 모든 은총과 은혜를 마련하셨습니다. 하느님께서는 예언자들의 입을 통해 이렇게 말씀하셨습니다.

"나는 너를 영원한 사랑으로 사랑하였다. 그리하여 너에게 한결같이 자애를 베풀었다."(예레 31,3)

이 말씀은 모든 사람에게 하시는 말씀인 동시에 특히 그대에게 하시는 말씀입니다. 하느님께서는 그대의 모든 면을 염려하시고 배려하시는 동시에, 그대가 헌신과 봉사의 삶을 살기로 결단을 내리도록 하시려고 그대에게 말씀하시는 것입니다.

오! 하느님께서는 이 말씀을 영원으로부터 계획하시고 예정하신 것입니다! 그대는 참으로 하느님의 사랑과 자애를 받고 있는 소중한 존재입니다. 그러므로 그대는 하느님을 사랑하는 일이라면 어떠한 고통도(천지가 무너진다 해도) 견뎌야 합니다. 온 세상을 다 얻는다 해도 영혼의 가치와는 비교될 수 없으며, 영혼의 진정한 가치는 결연한 마음가짐에 있습니다.

제15장
성찰의 결실인 결심, 그리고 영적 수업의 마무리

"오, 값진 결심아, 너는 하느님께서 손수 내 영혼에 심으시고, 구세주로 하여금 열매 맺게 하시려고 당신의 성혈을 부어 기르신 생명의 나무이다. 폭풍우가 불어와도 네가 쓰러지지 않도록 나는 사력을 다해 너를 단단히 붙잡아 두겠다. 세상 부귀영화도, 환난과 시련도 내 결심을 넘어뜨릴 수 없을 것이다."

"오! 구세주님, 주님께서는 저의 정원을 꾸며 주시려고 이 아름다운 나무를 직접 심으시고, 자비하신 하느님 아버지의 품속에 보존하시며 가꾸셨나이다. 주님, 이 세상에는 주님의 사랑을 멀리하여 주님의 총애를 잃은 영혼들이 너무도 많이 있나이다. 저는 주님의 사랑과 자비를 풍성히 받았사오니 무엇으로 감사드려야 할지 모르겠나이다."

"아름다움과 거룩함을 지향하는 나의 결심아, 내 영혼이 너를 소중히 보존하겠으니 너도 또한 내 영혼을 지지해 다오. 네가 내 영혼 안에 살면 내 영혼도 네 덕으로 살게 될 것이다. 내 결심아, 하느님의 자애로 싱싱해진 내 영혼 안에 들어와 영원히 머물러 다오. 나는 결코 너를 버리지 않겠노라."

이렇게 결심한 뒤 그대는 이 결심을 보존하고자 노력하겠다고 다짐하고, 기도와 성사와 선행을 자주 하십시오. 또한 제2단계에서 깨달은 그대의 과오를 바로잡고 악을 범할 기회를 피하며, 지도 신부의 지도에 철저히 따르겠다고 굳게 마음먹어야 합니다.

그다음, 또다시 분발하여 그대의 결심을 하느님 앞에서 서약하십시오. 그대가 좌지우지했던 그대의 마음과 의지를 하느님께 봉헌하고 희생하며, 하느님께 바친 것을 되찾으려 하지 않고 언제나 하느님 손에 맡기며, 어떤 일이 있어도 하느님의 지시에 따르겠다고 약속드리십시오. 하느님께서 그대를 새사람으로 만드시고, 그대의 새로운 서약에 축복을 내리시고 도와주시도록 성모님과 수호천사, 루도비코 성인 임금과 모든 성인들께 전구를 청하십시오.

위에서 말한 모든 것을 마음에 새기고 지도 신부의 지도에 따르십시오. 그대가 전에 총고해한 뒤부터 지금까지 범한 모든 죄를 통회하고 사죄경을 들은 다음, 신심 생활을 처음 시작했을 때 지녔던 심정으로 지도 신부 앞에서 그대의 서약서를 읽고 서명하십시오. 그다음, 거룩함의 근원이신 구세주와 새로운 마음으로 일치하고자 제대 앞에 나아가 성체를 영하십시오.

제16장
신심 수행 뒤 되새겨야 할 결심

신심 수행을 새롭게 한 날부터 며칠 동안은 바오로 사도, 성 아우구스티노, 제노바의 성녀 가타리나처럼 다음과 같은 결심을 반복하여 마음속으로 읊어 보십시오.

"나는 내 것이 아닙니다. 사나 죽으나 나는 구세주의 것입니다. 나 자신이나 나의 것도 없습니다. 나의 자아는 예수님이시고, 나의 것은 예수님의 것입니다."

이제부터 우리는 과거의 우리가 아닙니다. 우리는 이미 변했습니다. 지금까지 우리는 세상에 속아 왔으나 이번에는 세상이 우리에게 속을 차례입니다. 세상은 우리가 변한 것을 모르고 우리를 에사우라고 믿겠지만, 실제 우리는 야곱이 되었기 때문입니다.

이러한 모든 신심 수행은 마음속에 반드시 보존해야 할 귀중한 것입니다. 성찰과 묵상이 끝나면 일상생활로 다시 돌아가야 하지만, 우리가 한 결심을 잃는 일이 있어서는 안 됩니다. 이 결심을 끊임없이 되새겨야 합니다.

제17장

의혹에 대한 응답

 필로테아 님, 세상 사람들은 이와 같은 수행과 교훈이 너무 번거롭다고 말할 것입니다. 이를 지키려면 다른 모든 것을 포기해야 한다고 그대에게 말할 것입니다.

 세상 사람들은 간교하게도 그대가 세상에서 매우 중요한 일을 하고 있으므로 신심 수행을 하지 않아도 된다고 그대를 꼬드길 것입니다. 나는 그대에게 하던 일들을 완전히 중단하고 모든 시간을 신심 수행에 전념하라고 하는 것은 아닙니다. 이는 필요에 따라 일정한 때에 수행하면 됩니다. 법률 중에는 지켜야 할 규칙이 매우 많지만, 필요에 따라 준수해야 할 사항일 뿐이며 매 순간 요긴한 것은 아닙니다. 다윗 임금은 바쁜 중에도 내가 그대에게 이야기해 준 것보다 더 많은 수행을 실천했습니다. 루도비코 성인 임금은 전쟁 때나 평화 때에도, 정치나 재판으로 분주할 때에도 매일 두 번씩 미사에 참례하고, 궁정 내 사제들과 함께 성무일도를 바치고 묵상을 했습니다. 또한 자주 병원을 방문하고 금요일마다 고해성사를 보았으며 극기 수련을 실천했습니다. 또한 자주 강론을 듣고 영적 대화에 참여했습니다. 그는 이런 와중에도 국가의 주요 시설의 건축 계획을 세우고 이를 실행하고자 불철주야 노력했기에 그의 치세 때 왕실의 권위는 크게 신장되었으며, 프랑스는 전대미문의 번성을 이루었습니다.

필로테아 님, 그대도 내가 지시한 대로 신심 수행을 시작하십시오. 하느님께서는 그대가 수행 중에도 맡은 바 직무를 완수할 수 있는 시간과 활력을 주실 것입니다. 하느님께서 여호수아가 임무를 완수하도록 태양의 운행까지도 중지시키셨듯이, 그대를 위해 필요하다면 그 이상의 일도 하실 것입니다. 하느님께서 우리와 함께 계신다면 우리에게는 이루지 못할 일이 없습니다.

나는 항상 그대를 기도의 은사를 받은 사람으로 알고 있습니다. 그러나 그 은혜는 모든 사람에게 있는 것이 아니므로 세상 사람들은 그대의 신심 수행이 모든 사람들에게 해당되는 것은 아니라고 평가 절하를 할지도 모릅니다. 내가 그대의 기도 능력을 인정하듯이 모든 사람이 다 기도 은사를 받은 것은 아니라는 것 역시 사실입니다. 그러나 아무리 무지하고 문맹인 사람이라도 훌륭한 영적 지도 신부의 지도 아래 착실하게 노력하면 이 은혜를 받을 수 있습니다. 매우 드문 일이지만 기도의 은사가 전혀 없는 사람은 현명한 영적 지도자가 저술한, 성찰을 위한 묵상 서적을 읽거나 들음으로써 이 결점을 보완할 수 있을 것입니다.

제18장
마지막 세 가지 주요 교훈

첫째, 매달 초 제1부 제20장에 있는 그대의 선서를 묵상한 다음 반복해서 낭독하고, "영원토록 당신 규정을 잊지 않으리니 당신께서 그것으로 저를 살리셨기 때문입니다."(시편 119,93)라고 한 시편 저자의 기도를 읊으며, 그대가 서약한 대로 실천하겠다고 다짐하십시오. 그대 마음이 다소 이완된 것처럼 느껴질 때에는 선서문을 손에 들고 겸손하게 주님 앞에 엎드려 진심으로 기도드리면 큰 위안을 얻을 것입니다.

둘째, 사람들 앞에서 거리낌 없이 그대의 신심을 공개하십시오. 그대 자신을 경건한 사람으로 자처하라는 말이 아닙니다. 오로지 경건한 사람이 되기를 바란다고 밝히라는 뜻입니다. 그리고 하느님의 사랑을 얻는 데 필요하다면 이미 습관화

된 것을 행하는 데 부끄러워하거나 주저해서는 안 됩니다. 그대가 매일 마음 기도를 실행하고 있음을 밝혀도 됩니다. 대죄를 범하느니 차라리 죽음을 택하겠다는 결연한 자세를 그들에게 보이십시오. 여러 가지 이유로 고해 사제의 이름을 밝히지 않는 것이 좋지만, 자주 성사를 보고 고해 사제의 지도에 순종하고 있음을 사람들에게 공공연하게 말하는 것도 유익합니다.

하느님께 봉사하겠다는 특별한 지향으로 하느님을 사랑하고 하느님께 헌신했음을 솔직하게 고백하면, 주님께서 크게 기뻐하실 것입니다. 이와 반대로 하느님과 십자가를 부끄럽게 여긴다면 주님께서 크게 실망하실 것입니다. 이와 같은 공식 발표는 세속 사람들의 여러 가지 반대 이론을 근본적으로 차단시킬 것이며, 그대의 명예에도 해를 입히지 않을 것입니다. 예로부터 철학자는 자신이 철학자임을 공공연하게 밝혔습니다. 이는 그들이 철학자로서 생활하는 데 방해를 받지 않으려는 것입니다. 이와 같이 우리도 남의 방해를 받지 않고 경건한 생활을 할 수 있도록 신심을 두텁게 하려고 노력하고 있음을 표방해야 합니다. 만일 누군가 이 책의 가르침대로 수행하지 않아도 경건한 사람이 될 수 있다고 말한다면, 이를 부정할 필요는 없습니다. 그저 그대 자신이 나약하여 다른 사람보다 더 많은 노력이 필요하다고 담담하게 대답하십시오.

셋째, 친애하는 필로테아 님, 끝으로 천지의 모든 거룩한 이름과 그대가 받아 모시는 성체, 그리고 그대를 품어 주시는 그리스도의 가슴과 그대를 사랑하시는 주님의 성심에서 나오는 사랑과 자비에 의거하여 그대에게 당부합니다. 그지없는 축복을 받는 신심 생활을 인내를 가지고 끊임없이 계속하십시오. 누구에게나 임종의 시간은 다가옵니다. 나지안조의 그레고리오 성인은 "나팔 소리가 울린다. 모두 준비하라. 심판 날이 가까이 왔다!" 하고 말했습니다. 또한 순교자 심포리아노 성인의 어머니는 자기 아들이 형장으로 끌려가 순교할 때 "얘야, 영원한 생명을 잊지 마라. 짧은 이 세상 삶이 곧 끝날 터이니 하늘을 우러러 온 세상을 다스리시는 하느님을 바라보아라." 하고 소리쳤다고 합니다.

필로테아 님, 나는 그대에게 이렇게 말하겠습니다.

"하늘을 쳐다보십시오. 이 세상 때문에 하늘을 잃지 마십시오. 지옥을 내려다보십시오. 일시적 쾌락 때문에 지옥 속으로 들어가지 마십시오. 늘 예수 그리스도를 생각하십시오. 세속 영화 때문에 주님을 배반하지 마십시오. 신심 생활이 그대에게 너무 괴롭게 느껴지면 아시시의 프란치스코 성인처럼 '하늘나라의 보화를 생각하면 제가 하는 일들이 즐겁기만 하나이다.' 하고 노래하십시오."

예수님께 감사를! 성부와 성령과 함께 우리 주님께 존경과 영광이 이제와 항상 영원히. 아멘.

지은이 **프란치스코 살레시오 성인**

프랑스 동남부 지방 사부아의 살레시오 성(城)에서 1567년 8월 21일에 후작 가문의 맏아들로 태어나 신앙심 강하고 경건한 부모님 밑에서 자랐다.
파리 시에 있는 예수회 대학에 입학한 후, 이탈리아 파도바 대학으로 옮겨 그곳에서 법학 박사 학위를 받았다. 고향인 사부아로 돌아가기 전에 로마로 가서 사제가 되기를 결심하고 1593년 12월 초에 사제품을 받았다. 1599년 스위스 제네바 교구의 보좌 주교를 거쳐 1602년 교구장으로 임명되었다. 그는 자기완성과 성화에 끊임없는 노력을 하면서, 영혼들을 구하기 위한 비장한 결심을 하였고 그 결과, 많은 사람들을 가톨릭 교회로 돌아오게 하였다.
1622년 프랑스 리옹에서 뇌출혈로 쓰러진 후 평화로이 세상을 떠났다. 그는 1655년 알렉산데르 7세 교황에 의해 성인품에 올랐고 1877년 비오 9세 교황에 의해 교회 학자의 칭호를 받게 되었다. 대표적인 저서로는 《신심 생활 입문》과 《신애론》 등이 있다.

옮긴이 **서울 가르멜 여자 수도원**

주님 탄생 예고를 받으신 성모님과 소화 데레사 성녀를 주보로 모시고 있는 서울 가르멜 여자 수도원은 1940년 국내 최초로 설립된 관상 수도 공동체로서 서울 혜화동에 있다가 1963년 수유리 산 밑으로 이사하여, 현재에 이르고 있다. 그들은 채마밭을 직접 가꾸고 각 성당에 미사용 제병을 만들어 공급하고 있으며 섭리에 의탁하는 삶을 살아가고 있다. 세상과 완전히 단절한 채 평생을 수도원 안에서만 생활하는 것이 특징이다.